Geest-Verlag
Verlag für engagierte Literatur

Die Menschheit lernt nichts dazu. Sie tränkt die Erde weiterhin mit Blut, Schweiß und Tränen.

Ingrid Ihben

Leevkes Geheimnis

Historischer Roman

Mit einem Grußwort von
Rico Mecklenburg,
Präsident der Ostfriesischen Landschaft

Ingrid Ihben
Leevkes Geheimnis
Historischer Roman
Mit einem Grußwort von
Rico Mecklenburg,
Präsident der Ostfriesischen Landschaft
Visbek: Geest-Verlag, 2023
17. Auflage, Juli 2026

Verlag: Geest-Verlag, Marienburger Straße 10
49429 Visbek
Tel. 04445 3895913
info@geest-verlag.de

Für die Covergestaltung danken wir Dr. Patrick Bahl.
Für die Bereitstellung der beiden Fotos vom Emder Rathaus
bedanken wir uns herzlich beim Stadtarchiv Emden.
Das Bild in der Mitte des Buches, das die Hofsituation in den Jahren
nachempfindet, stammt von Paolo Lambusta.

Druck: Geest-Verlag

ISBN 978-3-86685-934-0

Printed in Germany

Grußwort

Der Bitte von Ingrid Ihben, ein Grußwort für ihr neues Buch zu schreiben, komme ich gerne nach. Der Inhalt des Romans, eine Familienerzählung, an der ein Ausschnitt Emder Geschichte sichtbar wird, hat mich sehr berührt.

Der furchtbare Zweite Weltkrieg hatte und hat Auswirkungen in Europa und darüber hinaus nicht nur im Großen, was etwa Machtkonstellationen und Ländergrenzen betrifft. Massive Bombenangriffe zerstörten viele Städte, so auch Emden, und führten auch zu einschneidenden Veränderungen im Alltag der hier lebenden Menschen. Die NS-Zeit brachte mit dem Krieg Leid in viele Familien. Millionen Menschen verloren ihr Zuhause, ihre Heimat oder gar ihr Leben. Flucht und Vertreibung, Vernichtung, schlimme Kriegsverletzungen oder Tod trafen Familien in Deutschland und in fast ganz Europa. Das menschenverachtende NS-System traumatisierte Generationen. Die Auswirkungen reichen bis in die heutige Zeit. Millionen Menschen wurden wegen ihrer Religion, Abstammung, politischen Einstellung oder aus anderen Gründen in Konzentrationslagern gequält und getötet.

Aus ganz Europa mussten Millionen Männer und Frauen ihre Heimat verlassen und Zwangsarbeit in Deutschland oder in den von Deutschland besetzten Gebieten Europas leisten. Im Herbst 1944 war jeder dritte Arbeitsplatz in Deutschland mit Zwangsarbeiterinnen, Zwangsarbeitern oder Kriegsgefangenen besetzt. Zwangsarbeit war allgegenwärtig und konnte

von niemandem übersehen werden. In ganz Ostfriesland gab es Hunderte Lager oder Unterkünfte für Zwangsarbeiterinnen und Zwangsarbeiter.
Aus dieser Zeit erzählt Ingrid Ihben in ihrem Roman, der von der eigenen familiären Biografie beeinflusst ist. Schicksalhafte Begegnungen, prägende Erlebnisse und schreckliche Kriegsereignisse in Emden werden mit eingebunden.
An ihrem 80. Geburtstag lüftete die Protagonistin Leevke ihr bis dahin gut gehütetes Geheimnis. Geheimnisse dieser Art gab und gibt es auch heute noch in vielen Familien. Oft reicht die eigene Vorstellungskraft nicht aus für den Druck und die Ängste, mit denen die betroffenen Menschen belastet waren oder sind. In der Folge breitete sich bei ihnen eine Sprachlosigkeit aus, die sich wie ein Schleier über die Familien legte. Viele Menschen waren oder sind bis zum Ende ihres Lebens nicht in der Lage, ihr Geheimnis zu lüften, reinen Tisch zu machen. Scham, geltende familiäre oder gesellschaftliche Werte und Normen oder Angst vor den Folgen der Aufdeckung für sich und andere bestimmte oder bestimmt ihr Handeln.
Geschrieben ist der Roman von Ingrid Ihben voller Empathie und menschlicher Gefühle. Er ist ein Stück Heimatgeschichte Ostfrieslands, so wie sie von vielen Menschen selbst erlebt oder erlitten wurde. Es wird deutlich, dass Familiengeschichten durch das Zeitgeschehen, die gesellschaftlichen und politischen Verhältnisse beeinflusst werden. Alles, was in der Welt geschieht, hat Auswirkungen auf jeden Einzelnen von uns. Das gilt auch für die heutige Zeit.

Ich wünsche diesem Buch generationsübergreifend viele Leserinnen und Leser und der Autorin weiterhin viel Freude am Schreiben.

Rico Mecklenburg
Präsident der Ostfriesischen Landschaft

Inhalt

Die wichtigsten Personen:
Leevke (*1920)
Mutter Okka (*1898)
Vater Enno (*1897)
Zwillingsbruder Onno (*1920)
Opa Beer – Piet de Beer – Freund der Familie (*1866)
Opa Friedhelm Ekhoff (*1865)
Leevkes große Liebe Jean-Pierre Dubois /
später: Pierre Dumas (*1918)
Ehemann Thilo (*1920)
Tochter Fenna (*1940)
Tochter Jutta (*1940)
Enkeltochter Britta (*1966)
Schwiegermutter Elisabeth (*1894)
Schwiegervater Friedrich (*1880)
Freundin Margret (*1917)
Freundin Paula (*1920)

Vorwort

Mit diesem Roman möchte ich nicht nur unterhalten, ich möchte auch denen eine Stimme geben, die in meiner Heimatstadt Emden dem Zweiten Weltkrieg zum Opfer fielen, sowohl den Bürger:innen der Stadt als auch den vielen Zwangsarbeitern aus fernen Ländern.

Die Menschen in meinem Roman habe ich frei erfunden, Ähnlichkeiten mit noch lebenden oder bereits verstorbenen Personen wären zufällig, mit Ausnahme der fünf ukrainischen Zwangsarbeiter, die in Emden im Jahr 1944 getötet wurden. Diese Informationen habe ich Zeitzeugenberichten entnommen, ebenso die Bombardierung Emdens am 6. September 1944.

Meine Eltern erinnerten sich noch genau an den Tag, als Emden nahezu zerstört wurde. Mein Vater arbeitete zu diesem Zeitpunkt außerhalb der Stadt auf dem Feld. Er musste hilflos und voller Angst mit ansehen, wie seine Heimatstadt, in der sich seine betagten Eltern, seine vier Schwestern und deren Kinder aufhielten, nach einem schweren Bombenangriff nahezu in Schutt und Asche gelegt wurde. Wie durch ein Wunder hat die Familie das Bombardement überlebt. Als Siebzehnjähriger wurde er noch für das letzte Kriegsjahr als Soldat eingezogen. Eines Nachts überhörte er einen Einsatzbefehl, und das hat ihm vermutlich das Leben gerettet, denn seine Kameraden, ebenso jung und unerfahren wie er, fanden in dieser Nacht den Tod. Das waren

auch die einzigen Begebenheiten, die mein Vater uns aus dieser Zeit erzählte.
Meine Mutter war bei Kriegsbeginn erst neun Jahre alt. Ihr Elternhaus wurde in den Kriegsjahren zweimal zerbombt. Über ihre Kindheit in diesen Zeiten hat sie lediglich ein paar Andeutungen gemacht, die jedes Mal damit endeten, dass ich mich glücklich schätzen könne, nie einen Krieg erlebt zu haben. Alles andere behielten meine Eltern für sich, und wir, meine beiden Brüder und ich, trauten uns nicht, danach zu fragen. Es schien, als gäbe es da eine unsichtbare Mauer, die wir nicht durchbrechen konnten und die uns allen scheinbar Schutz bot.
Jetzt ist es mir nicht mehr möglich, sie zu fragen, und doch, je älter ich werde, desto mehr bin ich an ihrer Geschichte, die gleichzeitig mit meiner eigenen und mit meiner Geburtsstadt Emden verwoben ist, interessiert.
Die Aussage meiner Mutter, dass ich nie einen Krieg erleben musste – ich bin Jahrgang 1956 – ist unbestritten. Dennoch weiß man heute, dass traumatische und belastende Erfahrungen, die nicht aufgearbeitet werden, auf die nächste Generation übertragen werden können und oft zu einer emotionalen Sprachlosigkeit in den Familien führt. Über Alltagsthemen wird dann gesprochen, nicht aber über Gefühle. Unfähig, Zuneigung zu zeigen, gab und gibt es bei vielen dieser vom Krieg traumatisierten Menschen statt einer zärtlichen Umarmung andere Zuwendungen: ein Lieblingsessen zum Geburtstag oder kleine Geschenke. Krankheiten, Schmerzen, Ängste, selbst Zärtlichkeiten werden als

Schwäche angesehen und nach Möglichkeit verdrängt und tabuisiert. Meine Recherche zu dem Roman führte dazu, dass ich auch der Gefühlswelt meiner Eltern ein Stück nähergekommen bin.

Moormerland, im Januar 2023
Ingrid Ihben

Norddeich, im April 2000 – Der 80. Geburtstag

Leevke stand am Fenster ihres Schlafzimmers und schaute hinaus auf das Meer, das heute grau und aufgewühlt war und auf gewisse Art ihre Gedanken, ja ihr Inneres widerspiegelte. Obwohl der Himmel ebenso trüb war und am Horizont mit dem Meer zu verschmelzen schien, schirmte Leevke wie üblich ihre altersschwachen Augen ab, als würde sie geblendet werden. Achtzig Jahre! Heute war ein aufregender Tag. So viele Gäste müsste sie begrüßen, deren Hände schütteln oder sie umarmen, viele Glückwünsche entgegennehmen sowie das ein oder andere Geschenk, Worte des Dankes aussprechen, Reden und Ehrungen über sich ergehen lassen, dem Kirchenchor der Gemeinde trotz schiefer Töne genügend Beifall spenden, jedem Gast gebührend Aufmerksamkeit schenken, viel zu viel essen und trinken müsste sie auch – dabei wollte sie das alles nicht, vor allem wollte sie nicht achtzig Jahre alt sein!

An ihrem faltigen Gesicht, dem silbergrauen Haar und an ihrer gebeugten Körperhaltung war ihr Alter für jeden klar ersichtlich, aber im Innern, und wenn es keine Spiegel gäbe!, würde sie sich selbst mindestens vierzig Jahre jünger schätzen. Sie seufzte vernehmlich. Am liebsten würde sie den Tag in einem Liegestuhl am Strand verbringen, bekleidet mit ihrem bequemen, kuscheligen Jogginganzug.

Aber sie durfte nicht undankbar sein. Jutta und Fenna, ihre beiden Töchter, würden alles daransetzen, heute eine gelungene Geburtstagsfeier zu gestalten.

»Lass uns nur machen, Mutter«, hatte Fenna in ihrer resoluten Art gesagt, »du brauchst dich um nichts kümmern, du musst dich lediglich schick machen und dich an deinem Ehrentag feiern lassen. Alles andere machen wir.«
Leevke hatte sich ein Schmunzeln nicht verkneifen können. Fenna sagte häufig ›wir‹, obwohl sie gern die Regie übernahm. Sie war ein Organisationstalent, was ihre Kolleginnen und Kollegen in der Grundschule zu schätzen wussten, aber Leevke empfand ihr Verhalten bisweilen als recht übergriffig.
Ihren Wunsch, nur im kleinen Kreis feiern zu wollen, schmetterte Fenna rigoros mit den Worten ab: »Du wirst nur einmal achtzig« – ein Totschlagargument, dem sie nichts entgegensetzen konnte. Ihre Tochter erinnerte Leevke in solchen Momenten an ihren eigenen Vater, der auch keinen Einwand zuließ, wenn er sich etwas vorgenommen hatte. Widerstand war zwecklos.
Fenna überließ nichts dem Zufall, sie bereitete sich stets akribisch vor. So hatte sie sich, nachdem bereits alles für die Feier geregelt war, nochmals mit dem Restaurant in Verbindung gesetzt und präzise Anweisungen gegeben, wie sie sich die Blumengestecke für die Tischdekoration wünschte. Auch war es für Leevke nicht überraschend gewesen, dass ihre Tochter einige Wochen vor der Feier zu ihr gekommen war mit der Frage »Mutter, weißt du schon, was du zu deiner Geburtstagsfeier anziehen wirst?«, und ohne eine Antwort abzuwarten bereits in Richtung Schlafzimmer lief mit den Worten »am besten, ich schaue mir gleich mal deinen Kleiderschrank an, aber ich denke, ich werde nicht

fündig. Du wirst dir zu diesem Anlass neue Kleider kaufen müssen, am besten einen schicken Hosenanzug in Blau, der würde gut zu deiner Augenfarbe passen, dazu eine schöne Bluse und elegante Schuhe. Ich kann dich gern begleiten.«

»Ich wollte eigentlich in Jeans, T-Shirt und Turnschuhen kommen«, entgegnete Leevke mild lächelnd, bevor sie energisch entgegnete: »Lass gut sein, Kind, ich habe mich bereits entschieden!«

Heute war es also so weit. Um 11 Uhr sollte es in ihrem Lieblingsrestaurant einen Sektempfang geben, anschließend Mittagessen und am Nachmittag Tee und Kaffee mit einer Auswahl erlesener Torten. Später, wenn die Gäste sich verabschiedet hätten, wollten ihre Töchter, ihr Schwiegersohn und das Enkelkind nebst Urenkel den Abend gemütlich in ihrem Haus ausklingen lassen.

Leevke hatte es nie bereut, dass sie vor einigen Jahren, nachdem ihr Mann Thilo gestorben war, dieses Haus mit Strandblick in Norddeich erworben hatte. Im Obergeschoss befand sich eine Mansardenwohnung, in der ihre Enkeltochter Britta wohnte, und seit dem letzten Jahr war Urenkel Finn dazugekommen.

Britta war alleinerziehende Mutter und eine begnadete Künstlerin. Sie malte Landschaftsbilder in Öl. Da sie kein geregeltes Einkommen hatte, war Leevke froh, dass sie die beiden unterstützen konnte.

Sie hatte es nicht uneigennützig getan. Als Witwe hatte sie sich recht einsam gefühlt, sich zunächst von der Welt weitgehend abgekapselt. Doch plötzlich hatte sich alles auf wunderbare Weise gefügt. Ihr lang gehegter Wunsch, direkt an der Nordsee zu wohnen, zusammen mit ihrer geliebten Enkelin, die ihr vom Aussehen und Wesen her ähnlich war, hatte sich damit erfüllt und ihr viel mehr Lebensqualität verschafft. Britta empfand es ebenso – sie sprach gern von einer ›Win-Win-Situation‹.

Alles könnte perfekt sein, wäre da nicht noch vieles, was bislang unausgesprochen geblieben war. Sie hatte jahrzehntelang mit Lügen gelebt – so vielen Lügen. Erneut stieß sie einen tiefen Seufzer aus. Die Wahrheit duldete keinen Aufschub mehr, und doch war Leevke voller Zweifel. Die Frage nach dem richtigen Zeitpunkt gehörte zu den essenziellen Fragen des Lebens, und daran war sie häufig gescheitert. Mit achtzig Jahren wurde es höchste Zeit, die eigenen Angelegenheiten zu ordnen, um der Familie später keinen Scherbenhaufen zu hinterlassen. *Die Bombe platzen lassen,* dachte sie, *trifft es wohl eher.* Sie erschrak über diesen Vergleich, zumal er in die damalige Zeit passte, in der das Geheimnis begann.

Sie wünschte, sie könnte einen anderen Tag für ihre Beichte wählen, aber sie musste die Gelegenheit nutzen, wenn alle versammelt waren, was selten vorkam. Jutta und ihr Mann Thierry wohnten in der Nähe von Oldenburg, wo sie eine renommierte Anwaltskanzlei führten. Fenna war unverheiratet geblieben und wohnte in Bremen, wo sie als Grundschullehrerin tätig war.

Leevkes Entschluss stand fest. Sie würde heute ihr Schweigen brechen. Ihre Familie hatte ein Recht darauf, die Wahrheit zu erfahren.

Durch die offene Balkontür starrte sie auf die raue Nordsee, die mit einsetzender Flut die Wellen an den Strand trieb. Sie hörte die tosende Brandung und ihr war, als würde die Angst sie überrollen wie eine Sturmflut und sie vernichten.

Sie werden mich hassen, dachte sie.

Emden, Anfang August 1939 – Der Einberufungsbefehl

Leevke legte alle Unterlagen von ihrem Schreibtisch in einen Ablagekorb, den sie anschließend in einem Aktenschrank verwahrte. Der Bürovorsteher der Emder Werft, für die sie seit geraumer Zeit als Stenotypistin arbeitete, achtete akribisch darauf, dass nach Büroschluss sämtliche Geschäftsunterlagen vor Unbefugten in Sicherheit gebracht wurden. Sie freute sich auf das bevorstehende Wochenende und fuhr gut gelaunt mit ihrem alten, klapprigen Fahrrad die fünf Kilometer zu ihrem Elternhaus.

Als sie in die Hofeinfahrt einbog, sah sie ihre Eltern, die einen wütenden Eindruck machten. Sie vermutete, dass sie sich gestritten hatten, was in den letzten Jahren öfter vorkam. Meistens ging es um ihren Zwillingsbruder Onno, den ihre Mutter stets vehement vor ihrem Vater verteidigte. Früher hatte sie sich prächtig mit Onno verstanden, aber seitdem er vor Jahren der HJ, der Hitlerjugend, beigetreten war, hatte sich sein Wesen verändert. Leevke und ihr Vater sahen es mit großer Sorge, während ihre Mutter schlichtweg ignorierte, dass er sich vom NS-Regime komplett vereinnahmen ließ.

Leevke stoppte ihre Fahrt kurz vor ihren Eltern und sah, dass ihr Vater einen Briefumschlag in der Hand hielt und aufgeregt damit herumwedelte. Sein Gesicht war rot angelaufen, und auf seiner Stirn waren unzählige Falten zu sehen.

»Was hat Onno jetzt wieder angestellt?«, fragte sie missmutig und erntete sogleich einen wütenden Blick von der Mutter.
»Ich habe einen Einberufungsbefehl erhalten, kannst du dir das vorstellen?«, schrie ihr Vater außer sich vor Wut, ungeachtet dessen, dass er draußen vor dem Scheunentor stand und dass jeder in der unmittelbaren Umgebung seinen Wutausbruch hören konnte. In derselben Lautstärke fuhr er fort: »Ich bin Bauer, und Bauern haben seit jeher für die Ernährung der Bevölkerung gesorgt. Ich werde einen Teufel tun und mitnichten meine Familie, meinen Betrieb und die Tiere im Stich lassen, um ein Handlanger der Nazis zu werden! Ich werde nicht weichen, so wahr ich Enno Ekhoff heiße!«
Das Gesicht ihrer Mutter war bleich geworden. Rasch sah sie sich nach allen Seiten um, aber außer ihnen war keiner zu sehen. Es war seit Jahren gefährlich, öffentlich Kritik an den Nationalsozialisten zu üben, und erst recht an Hitler. Man musste damit rechnen, verhaftet und ins KZ gesteckt oder getötet zu werden, wie es vielen Abgeordneten der SPD 1933, gleich nach dem Wahlsieg der NSDAP, ergangen war.

Ihr Vater hatte nichts unversucht gelassen, vom Kriegsdienst befreit zu werden. Er hatte der zuständigen Behörde seine prekäre Lage geschildert, erwähnt, dass es seiner Frau Okka, die an Rheuma litt, nicht möglich war – zumal als Frau –, den landwirtschaftlichen Betrieb ohne ihn zu führen. Er hatte darauf hingewiesen, dass sein einziger Sohn Onno bereits beim Arbeitsdienst sei und zusätzlich auf dem Hof fehlte, und dass er seiner

Tochter den Betrieb auf keinen Fall überlassen könne, da sie noch nicht einmal volljährig sei. Auch hatte er ihre Anstellung auf der Emder Werft erwähnt, und dass die Arbeit auf dem Hof für eine Neunzehnjährige viel zu schwer sei.

Ihm war bewusst, dass Leevke nur die Landwirtschaftsschule besucht hatte, um dem Arbeitsdienst zu entgehen, und auch, dass sie nicht gern auf dem Hof arbeitete. So sehr er sich auch gesträubt hatte – all seine Einwände blieben ungehört. Man teilte ihm in einem Befehlston mit, dass jeder im wehrpflichtigen Alter dringend benötigt wurde und er es seinem Vaterland schuldig sei. Man stellte ihm jedoch einen oder mehrere Fremdarbeiter in Aussicht, je nach Größe des Betriebes.

Bereits ein paar Wochen später verließ ihr Vater für unbestimmte Zeit das Haus. In seiner Hand hielt er einen kleinen Lederkoffer, der nur das Nötigste enthielt. Leevke begleitete ihn bis zur Kaserne. Sie sah Militärfahrzeuge, Geschütze und einige Soldaten, die abmarschbereit auf dem Kasernenhof standen.

Gern hätte sie ihren Vater, der mit hängenden Schultern vor ihr stand, noch umarmt, aber das war in ihrer Familie nicht üblich, stattdessen gab sie ihm zum Abschied die Hand. Danach wandte sie sich rasch von ihm ab und rannte eilig nach Hause. Sie musste ihre ganze Willenskraft aufbringen, um nicht in der Öffentlichkeit zu weinen. Sie glaubte, in den traurigen Augen ihres Vaters auch ein verdächtiges Glitzern gesehen zu haben, doch das war kaum möglich. In ihrer Familie

weinte man nicht, erst recht nicht vor fremden Leuten, und Männer weinten sowieso nicht.
Ihr Vater war erst einige Tage fort, als Deutschland sich bereits im Krieg mit Polen befand. Seitdem weinte und klagte ihre Mutter ständig. »Du weißt nicht, was Krieg bedeutet«, wiederholte sie gebetsmühlenartig, »aber ich, ich habe es erlebt. Ich war erst sechszehn, als der Weltkrieg ausbrach. Glaub mir, im Krieg gibt es nur Verlierer!«
Zuerst hatte Leevke versucht, ihre Mutter zu trösten. Doch nach ein paar Tagen konnte sie das Gejammer nicht mehr ertragen. Sie wäre am liebsten fortgegangen, aber sie musste ausharren, denn die Arbeit im landwirtschaftlichen Betrieb war kaum zu bewältigen, und ihre Mutter, die vor Selbstmitleid zerfloss, war keine große Hilfe. Zumindest hatte ihr Vater kurz vor seinem Kriegsdienst eine Melkerin eingestellt, die ihr früh am Morgen und am Nachmittag mit dem Milchvieh half. Es war eine alte Witwe aus der Nachbarschaft, die ihre kümmerliche Rente aufbessern musste. Leevke war wütend auf ihre Mutter, die derart die Beherrschung verlor, als wäre sie die einzige Leidtragende. Sie versuchte doch auch, sich zusammenzureißen, dabei ängstigte sie sich ebenso um ihren Vater, der womöglich bald nach Polen abkommandiert wurde. Sie hatte klaglos ihre Arbeit in der Werft gekündigt, um auf dem Hof zu helfen, wobei jetzt die meiste Arbeit an ihr hängenblieb.
Es war ausgerechnet ihre Mutter, die ihr bereits in der Kindheit eingeschärft hatte, unter keinen Umständen Schwäche zu zeigen. Und jetzt heulte ihre Mutter wie

ein Schlosshund! *Wenn sie mir schon das Weinen ausgetrieben hat,* dachte Leevke, *sollte es Mutter erst recht nicht tun.*

Emden, im September 1939 – Unerfüllte Träume

Nach einem weiteren tränenreichen Zusammenbruch ihrer Mutter hatte sich Leevke wütend ihr Fahrrad geschnappt und war ziellos durch die Gegend gefahren, über holprige Feldwege, bis sie intuitiv an ihrem Lieblingsplatz gelandet war. Sie setzte sich auf den großen Findling direkt neben der Pferdekoppel. Die Pferde standen am äußeren Ende der Weide und hatten sie noch nicht bemerkt.
Missmutig dachte sie an die vergangenen Wochen. Sie war jung, wollte ausgehen, sich verlieben, Freunde treffen, aber nach der Arbeit auf dem Hof war sie dazu viel zu müde. Auch waren die interessantesten Jungs, so wie ihr bester Freund Thilo, bereits zum Reichsarbeitsdienst verpflichtet worden, und diejenigen, die noch in ihrem Stadtteil wohnten, sprachen nur noch über den Krieg und konnten es kaum erwarten, sich ebenfalls daran zu beteiligen. Zu ihrer Unzufriedenheit kam eine diffuse Angst, die sich manchmal wie eine Schlange um ihren Hals legte und sie zu ersticken drohte.

Die beiden Pferde Max und Maika waren inzwischen auf Leevke aufmerksam geworden und galoppierten übermütig zur Pforte, um sich die üblichen Streicheleinheiten von ihr abzuholen. Meistens bekamen sie bei der Gelegenheit auch ein paar Äpfel. Da das heute nicht geschah, schüttelten sie ihre Köpfe, gaben ein unwilliges Wiehern von sich und trabten gemächlich davon.
Leevke nahm es überhaupt nicht wahr. Gedankenverloren starrte sie in den Himmel.

»Moin, Träumerle«, war plötzlich eine helle Frauenstimme zu hören. Leevke schreckte hoch und sah ihre ehemalige Schulfreundin Frauke, die sie verschmitzt anlächelte. »Du warst ja völlig in Gedanken, hast nicht mal meine Fahrradklingel gehört.«
»Moin, Frauke, du hast recht. Ich habe über mein schweres Schicksal nachgedacht«, entgegnete Leevke in einem ironischen Ton.
Frauke stellte ihr Fahrrad neben Leevkes ab und setzte sich zu ihr. Als Kinder hatten sie sich hier öfter getroffen.
»Im Ernst, Leevke, was für ein großer Mist, dass wir uns jetzt im Krieg befinden. Ich kann es immer noch nicht fassen. Ich habe gehört, dein Vater wurde eingezogen?«
Leevke nickte. »Genau darüber habe ich gerade nachgedacht. Es ist unglaublich, dass sie ihn von seinem Hof geholt haben!«
»Mein Vater arbeitet zum Glück bei der Deutschen Reichsbahn und dort ist er unabkömmlich.«
»Mein Vater ist hier auch unabkömmlich, aber darauf haben die Behörden keine Rücksicht genommen. Jetzt muss ich meiner Mutter auf dem Hof helfen. Glaub mir, ich hätte mir besseres vorstellen können.«
»Ach ja, du wolltest doch einmal Lehrerin werden, stimmt's?«
»Ja, aber du kennst doch meinen Vater! Über meinen Berufswunsch konnte er nur lachen. In seiner Vorstellung sieht er mich lediglich als künftige Ehefrau und Mutter. Als ich zur Höheren Töchterschule wollte, hat er wortwörtlich gesagt: ›Wozu soll das gut sein, du

würdest damit später nur einem Mann die Arbeit wegnehmen‹.«
Frauke verzog ihr Gesicht. »Oh, wie steinzeitlich, dabei warst du in der Schule die Klassenbeste. Übrigens, mein Vater ist genauso eingestellt.«
Leevke entgegnete lakonisch: »Und jetzt bin ich Bäuerin und kann den Kühen das Einmaleins beibringen! Du glaubst ja gar nicht, wie begriffsstutzig die sind!«
Frauke prustete los, doch sogleich wurde sie wieder ernst. »Bei mir ist es nicht anders. Ich hatte ebenfalls keine Wahl. Glaubst du, mir macht es Spaß, von morgens bis abends in der Schlachterei meines Onkels zu stehen? Es stand von vornherein fest, dass ich eines Tages seine Schlachterei übernehmen soll. Meine Eltern sind nicht einmal auf die Idee gekommen, mich um meine Meinung zu fragen. Bleibt mir nur die Hoffnung, dass sich bald ein Mann über mich erbarmt und mich vom Fleck weg heiratet.«
»Klar, das ist ja auch das höchste Ziel, was ein Mädchen erreichen kann: einen Mann zu heiraten und ihm möglichst jedes Jahr ein Kind zu schenken«, grummelte Leevke, »das haben sie uns ja ständig beim Bund Deutscher Mädel, beim BDM, eingetrichtert. Aber ehrlich gesagt, bei deinem Aussehen stehen die Männer sicher schon Schlange.«
Frauke war tatsächlich sehr hübsch mit ihrem strohblonden Haar und ihrem dunklen Teint – sie sah aus wie eine Käthe-Kruse-Puppe. Leevke hingegen fand ihr Gesicht zu blass, ihre mittelblonden, langen Haare zu dünn, ihre blaugrauen Augen zu farblos, nur mit ihrer Größe und Figur war sie einigermaßen zufrieden.

Frauke errötete und wechselte schnell das Thema: »Du, stell dir vor, ich habe neulich Fritz getroffen, du weißt schon, den Lehrer Schulz immer mit seinem Rohrstock verdroschen hat. Ich habe ihn fast nicht wiedererkannt mit Anzug und Krawatte. Er hat jetzt einen guten Posten bei den Nordseewerken, hat er mir erzählt.«

»Ach, das freut mich aber!« Leevke dachte an den bedauernswerten Jungen in ihrer Klasse, auf den es ihr fieser Lehrer abgesehen hatte, weil er kaum etwas im Unterricht sagte. Sie wusste, dass er von seinem Vater – ein stadtbekannter Trunkenbold und Taugenichts – oft geschlagen wurde und daher derart eingeschüchtert war, dass er ständig in der Angst lebte, durch eine ungeschickte Äußerung noch mehr Prügel zu beziehen. »Ich finde es noch immer eine bodenlose Gemeinheit, dass Lehrer ihre Schüler schlagen dürfen! Wie oft habe ich Schläge auf die Finger bekommen, weil meine Nägel schwarze Ränder aufwiesen?«

»Na ja, Leevke, du warst aber auch ein Ferkel. Du musstest nur an einem Misthaufen vorbeigehen, da warst du schon dreckig.«

Leevke puffte Frauke freundschaftlich in die Seite. »Du hast ja recht, ich bin eben kein feines Mädchen und trage lieber Hosen als so unpraktische Kleidchen.«

Frauke grinste, weil sie gern Kleider trug. »Dafür hat mich der Schulz immer hinten an den Nackenhaaren gepackt und vom Stuhl gezogen. Glaubst du, das hat nicht wehgetan?«

Leevke nickte. »Im Gegensatz zu den Jungs sind wir dennoch einigermaßen verschont geblieben. Der

Schulz, dieser Sadist, hatte eine echte Freude daran, wenn er einem Jungen den Hosenboden versohlen konnte. Wäre ich eines Tages Lehrerin geworden, ich hätte meine Schüler niemals geschlagen! Auf dem Schulhof wurden die kleinen Jungs immer von den größten und dümmsten verprügelt. Für mich gibt's da keinen Unterschied zu Schulz. Das ist so barbarisch!«
Frauke verzog ihr Gesicht zu einem bösen Grinsen, als sie sagte: »Wir müssen uns mal mit ehemaligen Schülern zusammentun, Schulz in der Dunkelheit auflauern, einen Sack über seinen Kopf stülpen und jeder darf so oft draufhauen, wie er will. Ist das ein Plan?«
»Nee«, entgegnete Leevke, »dann wären wir nicht besser als er. Aber verdient hätte er es allemal!«
Leevke erinnerte sich daran, was Schulz einmal in Naturkunde geäußert hatte. Sie versuchte die herrische Stimme des Lehrers nachzuahmen: »Krieg sollte nicht als Option angesehen werden, sondern als Lebensinhalt. Nehmt euch ein Beispiel an der Natur, wo ständig ein unerbittlicher Kampf herrscht, denn das Schwache muss vernichtet werden.«
»Oha«, entfuhr es Frauke, »war das der Grund, weshalb er sich immer die Schwächsten für seine Prügelattacken ausgesucht hat?«
Leevke nickte. »Seit der Unterrichtsstunde habe ich ihn gehasst. Wir hatten zu der Zeit gerade ein Kälbchen, das von seinen Artgenossen jedes Mal vom Futtertrog vertrieben wurde, sodass es nichts zu fressen bekam. Ich habe mich darum gekümmert, dass dieses Kälbchen genügend Futter bekam, bis es ebenso kräftig war wie die anderen. Am liebsten

hätte ich Schulz widersprochen, aber das durfte man ja erst recht nicht. Eine saftige Strafe wäre nicht ausgeblieben.«
»Ich habe ihn auch gehasst«, gab Frauke zu, »vor allem, weil er ein«, sie senkte ihre Stimme und ergänzte, »ein Nazi ist.«

Sie hatten sich so angeregt unterhalten, dass sie nicht bemerkten, dass sich der Himmel allmählich verdunkelt hatte. Ein leichter Regenschauer brachte sie in die Gegenwart zurück. Für Leevke wurde es höchste Zeit zurückzukehren, bevor ihre Mutter sich unnötig um sie sorgte. Rasch verabschiedeten sie sich voneinander und traten den Heimweg an. Leevke musste unwillkürlich an ihren Freund Thilo denken, mit dem sie unzählige Stunden an ihrem Lieblingsplatz verbracht hatte. Sie vermisste ihn schmerzlich. Mit ihm hatte sie stets über all ihre Nöte und Kümmernisse reden können, und er verstand sie wie kein anderer. Einen besseren Freund gab es nicht. Hoffentlich wurde er bald aus dem Arbeitsdienst entlassen.
Als sie nach Hause kam, schien sich ihre Mutter etwas beruhigt zu haben. Sie saß auf einem Gartenstuhl und strickte Socken.
»Sag mal, Mutter, mir ist gerade ein unguter Gedanke gekommen. Nebenan wohnen doch die Boltes. Kann es sein, dass wir es diesem Bolte zu verdanken haben, dass Vater zu den ersten Männern aus unserem Stadtteil gehörte, die eingezogen wurden?«
»Das ist gut möglich, dieser Nazi arbeitet immerhin bei der Gestapo.«

Leevke wusste, dass ihr Vater und Bolte früher einmal gute Freunde gewesen waren, aber in den letzten Jahren vermieden sie es, miteinander zu reden oder sich auch nur auf der Straße zu grüßen, obwohl es in Ostfriesland üblich war, allen Menschen, die einem begegneten, ein freundliches ›Moin‹ zuzurufen, ob es bekannte Gesichter oder fremde waren.
Eberhard Bolte war in der Nachbarschaft gefürchtet. Er schien es sich zur Lebensaufgabe gemacht zu haben, jeden zu denunzieren, der nicht der NSDAP angehörte. Seine Frau Ottilie, eine äußerst eingebildete, unangenehme Person, wie nicht nur Leevke es empfand, zählte leider zu ihren Stammkunden. Eberhard Bolte hätte es ihr untersagen können, ausgerechnet bei ihnen Milch zu kaufen, aber er tat es nicht. Womöglich war es ihm sogar recht, damit seine Frau sie ausspionieren konnte. Leevke und ihre Eltern waren gewarnt und äußerst vorsichtig im Umgang mit Ottilie Bolte, die es wie keine andere verstand, ihre Mitmenschen gezielt auszufragen. Sie gehörte zu den typischen Tratschtanten, die sich gern über andere das Maul zerrissen, wobei sie es mit der Wahrheit nicht so genau nahmen. Ein Grund mehr, in ihrer Gegenwart auf der Hut zu sein und kein unüberlegtes Wort zu sagen – und politische Äußerungen waren während ihrer Anwesenheit sowieso tabu! Leevke nahm sich vor, künftig noch vorsichtiger mit der Bolte zu sein.

Emden, im September 1939 – Opa Beer

»Moin, jemand zu Hause?« Eine vertraute Stimme war im Hausflur zu hören. Es war Piet de Beer, der wie jeden Abend pünktlich um sieben Uhr sein Kännchen Milch abholen wollte und sich bei der Gelegenheit auch gern zu einer Tasse Tee einladen ließ.
Piet war gebürtiger Holländer, lebte jedoch seit seinem achten Lebensjahr in Emden. Von Leevke und auch von allen anderen Kindern in ihrem Stadtteil wurde er ›Opa Beer‹ genannt und vom Aussehen her – er war klein, rundlich und lächelte oft – war er einem kuscheligen Bären nicht unähnlich. Er wusste über jeden Einzelnen Bescheid. Sein erstaunliches Wissen über seine Nachbarn und deren Angehörige nutzte er jedoch nie zu seinem Vorteil, ganz im Gegenteil, er war ein guter Zuhörer und versuchte zu helfen, wo immer es nötig war, nur nicht den Leuten, die sich mit der Zeit als wahre Fanatiker entpuppten und den Diktator über alle Maßen verehrten, zumal Piet de Beer ein überzeugter Kommunist war. Bei seinen Mitmenschen war er äußerst beliebt. Er war recht redselig und seit dem Tod seiner Frau vor zwei Jahren suchte er noch mehr als früher das Gespräch mit anderen.

Okka, Leevkes Mutter, riss schwungvoll die Küchentür auf. »Moin Piet«, sagte sie freundlich, »hereinspaziert in die gute Stube!« Mit ihrer Hand vollführte sie eine einladende Geste, der er gern nachkam. Er war jederzeit ein willkommener Gast bei den Ekhoffs. »Komm, setz dich zu uns, oder wartet Gerda auf die Milch?«

Gerda wohnte bei ihm und versorgte den Haushalt, doch in der Nachbarschaft wurde gemunkelt, dass sie ihm auch das Bett wärmte.
Piet de Beer verzog seine Mundwinkel zu einem Grinsen. Dabei mehrten sich unzählige Fältchen in seinem Gesicht, ähnlich einer Raubkatze, wenngleich einer sehr lieben, friedlichen Raubkatze.
»Och, fünf Minuten Zeit habe ich wohl noch.«
Klar, fünf Minuten, dachte Leevke, die ihm gefolgt war. Es würde eher eine Stunde oder länger werden, je nachdem, wie viele Neuigkeiten er parat hatte. Es war ihr nur recht. Er brachte sie regelmäßig auf den neusten Stand, besser als jede Tageszeitung dies vermochte.
Wie üblich sicherte er sich seinen Lieblingsplatz am warmen Ofen, zog seine Pfeife aus der Hosentasche und begann, sie andächtig mit Tabak zu stopfen. Leevke bedachte ihn mit einem Lächeln und war gespannt darauf, was er heute zu erzählen hatte. Hoffentlich ein paar Neuigkeiten aus der Nachbarschaft statt der unheilvollen Prognosen bezüglich der Kriegsaktivitäten, zumal sie in der Regel zutrafen. Woher er seine Informationen erhielt, war ihr unbegreiflich, aber er hatte mit Sicherheit gute Gründe, seine Quellen nicht preiszugeben.
Während sich die Küche mit dem angenehmen Tabakduft füllte, war ihre Mutter damit beschäftigt, den Tee zuzubereiten. Vorsorglich hatte sie bereits Wasser aus dem Brunnen vor dem Haus geschöpft, in einen Teekessel gefüllt und auf den Herd gestellt. Als der Kessel zu pfeifen begann, füllte sie etwas von dem heißen Wasser in eine Porzellankanne, um sie anzuwärmen.

Sie leerte sie gleich darauf im Spülstein, holte ihre Blechdose aus dem Küchenschrank, füllte daraus mit einer kleinen Schaufel schwarzen Tee in die Kanne, den sie mit einer geringen Wassermenge aus dem Kessel übergoss. Nach einigen Minuten goss sie reichlich heißes Wasser nach. Der Tee war jetzt fertig.
Leevke hatte zwischenzeitlich für jeden eine Teetasse samt Untertasse hingestellt, dazu eine Zuckerdose mit Kandis und eine Schüssel mit Milch, auf der sich eine dicke Rahmschicht gebildet hatte. Mit einer kleinen Zange legte sie in jede Tasse ein Stück Kandis.
Als Okka den Tee einschenkte, hatte er einen bernsteinfarbenen Ton angenommen. Mit einem gebogenen Löffel gab sie vorsichtig den Rahm auf den Tee, sodass eine kleine Wolke, auf Plattdeutsch ›Wulkche‹, entstand. Leevke hatte diesmal darauf verzichtet, auf jede Untertasse ein Teelöffelchen zu legen. Die Ostfriesen genossen zuerst den leckeren Rahm, danach den bitteren Tee und zum Schluss die Süße des aufgelösten Kandis. Nur Kinder und ›Düütskes‹, das plattdeutsche Wort für Deutsche, wie alle Nicht-Ostfriesen von den Einheimischen genannt wurden, benutzten die Löffel zum Umrühren. Es gehörte zur ostfriesischen Tradition, jedem Gast Tee zu servieren, meistens drei Tassen oder mehr.
Das angenehme Aroma vom Tee vermischte sich allmählich mit dem Tabakqualm, ein Duft, den Leevke seit jeher kannte und den sie untrennbar mit den gemütlichen Stunden mit Opa Beer verband. Er rief in ihr jedes Mal ein wohliges Gefühl der Geborgenheit und Wärme hervor.

Während die anderen Kunden in der Milchkammer ihre Waren erhielten und selten das Wohnhaus betraten, war es ein abendliches Ritual, dass er sich zu ihnen in die Küche setzte. War er früher lediglich ein Milchkunde wie all die anderen gewesen, gehörte er seit etlichen Jahren beinahe zur Familie. Leevke mochte ihn lieber als ihren eigenen Opa, den Vater ihres Vaters, zumal sie diesen seltener sah.

Die Teezeremonie hatten alle schweigend verfolgt, es hatte stets etwas Meditatives. Erst als die erste Tasse geleert war, begann Piet zu sprechen. Diesmal hielt er sich nicht mit seinen üblichen langen Monologen auf, er berichtete ihnen, dass vermehrt Franzosen und Niederländer rekrutiert wurden, um im Bau, im Hafen oder in der Landwirtschaft zu arbeiten.

»Hier fehlen ja leider alle Männer im besten Alter, die für Gott und Vaterland kämpfen müssen.« Er schnaubte verächtlich und zog an seiner Pfeife, bevor er weitersprach. »Ihr Mädels braucht unbedingt Hilfe. Die Behörde hat Enno doch einen Fremdarbeiter zugesagt, oder?«

Leevkes Mutter seufzte vernehmlich und nickte, dabei rieb sie sich ihren schmerzenden Rücken, bevor sie energisch den Kopf schüttelte. »Ich weiß, es wäre absolut nötig, aber wie soll das gehen? Wir sind zwei wehrlose Frauen. Nein, das kommt nicht infrage. Ich will keine fremden Männer im Haus, und dann noch Ausländer ...« Das Wort spuckte sie fast aus.

Leevke wusste, dass ihre Mutter keine gute Meinung von Ausländern hatte, möglicherweise war ihre offensichtliche Abneigung dem damaligen Krieg geschuldet.

»Aber Mutter«, empörte sie sich, »du hast doch erst heute gesagt, dass wir die Arbeit zu zweit nicht mehr schaffen. Wir brauchen … und dann ein Franzose …!«, sagte sie versonnen und lächelte, »ich könnte nebenbei die Sprache lernen, da ich nicht mehr zur Schule gehen kann. Du weißt, ich liebe Französisch!«

»Das scheint von deinen französischen Vorfahren zu kommen«, seufzte ihre Mutter und lächelte. »Du mit deinen Flausen im Kopf. Was willst du mit Französisch?«

»Es meiner Schar von Kindern beibringen, ist doch klar«, erinnerte sie an die stets wiederkehrenden Worte ihres Vaters und brachte damit ihre Mutter zum Schmunzeln.

»Ich würde euch ja helfen ...« Piet zeigte auf sein Holzbein und hob bedauernd die Schultern. »Aber was wollt ihr mit so einem alten Krüppel?«

Leevke kannte die Geschichte nur zu gut, als Opa Beer im Jahr 1916 im Krieg gegen Frankreich in ein Feuergefecht geraten war und so schwer verwundet wurde, dass die Ärzte in einem Lazarett sein Bein amputieren mussten. Abgesehen von seiner Verletzung musste er zudem uralt sein, mindestens siebzig oder älter, daher konnte sich Leevke ein Grinsen nicht verkneifen.

»Also, was ist? Soll ich euch einen Fremdarbeiter besorgen, der euch die gröbste Arbeit abnimmt, oder nicht?«

Leevke sah in die müden Augen ihrer Mutter. Es war nicht nur die harte Arbeit, ihr Rheuma machte ihr arg zu schaffen. Sie musste jetzt handeln, so eine Gelegenheit bot sich so schnell nicht wieder. »Mutter«, sagte sie energisch, »ich kann mir auch besseres vorstellen, als von morgens bis abends zu schuften.« Dabei sah sie Opa Beer flehend an. Ihre Lippen formten das Wort ›Bitte‹.

Der hatte verstanden. »Okka, sei vernünftig. Ich sehe doch, dass es dir nicht gutgeht. Lass mich nur machen, ich werde mich darum kümmern und euch einen guten Knecht besorgen, der weder eure Tiere verdirbt noch junge Mädchen.«

»Piet de Beer!«, stieß Okka empört hervor. Sie wiegte ihren Kopf nachdenklich hin und her, bis sie sich zu einem Entschluss durchgerungen hatte. »Na gut, ich vertraue dir. Aber schlepp' mir bloß nicht so einen Schönling an, der allen Weibern den Kopf verdreht. Man kann den Franzosen nicht trauen!«

Leevke sah, wie Opa Beer sein Gesicht zu einem breiten Grinsen verzog. »Jo, ich werde euch einen kleinen pockennarbigen Franzosen mit Fußpilz bringen, damit deine Mutter in Ruhe schlafen kann.« Er klopfte sich vor Vergnügen auf die Schenkel und zwinkerte Leevke verschwörerisch zu. Sie sprachen noch eine Weile über den Krieg, der sich allmählich ausweitete.

»Dieser verdammte Österreicher stürzt uns alle noch ins Unglück. Ihr werdet sehen, der ist erst am Anfang. Das wird uns den Hals brechen, hört auf meine Worte! Er faselt von einer ›arischen Rasse‹. Hat man das schon gehört? Er will eine Rasse züchten, wie die Bauern mit ihren Kühen. Haha, der ist doch nicht ganz bei Trost!«

Okka war blass geworden. Sie hoffte, dass ihr Mann und Onno bald zurückkehren würden, damit sie wieder ein normales Leben führen konnten. Außerdem hatte sie Angst um Piet, dem sein loses Mundwerk noch eines Tages den Tod bringen würde. »Piet, um Himmels Willen sei still, du weißt, dass du nicht so reden darfst – wenn dich jemand hört. Du weißt doch, nebenan wohnt der Bolte, der freut sich doch über jeden, den er anschwärzen kann.«

Piet de Beer machte eine müde Handbewegung und erhob sich aus seinem Stuhl. Er mochte Okka, aber er hatte keine Lust, sich von einer Frau zurechtweisen zu lassen. *Die Leute können die Wahrheit einfach nicht ertragen,* dachte er. *Mit diesem Österreicher ist der Teufel ins Land gekommen. Er wird großes Unheil über Europa bringen, ob die Menschen es nun hören wollen oder nicht.*

Leevke stand ebenfalls auf und folgte Opa Beer in die Milchkammer, wo sie ihm seine kleine Blechkanne mit frischer Milch füllte. »Gib Opa Beer noch einen Kohlrabi mit«, rief ihre Mutter ihr hinterher.

Leevke schätzte Opa Beer und ihr war es peinlich, dass ihre Mutter ihn derart zurechtgewiesen hatte. Sie füllte sein Milchkännchen und gab ihm noch zwei Kohlrabis. Sie entschloss sich, ihn bis zu seinem Haus zu begleiten. Ein Spaziergang würde ihr guttun, und draußen war es zu dieser Tageszeit noch angenehm warm. »Nimm es Mutter nicht übel«, bedauernd hob sie die Schultern. »Sie macht sich Sorgen um Papa und Onno, dazu die ganzen Schmerzmittel.«

»Ich trage es ihr nicht nach«, sagte er. Doch der ungewohnt mürrische Ton in seiner Stimme verhieß das Gegenteil. Schweigend liefen sie nebeneinanderher. Vor einer Hakenkreuzfahne blieb Piet abrupt stehen. »Was ist nur aus unserer schönen Stadt geworden? Überall diese vermaledeiten Fahnen! Die friedlichen Zeiten sind jetzt endgültig vorbei. Seit der Machtübernahme der Nationalsozialisten, spätestens seit Kriegsbeginn, sind die Emder in zwei Lager gespalten. Die einen sind insgeheim nach wie vor Anhänger der SPD oder KPD, was man aber nicht mehr öffentlich sagen kann, du weißt, ich bin ein überzeugter Kommunist und dein Vater Sozi, aber erschreckend viele andere«, er schnaufte verächtlich, »laufen dem Diktator blind hinterher. ›Verflucht sei, wer einen Blinden irreführt auf dem Wege‹«, zitierte er einen Satz aus der Bibel. »In Emden sind es noch gar nicht so viele, aber die sind umso lauter. In Aurich und Wittmund gibt es bereits Hochburgen der NSDAP, zum Glück bildet unsere Stadt noch eine Ausnahme. Soweit ich weiß, verhielten sich Emder stets diametral zu den anderen Ostfriesen, obwohl alle Friesen seit jeher als unbeugsam galten.«

»Eala Frya Fresena«, zitierte Leevke lächelnd. Den Wahlspruch aus dem Mittelalter kannte sie noch aus ihrer Schulzeit. Er bedeutete, dass die Friesen sich erheben und sich gegen die Obrigkeit wehren sollten.

»Ja«, entgegnete Piet, »das waren wohl die Friesen aus der Vergangenheit, aber jetzt müssen sich alle der Diktatur beugen. Die Nazis beherrschen das ganze Stadtbild, die freien Friesen sind scheinbar untergetaucht.« Wütend trat er gegen den Fahnenmast.

Jetzt war es Leevke, die erschrocken war über Opa Beers Verhalten, aber sie war gewarnt und vermied es, ihn ebenso wie ihre Mutter zu ermahnen.

Als hätte er ihre Gedanken gelesen, sagte er eindringlich: »Ich lasse mir den Mund nicht mehr verbieten. Ich sage meine Meinung frei heraus! In meinem Alter habe ich es nicht mehr nötig, mich zu verstellen, und vor denen krieche ich sowieso nicht!«
Leevke hatte sich bisher wenig für Politik interessiert und wüsste auch nicht, welche Partei sie früher favorisiert hätte, aber jetzt gab es sowieso keine Alternative mehr. Leevke brannte auch etwas auf dem Herzen. »Opa Beer, du hast ja so recht. Ehemalige Schulkameraden von mir sind bereits so verblendet, dass sie den weiten Weg nach Berlin auf sich nehmen, um ihren Führer leibhaftig zu sehen. Glaub mir, mit solchen Leuten will ich nichts mehr zu tun haben!«
»Das ist gut so, Kind, aber du wirst sehen, es werden ständig mehr, die der Österreicher mit seinen aufrührerischen Reden allmählich überzeugen und in seinen Bann ziehen wird. Wie heißt es so schön: ›Steter Tropfen höhlt den Stein‹. Man weiß nie, wem man heutzutage noch trauen kann!«
Leevke schätzte seine bildhafte Sprache. Sie war froh, dass auch ihr ein Vergleich einfiel. »Die Menschen folgen dem Diktator wie die Ratten dem Rattenfänger von Hameln, mit dem Unterschied, dass es sich hierbei um ein Märchen handelt, dabei ist unsere Lage bittere Realität!«
»Ich weiß nicht so recht«, gab Piet zu bedenken, »angeblich beruht auch das Märchen auf einer wahren Begebenheit. Im 13. Jahrhundert sollen tatsächlich an einem Tag 130 Kinder verschwunden sein.«
Leevke durchlief ein kalter Schauer. Das hatte sie nicht gewusst. Sie waren mittlerweile beim Haus angekommen

und Leevke wollte sich verabschieden, da hielt Opa Beer sie zurück: »Der Schein trügt, nicht alle, die sich zu den Nationalsozialisten bekennen, sind es auch. Sie haben Angst, dass sie ihre Arbeit verlieren würden, ergo ihre Familie nicht mehr ernähren könnten, oder sie befürchten andere Repressalien. Ich kann es ihnen nicht einmal verdenken. Nach dem Weltkrieg 1914 bis 1918 und der Wirtschaftskrise ging es den meisten schlecht. Der Kriegstreiber hat es tatsächlich geschafft, dass die Menschen wieder Arbeit haben und damit nach viel Hunger und Not ein geregeltes Einkommen. Allgemein wird von einem Wirtschaftswunder gesprochen. Dass er auch jede Menge Arbeiter für die Rüstungsindustrie benötigt, wird kaum propagiert. Er gibt sich stets sozial und verspricht, sich gerade für die Arbeiter einzusetzen. Jeder sollte sich einen Volksempfänger und einen Volkswagen leisten können. Er hat den Arbeitern sogar Urlaubsreisen auf den Kreuzfahrtschiffen versprochen, die bislang nur den Reichen vorbehalten waren. Es soll eine Belohnung für ihre engagierte Arbeit sein. Die ›Wilhelm Gustloff‹ ist sein Vorzeigeschiff. Tatsächlich sind bisher nur die wenigsten in den Genuss einer luxuriösen Reise gekommen. Ich befürchte, die Kreuzfahrtschiffe werden nun für Kriegszwecke umfunktioniert. Für seine ganzen Wohltaten und Versprechungen präsentiert uns dieser Österreicher jetzt die Rechnung!«

Nachdenklich kehrte Leevke heim. Das Gespräch mit Opa Beer hatte ihre Ängste noch verstärkt. Zumindest würde er für einen Fremdarbeiter sorgen, das war gewiss, er hielt stets seine Versprechen.

Piet de Beer sollte recht behalten. Tatsächlich wurde die Wilhelm Gustloff gleich bei Kriegsbeginn von der Marine als Lazarettschiff und Truppentransporter eingesetzt.

Emden, im September 1939 – Der Gastarbeiter

Leevke hatte den Küchenboden gewischt, riss die Haustür auf und wollte den Eimer mit dem Putzwasser schwungvoll nach draußen schütten, da sah sie noch in letzter Sekunde den jungen Mann, der vor ihr stand.
»Oh là là, was für eine Begrüßung, dabei habe ich heute Morgen gemacht eine Wäsche à là Katz«, sagte er in einem überraschend verständlichen Deutsch mit einem süßen französischen Akzent.
Leevke errötete und schaute verlegen auf ihre Füße. Dann straffte sie ihren Körper und zwang sich, ihn anzuschauen. Schnell wischte sie ihre nassen Hände an ihrer Schürze ab und streckte ihm die Hand zur Begrüßung entgegen. »Hallo, du musst der Franzose sein, der bei uns arbeiten will!«
»Oui, Mademoiselle!«
»Komm doch rein, wir haben dich bereits erwartet!« Sie führte ihn in die Küche, wo ihre Mutter das Mittagessen zubereitete. Nach einer knappen Begrüßung fragte Okka gleich. »Ich hoffe, du kennst dich mit der Landwirtschaft aus: Kühe melken, füttern und ausmisten?«
»Oui, Madame, zu Hause wir haben einen kleinen Bauernhof mit Bistro. Ich bin harte Arbeit gewohnt.« Er zeigte ihr seine Papiere, während Leevke ihn verstohlen musterte. Jean-Pierre sah ausgesprochen männlich aus, obwohl er erst Anfang zwanzig war. Er war groß, sie schätzte ihn auf zwei Meter, breitschultrig, hatte ein markantes, ebenmäßiges Gesicht, schulterlanges, fast schwarzes Haar und zu ihrem Erstaunen

unterschiedliche Augenfarben, ein blaues und ein bernsteinfarbenes Auge, welche ihm ein außergewöhnliches Aussehen verliehen.
»Wie kommt es, dass du so gut Deutsch sprichst?«, wunderte sich Okka.
»Meine liebe grand-mère war eine Deutsche, aus Emden. Grand-père war Seemann, hat sie auf einer Tour kennengelernt, und sie sind nach der Heirat nach Frankreich gezogen. Nachdem grand-père im Krieg gefallen ist, hat sie ihr Domizil im Haus meiner Eltern in der Normandie aufgeschlagen. Da maman auch nach meiner Geburt immer viel arbeiten musste, habe ich die meiste Zeit bei grand-mère verbracht.«
»Ah, und jetzt wolltest du ihre Heimat kennenlernen und daher hast du dich als Fremdarbeiter beworben. Gut, dann haben wir alles Nötige besprochen. Kost und Logis sind frei, die Bezahlung regeln wir später. Ich würde vorschlagen, du arbeitest erstmal eine Woche hier auf Probe, und dann sehen wir weiter!«

Einige Wochen später hatte Jean-Pierre es problemlos geschafft, sich in die Familie zu integrieren. Er erledigte alle anfallenden Arbeiten mit einer Leichtigkeit, über die Leevke nur staunen konnte. Während sie und ihre Mutter sich abgemüht hatten und bald an ihre körperlichen Grenzen gestoßen waren, schien es ihm wenig Mühe zu bereiten. Dabei hatte er stets ein Lächeln im Gesicht.
Leevke war fasziniert von ihm und fühlte sich immer mehr zu ihm hingezogen, aber sie bemühte sich tunlichst, es vor der Mutter zu verbergen, obwohl es ihr

nicht so gut gelang. Ihre Mutter hatte erstaunliche Fähigkeiten, ihre Mitmenschen zu durchschauen, als hätte sie einen siebten Sinn.

Polen, im September 1939 – Soldatenleben

Enno lag bäuchlings mit seinen Kameraden in einem Schützengraben in der Nähe von Krakau. Wenn seine Kompanie den Befehl ›Feuer frei!‹ erhielt, sollten sie ihre gesamte Munition abfeuern.
Seit Stunden starrten sie hinaus in die Nacht. Doch es passierte absolut nichts. Womöglich saßen die polnischen Soldaten in ähnlicher Wartestellung wie sie, jeder darauf bedacht, bei einem Angriff sofort zurückzuschlagen.
Enno fürchtete sich davor, auf andere Menschen zu schießen, aber er hatte keine Wahl. Seit er die Uniform der Wehrmacht trug, war er nicht mehr frei in seinen Entscheidungen, er wurde zu einem Befehlsempfänger degradiert, auf Gedeih und Verderb seinem Kompaniechef ausgeliefert. Was dieser anordnete, musste befolgt werden. Auch der Befehl, die gesamte Munition abzufeuern, bereitete ihm Sorgen. Was sollte werden, wenn sie nicht rechtzeitig Nachschub bekämen? Wären sie dann schutzlos dem Feind ausgeliefert oder ging man davon aus, dass sie bei einem möglichen Angriff als Sieger hervorgingen?
Er hatte sich noch nie in seinem Leben so verloren gefühlt. Am liebsten wäre er davongelaufen. Aber wo sollte er hin? Außerdem galt Fahnenflucht als Verbrechen und wurde mit dem Tod bestraft. Er war kein Feigling und wollte auch seine Kameraden nicht im Stich lassen, doch was von ihm verlangt wurde, war ihm zutiefst zuwider. Wie sollte er sich je wieder im Spiegel betrachten können, ohne daran zu denken,

dass er Menschen auf dem Gewissen hatte? Es gab keine Alternative. Vor seinem inneren Auge entstand ein tiefer Abgrund, den zu überwinden er nie imstande sein würde. Sein Leben war von jetzt an keinen Pfifferling mehr wert.

Mit Beginn der Dunkelheit hatte ein feiner Nieselregen eingesetzt, mittlerweile waren Ennos Kleider bis auf die Haut durchnässt. *Entweder werde ich von einer feindlichen Kugel getroffen oder ich sterbe an einer Lungenentzündung.*

Er dachte wehmütig an Okka, Leevke und seinen Hof. Würden sie ohne ihn zurechtkommen? Okka hatte ihm geschrieben, dass sie einen Fremdarbeiter hätten, einen Franzosen. Aber da sie sich auch noch mit Frankreich im Krieg befanden, war der womöglich zurückgekehrt, um für sein Vaterland zu kämpfen.

Und wo war Onno? Hatte dieser Hitzkopf sich gleich nach dem Arbeitsdienst freiwillig für den Kriegseinsatz gemeldet? Zuzutrauen wäre es ihm. Er brannte darauf, für Hitler zu kämpfen.

Hätte ich ihm doch bloß nicht erlaubt, der HJ beizutreten. Es war ein Fehler, aber hatte ich eine Wahl?

Er dachte an Nachbar Bolte, der ihm mit den Worten gedroht hatte: »Ich gebe dir einen wohlgemeinten Rat, mein Lieber. Lass deinen Sohn in die HJ eintreten. Glaub mir, es ist besser für dich und deine Familie. Sonst könnte die Partei auf dich aufmerksam werden, und das hätte womöglich unangenehme Konsequenzen, die ich dir nicht näher erläutern muss. Dass du früher Anhänger der SPD warst und dich neulich mit ehemaligen Parteimitgliedern in Trudis Kneipe getroffen hast, ist nicht unbemerkt geblieben. Es wäre doch schade, wenn du wegen einer unbedachten Handlung Haus und Hof verlieren würdest. Wie gesagt, ich meine es nur gut mit dir. Wir waren doch mal Freunde, falls du dich noch daran erinnern kannst.«

Enno hatte diese Drohung ernst genommen. Als Onno bald täglich darum bettelte, er möge die Beitrittserklärung unterschreiben, da alle seine Klassenkameraden bereits in der HJ wären, und selbst Okka Druck auf ihn ausübte, hatte er zwangsläufig nachgegeben, obwohl es ihm in höchstem Maße widerstrebte.

Während er sorgenvoll Onnos Veränderung miterlebt hatte, blühte dieser geradezu auf. Bereits der Begriff ›Hitlerjugend‹ jagte Enno kalte Schauer über den Rücken, als würde dieser Diktator – dessen Namen er möglichst nicht aussprach – alle Jugendlichen sein Eigen nennen. Die Partei verstand es, die Kinder in ihre Richtung zu lenken. Sie wurden mit schicken Uniformen ausgestattet, durften, ebenso wie die Soldaten, marschieren und Schießübungen machen.

Selbst Zehnjährige, die sogenannten ›Pimpfe‹, wurden bereits von ihnen für ihre machtpolitischen Interessen instrumentalisiert, bis sie mit vierzehn der HJ beitreten durften. Die Kinder verbrachten ab und zu ein paar Tage in einem Zeltlager an der Nordsee, veranstalteten tagsüber Wettkämpfe, und abends saßen sie am Lagerfeuer und sangen gemeinsam Lieder. Fernab von der oft strengen Erziehung ihrer Eltern wurde ihnen dort ein Gefühl von Abenteuer und Freiheit suggeriert.

Onno, der zu Ennos großem Kummer in der Schule leider zu den Schlechtesten zählte und deshalb von

seinen Mitschülern gehänselt worden war, gehörte schlagartig zu den Gewinnern und bekam erstmalig in seinem Leben Anerkennung. Dazu gab es ein entsprechendes Leistungsabzeichen, mit dem er seine Uniform schmücken konnte, damit gleich jeder sah, welchen Rang er bei der HJ erreicht hatte. Dabei wurden keine hohen Ansprüche gestellt, sodass mit wenigen Ausnahmen alle diese Abzeichen erhielten. Die Nazis schafften es, dass die Kinder ihnen widerstandslos folgten, gleich Eseln, die man mit einer vorgehaltenen Möhre zum Laufen antrieb. Erstmals wurde er akzeptiert. Wie konnte er seinem Sohn verübeln, dass er mitlief?
Onno war für sein Alter erstaunlich groß und durch die Arbeit in der Landwirtschaft ein kräftiger Bursche geworden, aber durch sein Versagen in der Schule hatte er wenig Selbstbewusstsein entwickelt. Dass er zunehmend fröhlicher und auch selbstsicherer geworden war, hatte er tatsächlich der HJ zu verdanken. Aber um welchen Preis?
So sehr es Enno auch schmerzte, es war ihm nicht möglich gewesen, die Leistungen seines Sohnes anzuerkennen, obwohl dieser sich vermutlich nichts sehnlicher von seinem Vater gewünscht hätte. Eines Tages war Onno nach einem Zeltlager nach Hause gekommen und hatte geäußert: »Ich werde alles tun, damit der Führer stolz auf mich ist.«
Dieser Ausruf hatte Enno das erste Mal in seinem Leben Tränen in die Augen getrieben. Schnell hatte er sich von ihm abgewandt, denn er schämte sich seiner Tränen, und noch mehr schämte er sich für seinen Sohn.

Er schnaubte ärgerlich bei dem Gedanken, dass die Nazis ihr Ziel erreicht hatten. Aus unschuldigen Kindern machten sie willfährige Opfer, die blindlings alles dafür tun würden, um ihrem Führer zu gefallen.
Er kannte das offizielle Lied der HJ, das Fahnenlied, welches Onno inbrünstig sang. Eine Zeile hatte Enno besonders erschreckt: »Die Fahne ist mehr als der Tod!« Die Anführer rissen bald die gesamte Erziehung an sich, die Jugendlichen wurden gedrillt für Kampf und Heldentum. Erneut fiel ihm eine Liedzeile ein, diesmal von einem anderen Lied: »Wir geloben Hitler Treue bis ins Grab.« Fast jedes Lied handelte vom Heldentod, und ganz allmählich setzte sich die perfide Botschaft in den Köpfen der Kinder fest, dass der Tod eines Soldaten hoch angesehen und heldenhaft sei.
Enno durchschaute die verabscheuungswürdigen Erziehungsmethoden der Nationalsozialisten. Sie begeisterten die Kinder dafür, Krieg zu spielen, bis aus dem Spiel bald bitterer Ernst werden würde. Ennos Sorge wurde mit der Zeit immer größer. Er befürchtete, dass Onno bald mit einem fröhlichen Lied auf den Lippen in den Krieg ziehen würde, um als Held zu kämpfen und womöglich als ein solcher zu sterben.

Emden, im Herbst 1939 – Okka

Okka war froh über so einen fähigen Mann im Haus, der auch anstehende Reparaturen meisterte, aber sie sah auch die Gefahr, die von ihm ausging. Nicht auszudenken, wenn er und Leevke sich ineinander verliebten. Sie mochte Jean-Pierre, aber die Liebschaft einer Deutschen und eines Franzosen war in ihren Augen absolut undenkbar.
Eines Abends, Leevke lag in ihrem Bett, kam ihre Mutter zu ihr. »Ich muss mit dir reden«, sagte sie streng. »Ich habe das Gefühl, dass du den Franzosen sehr gern hast. Aber schlag dir den aus dem Kopf. Da liegt kein Segen drauf. Und stell dir vor, du bekommst ein Kind von ihm!«
»Mutter!«, entgegnete Leevke entrüstet, »was redest du da für einen Unsinn! Er ist wie ein Bruder für mich!«
»Entschuldige!« Okka war jetzt verlegen. *Mit mir sind wohl die Gäule durchgegangen*, dachte sie. Oder war es ihr schlechtes Gewissen, weil sie außerstande gewesen war, ihre Tochter beizeiten aufzuklären? Wie sollte sie auch Worte dafür finden, was sich zwischen einem Mann und einer Frau im Schlafzimmer abspielte? Wie sollte sie ihr das erklären, ohne sich selbst einer absolut peinlichen Situation auszusetzen? Sie war schließlich auch nicht aufgeklärt worden. Das müsste ihre Tochter selbst herausfinden, aber auf keinen Fall mit diesem Franzosen!
Sie fühlte sich schuldig. *Wenn es zum Schlimmsten kommt*, so dachte sie, *ist es meine Schuld. Ich habe diesen schönen jungen Mann ins Haus gelassen, und alles, was*

daraus erwächst, muss ich verantworten. Aber nein, versuchte sie sich zu beruhigen, *ich habe meine Tochter anständig erzogen! Sie wird nichts Unvernünftiges tun und warten, bis sie verheiratet ist, alles andere wäre eine Sünde.* Aber ein ungutes Gefühl blieb. Sie erinnerte sich lebhaft an ihre eigene Jugend ...

Norddeich, im April 2000 – So viele Lügen

»Hallo, mein Schatz!« Leevkes kleiner Urenkel tapste ungelenk durch die Tür. Er war vor einem Monat ein Jahr alt geworden und begann, die ihm bisher unbekannte Welt zu erkunden. Dieser kleine Kerl hatte das Leben noch vor sich, während ihres sich dem Ende neigte.

Gedanklich war sie bereits beim Abend. Wie würden die Kinder auf ihr Geständnis reagieren? Die Bilder der Vergangenheit krochen wie Gespenster in ihr Bewusstsein. In ihr war der Schmerz des Verlassenwerdens ihrer einst großen Liebe, es war wie eine schwelende, nie verheilende Wunde, durch die späteren Ereignisse ihres Lebens spärlich übertüncht. Es war Zeit, dass sich die Wunde schloss, aber ihr war auch bewusst, dass sie mit ihrem Geständnis ihren Kindern neue Wunden zufügen würde. Sie konnte es drehen und wenden, wie sie wollte, es gab keine Möglichkeit, dass sie heil aus der Sache herauskam.

Ihre Kinder bewunderten sie, hielten ihre Mutter für eine mutige Person, aber dass sie bislang geschwiegen hatte, konnte sie selbst aus heutiger Sicht nur als Feigheit betrachten. *Nein,* dachte sie, *ihr habt ein falsches Bild von mir. Ich bin feige. Und diese Feigheit ist durch nichts zu entschuldigen. Werden sie mir glauben oder meine Worte als beginnende Demenz bewerten? War es ausschließlich der damaligen Zeit geschuldet, dass ich ein Lügengespinst um mich herum aufgebaut habe? Aber wann wäre der richtige Zeitpunkt gewesen?*

Wie oft hatte sie sich alles gedanklich zurechtgelegt, doch sie war jedes Mal vor den Folgen zurückgeschreckt. Sie war stolz darauf gewesen, ein gutes Verhältnis zu ihren Töchtern zu haben, selbst später im Erwachsenenalter. Aus ihrem Bekanntenkreis wusste sie, dass das nicht selbstverständlich war. Viele klagten, dass ihre Kinder das Elternhaus verließen, ohne noch einmal zurückzublicken. Es war das Recht der nächsten Generation, neue Wege zu gehen und sich weiterzuentwickeln. Als junge Frau hatte auch sie den Wunsch gehegt, von zu Hause fortzugehen, sogar in ein anderes Land zu ziehen, doch dann hatten sie die Ereignisse mit Macht überrollt.
Jetzt müsste sie sich ihrer Vergangenheit stellen. Hätte sie geahnt, wie ihre Töchter reagieren würden, sie hätte ihr Geheimnis mit ins Grab genommen …

Emden, im November 1939 – Ottilie Bolte

»Schuhu, ich bin es!« Die Nachbarin Bolte erschien in der Milchkammer, um wie üblich ihr Kännchen mit Milch abzuholen. Leevke, die die Kühe gerade mit frischem Stroh aufstreute, wollte ihre Arbeit unterbrechen, ihre Mutter kam ihr jedoch zuvor. Jean-Pierre war währenddessen damit beschäftigt, behutsam eine junge Kuh zu melken, die das erste Mal gekalbt hatte und sich nur langsam an das Melken gewöhnte. Sie hörten, wie die Bolte zeterte und zeterte. »Diese Ausländer überall, schrecklich! Und dann die Franzmänner, das sind die reinsten Schürzenjäger. Frau Ekhoff, passen sie bloß auf ihre Tochter auf! Sie haben doch auch so einen, der in ihrem Haus wohnt. Unerhört, wenn das ihr Mann wüsste!«

»Aber Frau Bolte!«, entgegnete Okka gelassen, »mein Mann weiß Bescheid. Er schätzt den jungen Franzosen und ist froh, dass er uns hier tatkräftig unterstützt, außerdem ist sein Benehmen tadellos.«

»Sagen sie später nicht, ich hätte sie nicht gewarnt!«, flötete Ottilie Bolte.

In diesem Moment war im Stall ein Scheppern zu hören. »Blöde Kuh!«, rief Jean-Pierre.

»Unerhört, dieser Franzose!«, keifte die Bolte.

»Blöde Kuh, magst wohl keine Franzosen!«, schimpfte Jean-Pierre weiter.

Leevke drehte sich zu ihm um, halb erschrocken, halb amüsiert. Mit einem blechernen Geräusch fiel der Melkeimer um und die Milch versickerte im Stroh. Die Kuh scheute und Jean-Pierre brachte sich schnell in Sicherheit, bevor sie ihm auf den Fuß treten konnte.

Ottilie Bolte erschien wutschnaubend in der Stalltür. »Was bilden Sie sich eigentlich ein? Seien Sie froh, dass Sie im Deutschen Reich geduldet werden, während unsere tapferen Männer gegen ihresgleichen kämpfen müssen!«
Jean-Pierre drehte sich zu ihr um, hob bedauernd die Arme und entgegnete mit einer Unschuldsmiene, die jedem Schauspieler zur Ehre gereicht hätte: »Excuse, Madame, aber diese Kuh«, er deutete auf das Rindvieh, dann auf den umgestürzten Eimer, »mag einfach keine Franzosen. Sie tritt ständig gegen den Eimer.«
Boltes Kopf schnellte empor, sie zischte hörbar und verließ wortlos den Stall, stürmte in der Milchkammer an der verdutzten Okka vorbei aus dem Haus und vergaß dabei sogar ihre Milch.
Leevke war nicht entgangen, dass er mit seinem Fuß gegen den Eimer getreten hatte. Die Kuh war, zumindest dieses Mal, unschuldig. Sie brach in schallendes Gelächter aus.
Auch Okka konnte sich ein Lachen nicht verkneifen, bevor sie ernst wurde. »Bitte, Jean-Pierre, sei in Zukunft vorsichtiger mit deinen Äußerungen. Na ja, verdient hat es die alte Ziege.« Im nächsten Augenblick richtete sie ihren Blick rasch zur Außentür, aber zum Glück waren sie unter sich.
Jean-Pierre hob erneut mit einer Unschuldsmiene seine Hände: »Aber Madame Ekhoff, ich kann doch nichts dafür, wenn die Bolte sich angesprochen fühlt!«
Kopfschüttelnd verließ Okka den Stall, auf ihrem Gesicht ein breites Grinsen.

»Du, du bist unglaublich!«, kicherte Leevke. Keiner hätte es je gewagt, der Bolte Paroli zu bieten. Sie verabscheute diese eingebildete Person und erst recht ihren Mann. Sie war mittlerweile davon überzeugt, dass er für die frühe Einberufung ihres Vaters verantwortlich war. Wie ein räudiger Fuchs schlich er umher. Wenn sich ihm jemand näherte, schnellte sein Arm empor, und man musste befürchten, er würde demjenigen die Augen ausstechen. Dabei ließ er den ›Hitlergruß‹ im Brustton der Überzeugung verlauten. Leevke blickte in solchen Situationen bewusst in die entgegengesetzte Richtung und tat so, als hätte sie es nicht gehört. Sie weigerte sich, diesen Gruß zu erwidern.

Das Leben war wieder schön, seit Jean-Pierre zu ihnen gekommen war. Er hatte so eine leichte, lockere Art und brachte sie oft zum Lachen. Selbst ihre Mutter hatte er damit aus ihrem seelischen Tief geholt, und auch sie lachte gelegentlich. »Der Schreckschraube hast du es aber gegeben«, schmunzelte Leevke.
»D'accord, ›Schreckschraube‹, muss ich mir merken das Wort, damit ich sie das nächste Mal korrekt anspreche!« Leevke sah ihn amüsiert an. Er kokettierte wieder einmal mit seinen Deutschkenntnissen, dabei beherrschte er die Sprache perfekt.
»Untersteh dich«, kicherte Leevke. »Das Wort habe ich nie gesagt, ist das klar?«
»Klar, Mademoiselle, Ihr Wunsch ist mir Befehl!« Er stand auf, legte die Fingerkuppen seiner rechten Hand über seine Schläfe und schlug militärisch seine Hacken zusammen.

Emden, im Dezember 1939 – Der Fronturlaub

Anfang Dezember erhielt Okka Feldpost von ihrem Enno. »Leevke, Leevke«, rief sie in den Stall hinein, »stell dir vor, dein Vater bekommt Fronturlaub und ist von Mitte Dezember bis Anfang Januar bei uns! Ist das nicht wunderbar?«

Gleich darauf begann sie, Pläne für das Festtagsmenü zu schmieden. Fehlte nur noch Onno. Und die guten Nachrichten brachen nicht ab: Ihr Sohn bekam auch ein paar Tage frei und würde zumindest über Weihnachten zu Hause sein. Sie war glücklich, dass die Familie, wenn auch nur für kurze Zeit, wieder vereint war.

Beim Abendessen fragte sie Jean-Pierre: »Welche Pläne hast du denn für Weihnachten? Soviel ich weiß, stehen Fremdarbeitern auch ein paar Urlaubstage zu. Du kannst gern zwei Wochen Urlaub nehmen, zumindest, solange mein Mann noch da ist. Also aus meiner Sicht spricht nichts dagegen.«

Jean-Pierre verzog sein Gesicht. »Wenn es Ihnen nichts ausmacht, Madame, würde ich gern hierbleiben und meine Arbeit weitermachen wie bisher. Dann könnte sich Ihr Mann erholen. In der übrigen Zeit mache ich mich unsichtbar. Keine Sorge, ich werde Ihr Fest nicht stören.«

Okka war für einen Moment sprachlos. »Nein, selbstverständlich kannst du gern bei uns bleiben. Mein Mann ist ganz gespannt darauf, dich kennenzulernen. Ich habe dich bereits in den höchsten Tönen gelobt. Wartet deine Familie denn nicht auf dich?«

Er seufzte tief und rieb sich nervös seinen Nacken. »Wie Sie wissen, hat mein Land gleich nach Kriegsbeginn im September Deutschland den Krieg erklärt, aber da hatte ich mich bereits als Fremdarbeiter beworben und auch die Zusage erhalten. Und mon père ..., wie soll ich sagen, war dagegen, dass ich ausgerechnet für die Deutschen arbeiten will.« Jetzt war er erst recht verlegen und starrte zu Boden. Sein Gesicht war rot angelaufen. »Er kennt Sie nicht«, versuchte er zu erklären, »wie viele Franzosen hält er ...«, er stockte verlegen. Okka verstand sofort und ergänzte: » ... alle Deutschen für Nazis. Im Vertrauen: Mein Mann Enno hält auch nichts von denen. Er hat sich vehement dagegen gesträubt, in den Krieg zu ziehen. Du siehst es ja, er fehlt hier. Dein Vater hat gegen die Deutschen gekämpft, stimmt's?«

»Oui, Madame, bei der größten und verlustreichsten Schlacht des Weltkriegs!« Er schwieg verlegen.

»Also die Schlacht um Verdun?«

»Oui, Madame, mon père hat sich nie ganz davon erholt, und sein Vater, grand-père, ist dabei ums Leben gekommen.«

»Oh, ich verstehe. Das tut mir leid. Klar kannst du bleiben und selbstverständlich feierst du mit uns!« Okka hätte noch gern mehr über seine Familie erfahren. Gut erzogen, wie er war, hatte er sicher eine liebe Mutter, die auf ihn wartete. Aber sie bohrte nicht weiter nach. Er war ein erwachsener Mann und konnte selbst entscheiden, was für ihn das Beste war. Sie gab ihm recht, ihre beiden Männer konnten bestimmt Erholung gebrauchen. Sie wollte alles daran setzen, sie zu verwöhnen

und dafür zu sorgen, dass sie genug zu essen bekamen.
»Gut«, sagte sie, »dann ist das abgemacht! Du bleibst hier und machst zusammen mit Leevke die Stallarbeit. Keine Sorge, mein Mann wird dich mögen!«
Sie dachte an Onno und ihr kamen erste Zweifel. Wie würde er auf den Franzosen reagieren? Inständig hoffte sie, dass er sich mit seinen Äußerungen zurückhielt. Weihnachten war das Fest der Liebe, über den Krieg sollten sie besser nicht reden.
Es blieb ein frommer Wunsch ...

Leevke holte ihren Vater mit dem Fuhrwerk vom Bahnhof ab. Sie erschrak, als sie ihn sah. Er war abgemagert, und seine rosige Gesichtsfarbe, die typisch für Bauern war, wirkte fahl. Zudem wurde sein eingefallenes Gesicht noch von einem grauen, ungepflegten Vollbart bedeckt.
Sie versuchte, sich nichts anmerken zu lassen, und plapperte munter drauflos, erzählte ihm, was sich während seiner Abwesenheit auf dem Hof ereignet hatte, zählte die Kühe namentlich auf, die bereits gekalbt hatten, und gab Neuigkeiten aus der Heimat preis.
Ihr Vater sprach kein Wort und war scheinbar bemüht, ihr zu folgen. Er wirkte so müde, dass Leevke befürchten musste, er würde jeden Moment vom Kutschbock fallen.
Auch Okka erkannte ihren Mann kaum wieder. Die Nachrichten im Volksempfänger über den glorreichen Einmarsch in Polen durch die heldenhaften deutschen Soldaten passten nicht im Geringsten zu dem Anblick, den ihr Mann ihr bot, der nicht wie ein Held wirkte, sondern wie ein gebrochener Mann.

Gleich nach dem Essen legte sich Enno ins Bett und schlief mehr als sechzehn Stunden. Erst danach begann er allmählich, seine Umgebung wahrzunehmen.
Er begrüßte Jean-Pierre freundlich mit einem kräftigen Händedruck und inspizierte zusammen mit ihm und Leevke den Stall und die Scheune. Er war recht angetan von dem, was er sah. Die Scheune war noch reichlich mit Heu und Stroh gefüllt, die neugeborenen Kälber sprangen munter umher, und auch die Milchkühe und die beiden Ackergäule schienen gesund zu sein. »Wie ich sehe«, sagte er scherzhaft, »kommt ihr ganz gut ohne mich zurecht. Dann kann ich ja wieder beruhigt in den Krieg ziehen.« Dabei grinste er.
Diesen Gesichtsausdruck kannte Leevke nur zu gut, doch schlagartig veränderte sich seine Miene und sein Gesicht wirkte versteinert. Ihr war bewusst, wie furchtbar er in diesen Monaten gelitten hatte, und sie schämte sich für ihre eigene Unzufriedenheit. Im Gegensatz zu ihm durfte sie sich nicht beklagen.
Bei ihren gemeinsamen Mahlzeiten unterließ es Enno, auch aus Rücksicht auf Jean-Pierre, über seinen Kriegseinsatz zu sprechen, aber abends im Bett war es ihm nicht mehr möglich, über die schrecklichen Ereignisse zu schweigen.
»Du kannst es dir nicht vorstellen, Okka, wie meine Tage verlaufen. Überall, wo wir hinkommen, müssen wir zuerst Schützengräben ausheben, und dann hocken wir, dreckig wie die Schweine, die ganzen Tage und Nächte in diesen Erdlöchern und warten auf feindliche Soldaten, um dann unsere Munition abzufeuern. Wir wissen nicht, wer von uns wie viele Menschen getötet

hat. Wir schießen blindlings dorthin, wo wir den Feind vermuten. Anschließend können wir anhand der Leichen, der Verletzten und der gefangenen Soldaten sehen, ob unser Einsatz erfolgreich war. In den Nächten schlafen wir selten, da gilt es, sich im Schutz der Dunkelheit so nahe wie möglich an den Feind heranzuschleichen. Und dann beginnen wir erneut, diese elenden Gräben auszuheben, ständig mit dem Gedanken, dass wir unser eigenes Grab schaufeln.«

»Oh nein, wie schrecklich!« Okka atmete geräuschvoll aus.

Enno wurde in diesem Augenblick bewusst, dass er sie mit seiner unbedachten Äußerung furchtbar erschreckt hatte. Die Zeit an der Front und die ständige Konfrontation mit dem Tod hatten ihn anscheinend abstumpfen lassen. Er überlegte krampfhaft, wie er sie beruhigen konnte, aber ihm fiel absolut nichts ein.

Nach einem längeren Schweigen fuhr er fort: »Bei Regen versuchen wir, die Schützengräben mit Brettern und Planen abzudecken, damit wir möglichst trocken bleiben, aber gegen die Kälte nützt das gar nichts. In unregelmäßigen Abständen werden wir von den Nachschubtruppen der Wehrmacht mit Essen und Trinken versorgt. Bei starkem Regen oder Schneegestöber suchen wir Schutz in Bauernhöfen. Ich bin erstaunt, wie nett uns die ausländischen Zivilisten behandeln und uns bisweilen mit Essen versorgen, obwohl wir ihr Land und auch ihr Haus besetzt haben.

Du weißt gar nicht, wie schön es ist, mich hier gründlich waschen zu können und danach die Kleidung zu wechseln. Ich hoffe, mit dem Polenfeldzug ist der Krieg

vorbei, aber ich befürchte, da haben wir die Rechnung ohne den Diktator gemacht. Die Aufrüstung läuft auf Hochtouren – und wenn du mich fragst, sind wir nur einen Steinwurf vom Krieg mit Frankreich und Großbritannien entfernt. Mit dem Überfall auf Polen hat er diese Länder bewusst provoziert. Die unmittelbare Folge war deren Kriegserklärung.
Falls wir uns tatsächlich bald mit ihnen im Krieg befinden sollten, wird er behaupten, dass er sich lediglich gegen die Aggressoren verteidigen musste, wie er es bereits in Polen erfolgreich durchgezogen hat. Leider durchschauen die wenigsten seine Strategie. Ich habe ihn anfangs unterschätzt. Seine Hinterhältigkeit gepaart mit Gerissenheit macht ihn äußerst gefährlich. Du wirst sehen, bald werden wir einen hohen Preis dafür zahlen, viele zahlen sogar mit ihrem Leben!«
Okka war entsetzt. »Und ich habe im Stillen gehofft, dass du bald heimkehrst!«
Erneut ärgerte sich Enno, dass er sie derart geängstigt hatte. Aber mit wem hätte er reden können? Bei seinen Kriegskameraden konnte er nie sicher sein, wer Freund oder Feind war.
Er hatte auch nette Kameraden in seiner Kompanie, die ihm ab und zu durch eindeutige Gesten verständlich machten, dass sie ähnlich dachten wie er. Doch man wusste nie, ob man abgehört wurde, und daher traute sich keiner, die Vorgehensweise der Nazis zu kritisieren.
Er wollte Okka nicht nur einen kleinen Einblick geben, wie sein Leben an der Front verlief, sondern auch von den Gräueltaten, die er erlebt hatte. Doch als er spürte,

dass bereits seine ersten Schilderungen sie entsetzten, entschied er, es für sich zu behalten. Wie sollte das auch jemand verstehen können, der es nicht mit eigenen Augen gesehen hatte?
So erzählte er ihr nichts von dem Massaker an polnischen Zivilisten, oder der gezielten Bombardierung eines Krankenhauses, verschwieg die Menschen, die aus den zerbombten Häusern krochen und wie brennende Fackeln um ihr Leben rannten, erwähnte nicht die Kinder, die in einer zerstörten Stadt zwischen den Trümmern umherirrten und verzweifelt nach ihren Müttern schrien.
Mit diesen entsetzlichen Bildern musste er allein zurechtkommen. Dabei konnte ihm niemand helfen. Und er war mittendrin in diesem Wahnsinn.
Er wurde gezwungen, Menschen zu töten, vielleicht einen Familienvater, auf den Frau und Kinder warteten, oder junge Männer, fast noch Kinder, denen ihr Leben genommen wurde. Er hasste sein derzeitiges Leben und wenn er nicht Frau und Kinder hätte, dazu die Tiere, dann würde er nicht auf andere Menschen schießen, sondern seine erste Kugel hätte ihm selbst gegolten. Wie er mit dieser zentnerschweren Last auf der Seele in Zukunft weiterleben sollte, war ihm ein Rätsel.

Emden, im Dezember 1939 – Soldat Onno

Enno und Jean-Pierre saßen nach dem Mittagessen gemeinsam am Küchentisch und fachsimpelten über die Unterschiede in der deutschen und französischen Landwirtschaft. Okka und Leevke spülten derweil das Geschirr und hörten ihnen interessiert zu.
Während Ennos Bauernhof auf Milchwirtschaft ausgelegt war und ausschließlich die für Ostfriesland typischen schwarzbunten Rinder züchtete, gab es bei Jean-Pierres Familie die hellen Charolais-Rinder. Auch hielten sie ein paar Ziegen, und er pries ihre besondere Milch an, die bereits in der Antike bei Hippokrates und später bei Hildegard von Bingen als Heilmittel galt. Sie besaßen außerdem eine Apfelplantage. Ein Onkel verarbeitete die Äpfel zu Cidre und füllte sie in Flaschen ab, die wiederum ausschließlich in ihrem Bistro ausgeschenkt wurden. Sie waren mitten im Gespräch vertieft, lachten und scherzten, als die Küchentür geräuschvoll aufgestoßen wurde, und Onno sie mit Hitlergruß begrüßte. Alle Anwesenden wirkten peinlich berührt.
Jean-Pierre taxierte ihn neugierig. Dieser junge Mann mit seinem schneidigen Auftreten, dem überheblichen, siegessicheren Gesichtsausdruck, dem albernen Oberlippenbärtchen und der Uniform verkörperte exakt den Nazi, wie er ihn sich vorgestellt hatte.
»Was ist«, sagte Onno breit grinsend, »wollt ihr mich nicht begrüßen?«
Okka war die Erste, die ihre Fassung wiederfand. »Hallo, mein Sohn, schön, dass du da bist!« Ihre Stimme klang gepresst. Sie lief ihm entgegen und

drückte ihn liebevoll an sich, eine Geste, die für Leevke ungewohnt war und sofort Eifersucht hervorrief. Sie konnte sich beim besten Willen nicht erinnern, wann ihre Mutter sie einmal in die Arme genommen hatte.
Onno löste sich von ihr und gab zuerst seinem Vater und danach Leevke förmlich die Hand. Jean-Pierres ausgestreckte Hand ignorierte er, bedachte ihn lediglich mit einem kurzen, verächtlichen Blick. Dieser erhob sich, murmelte etwas von nötigen Stallarbeiten und verließ die Küche.
Onno schaute ihm entgeistert hinterher. »Was ist denn hier los? Ich habe meine Ausbildung bei der Artillerie mit Bravour abgeschlossen und mich für die französische Grenze gemeldet, und jetzt komme ich nach Hause und bei euch am Küchentisch sitzt der Feind, ein Franzmann!«
In Okka regte sich das schlechte Gewissen. Ganz bewusst hatte sie den Franzosen in Briefen an ihren Sohn verschwiegen. Aber dieser offene Hass schockierte sie dann doch.
Leevke starrte ihren Bruder mit offenem Mund an, nicht fähig, darauf zu reagieren. Okka war ebenso sprachlos, doch als sie die Wut in Ennos Augen sah, befürchtete sie das Schlimmste. Sie legte ihre Hand auf seinen Unterarm und hoffte, ihn damit zu besänftigen. Aber es verfehlte seine Wirkung.
»Was erlaubst du dir!«, brüllte Enno. »Der Franzose ist als Fremdarbeiter freiwillig in unser Land gekommen, um meine und *deine* Arbeit zu tun, während wir gezwungen sind, für den Diktator zu kämpfen. Er, übrigens hat er einen Namen, er heißt Jean-Pierre, ist mit

Sicherheit nicht unser Feind. Ich verlange von dir, dass du ihn respektvoll behandelst!«
»Nee, Vater, das kannst du nicht von mir verlangen! Du unterschätzt die Lage. Die Franzosen haben uns den Krieg erklärt, ergo ist er unser Feind, und ich weigere mich, mit ihm an einem Tisch zu sitzen. Wie stehe ich denn sonst vor meinen Kameraden da?« Er gab sich selbst die Antwort: »Als Verräter! Wer weiß, ob er nicht ein Spion ist?«
Okka hob verzweifelt die Arme. »Bitte, hört auf zu streiten, in zwei Tagen ist Weihnachten! Lasst uns doch nicht über den Krieg sprechen. Setz dich, mein Junge, ich mach dir erst mal eine Tasse Tee und wärm dir das Mittagessen auf!«
Ihre Worte blieben ungehört. Enno war mittlerweile aufgesprungen. Wie zwei Kampfhähne standen sich Vater und Sohn gegenüber. Enno atmete hörbar aus, schien sich dann zu besinnen, machte mit der Hand eine wegwerfende Bewegung und verließ den Raum.
Okka versuchte erneut, die Wogen zu glätten. »Bitte, Onno, du kennst seine Haltung. Dein Vater ist durch und durch Bauer und nicht für den Krieg geschaffen. Lass uns nicht über Politik reden. Wir wollen in Frieden Weihnachten feiern. Du wirst dich doch wohl ein paar Tage zusammenreißen können. Sag nichts, was du später bereust. Wir leben hier von einem Tag zum anderen, die Sorge um euch ist unser ständiger Begleiter. Wir müssen alle dankbar sein, dass dein Vater unversehrt aus Polen zurückgekehrt ist. Und dir scheint es offensichtlich auch gutzugehen.«
»Ist ja gut, Mutter!«, entgegnete er knapp.

»Und Jean-Pierre ist ein fleißiger Mann, in seiner Heimat war er selbst Bauer. Ohne ihn könnten wir den Hof nicht halten. Versuche, mit ihm auszukommen, und er isst gemeinsam mit uns am Küchentisch, ist das klar?«
Onno gab ihr keine Antwort.
Leevke hatte noch kein Wort mit ihrem Bruder gewechselt. Sie funkelte ihn wütend an und ging ebenfalls hinaus, auch wenn es zum Melken und Füttern der Tiere noch zu früh war. Aber sie konnte seine Anwesenheit nicht länger ertragen, und im Stall gab es stets genügend Arbeit. Es war alles besser, als mit ihm im selben Raum zu bleiben.
Wie sollten sie die Feiertage nur überstehen? Wochenlang hatte sie sich um ihren Vater und Bruder gesorgt. Vor ihrem geistigen Auge waren die schlimmsten Bilder entstanden: Ihr Vater in einem fremden Land mit einer Schussverletzung verblutend, ohne eine Chance auf Rettung. Oder ihr Bruder, der bei einer Übung von einem ebenso eifrigen Kameraden angeschossen wurde und mit dem Tod rang. Diese Ängste hatten ihr häufig schlaflose Nächte beschert. Jetzt waren beide ohne die geringste, zumindest körperliche, Verletzung heimgekehrt, und doch war nichts gut. Scheinbar reichte es nicht, dass das Deutsche Reich sich im Krieg befand, der Krieg war in ihr Heim eingedrungen und vergiftete dort alles.

Leevke fand Jean-Pierre im Stall. Er saß auf einer Futterkiste und kaute auf einem Strohhalm herum. Sie setzte sich zu ihm. Beide sprachen zunächst kein Wort, hingen ihren eigenen Gedanken nach.

Jean-Pierre räusperte sich nach einer endlos erscheinenden Zeit: »Ist das dein Zwillingsbruder?« Es war eher eine Feststellung als eine Frage. Er blickte sie ungläubig an.
»Ja«, brachte sie mit gepresster Stimme hervor, und um gar keinen Zweifel an ihrer Einstellung aufkommen zu lassen, ergänzte sie, »mein Bruder, der Nazi!« Von ihrer ungeheuerlichen, aber ehrlichen Aussage war sie so erschrocken, dass sie sofort glaubte, ihn verteidigen zu müssen. »Ähm, er war früher ein lieber Kerl. Wir haben uns gut verstanden. Dann kamen die Nationalsozialisten an die Macht, und aus kleinen Jungen wurden in der HJ bald glühende Fanatiker. Sag mal ehrlich, welcher Junge mag nicht mit einer Pistole auf Blechdosen schießen und eine Uniform tragen? Er weiß es noch nicht, aber er ist bereits Opfer dieses Regimes geworden.«
Sie schaute ihn fragend an und hoffte auf ein Zeichen, dass er ihre Worte richtig einordnen konnte. Zu ihrem Leidwesen schwieg er. Er tätschelte nur kurz ihren Arm. Sie hatten nicht bemerkt, dass Onno sich in den Stall geschlichen hatte.
»Hände weg von meiner Schwester!«, schrie er. »Wenn du sie noch einmal anrührst, schlag ich dich tot!«
»Bist du irre?«, schrie Leevke in derselben Lautstärke. »Jean-Pierre hat mehr Anstand im Leib als du. Vor ihm brauchst du mich nicht beschützen, eher umgekehrt!«

Später, als Onno glaubte, den Franzosen allein im Stall anzutreffen, hörte Leevke, wie ihr Bruder zu ihm sagte: »Warum verschwindest du nicht einfach und verteidigst dein Land, oder bist du dazu zu feige?«

Leevke sauste wie eine Furie auf ihren Bruder los und hieb ihn mit den Fäusten gegen die Brust: »Er ist hier, weil er *deine* Arbeit macht, du Idiot!«
Jean-Pierre hatte geschwiegen. Auch während des Melkens hatte er nichts dazu gesagt und schien angestrengt nachzudenken. Als Leevke verspätet zum Abendessen erschien, weil sie noch einen Kunden abfertigen musste, traf sie nur ihre Eltern an. Sie hatte ein ungutes Gefühl.
»Wo ist Jean-Pierre?«, fragte sie ängstlich.
Ihre Mutter erwiderte mit gepresster Stimme: »Er hat sich ein Zimmer bei Trudi genommen!«
Trudi war die Wirtin eines gleichnamigen Wirtshauses in ihrem Stadtteil. Sie vermietete auch ein paar Zimmer. Neuerdings veranstalteten französische Fremdarbeiter in der Gaststätte Tanzabende, die sowohl bei den Gastarbeitern als auch bei den Einheimischen gleichermaßen beliebt waren.
Okka sah in das entsetzte Gesicht ihrer Tochter und fuhr beschwichtigend fort: »Glaub mir, es ist besser so. Morgen kommt er rechtzeitig zum Melken zurück.«
Leevke verzog ihr Gesicht. Die Wirtin hatte nicht den besten Ruf. *Ausgerechnet bei Trudi,* dachte sie. *Die wechselt ihre Männer wie andere ihre Unterwäsche.* Zu ihrer Verwunderung spürte sie Eifersucht bei dem Gedanken, diese Person könnte ihn verführen. »Aber du hast ihm doch versprochen, dass er mit uns zusammen Weihnachten feiern darf!«
»Wer will mit uns feiern?« Onno hatte unbemerkt die Küche betreten. »Doch wohl nicht dieser Franzmann?«
Leevke sah ihre Mutter erwartungsvoll an. Die senkte verschämt ihren Kopf. »Kommt Kinder, lasst uns

anfangen zu essen, bevor die Bratkartoffeln noch kalt werden!«

Leevke warf ihrem Bruder einen wütenden Blick zu, aber der grinste sie frech an. *Was ist nur aus dir geworden?*, dachte sie. Ihre Gefühle schwankten zwischen Trauer und Wut.

Die Stimmung in der Küche hätte nicht schlechter sein können. Nur Onno wirkte zufrieden und verbuchte es als seinen persönlichen Erfolg, dass der ›Franzmann‹, wie er ihn nannte, das Haus seinetwegen verlassen musste. Voller Begeisterung begann er, vom Führer zu schwärmen, womit er seine Familie an ihre Grenzen trieb. Er schien nicht zu bemerken, dass er der Einzige war, der redete. »Der Führer«, sagte er gewichtig, »war gezwungen, in Polen einzumarschieren, weil sich die Zwischenfälle an der polnischen Grenze häuften und bereits viele Tote auf deutscher Seite zu beklagen waren!«

Ennos Gesicht war dunkelrot angelaufen.

Onno schwadronierte weiter, ohne auf seine Familie zu achten. »Hitler blieb nichts anderes übrig, als darauf zu reagieren. Außerdem gab es seitens der Polacken ständig Ausschreitungen gegen Volksdeutsche.«

»Du meintest wohl Polen!« Enno sprach langsam, seine aufkommende Wut konnte er kaum beherrschen, dann polterte er los: »Ich verbiete es dir, in meinem Haus derartige Schimpfwörter zu benutzen! Du willst doch auch als ›Deutscher‹ bezeichnet werden und nicht als ›Boche‹, oder?«

Onno sah ihn verständnislos an. Enno ahnte, dass seinem Sohn dieses französische Schimpfwort fremd war, das so viel wie ›Dickschädel‹ oder ›Holzkopf‹ bedeutet und für Deutsche benutzt wurde, aber in seiner Wut hatte er nicht die geringste Lust auf eine Erklärung. In der Mitte seiner Stirn bildeten sich zwei tiefe Zornesfalten. Er hätte Onno gern seine Sichtweise erklärt. Es war ein offenes Geheimnis, dass die Nazis seit Monaten einen Grund gesucht hatten, Polen zu überfallen. Der Diktator wollte sich die Gebiete zurückholen, die im Weltkrieg verlorengegangen waren. Aber Enno war gewarnt. Selbst seinem Sohn konnte er nicht mehr trauen. Ihm widerstrebte es zutiefst, dass er selbst hier vor seiner Familie nicht mehr seine Meinung äußern durfte. Müde entgegnete er: »Also geht es weiter. Was kommt nach Polen?«

»Hm, Frankreich und Großbritannien haben uns den Krieg erklärt. Was kann denn Hitler dafür? Er hat ihnen den Frieden angeboten, aber die haben abgelehnt.«

Enno hatte versucht, sich wieder etwas zu beherrschen, aber jetzt war kein Halten mehr. »Merkst du nicht, dass du genau das nachplapperst, was der Diktator sagt?«, schrie er. »Ich dachte, ich hätte dir beigebracht, selbst zu denken! Wobei ... eigenständiges Denken ist heutzutage lebensgefährlich, das Denken hat man dir ja schon in der HJ ausgetrieben. Und das Friedensangebot – dass ich nicht lache! Ein Friedensangebot lediglich nach seinen Bedingungen, warum hätten sich Frankreich und Großbritannien darauf einlassen sollen, kannst du mir das bitte mal erklären?«

»Weil er der glorreichste Führer aller Zeiten ist! Sie hätten ihm bedenkenlos vertrauen können. Wir haben Polen in vier Wochen besiegt, wir werden auch Frankreich und Großbritannien besiegen. Die haben uns den

Krieg erklärt, na denn, die werden ihr blaues Wunder erleben, denn wir sind die besten Soldaten der Welt. Nach Versailles wird der Führer sein Volk und mit ihm das Deutsche Reich zu nie gekannter Größe führen! Das Deutsche Reich ist jahrelang führerlos dem Abgrund entgegengetrieben, und jetzt haben wir wieder einen Führer. Er hat die Arbeitslosigkeit erfolgreich bekämpft, und uns Bauern geht es doch auch besser als je zuvor, das musst selbst du zugeben, Vater!«

Enno war entsetzt. Sein Sohn wiederholte tatsächlich all das, was sie ständig im Volksempfänger hörten.

»Und die Rüstungsindustrie arbeitet auf Hochtouren, das kann ja heiter werden!« Enno hatte es mehr zu sich selbst gesagt. Resigniert hob er die Arme.

»Vater, du willst es nicht verstehen, oder? Hitler hat unermüdlich Friedensverhandlungen geführt. Jetzt drohen ihm die Westmächte. Gegen ihre militärische Übermacht bleibt ihm keine andere Wahl als ebenfalls aufzurüsten.«

»Das ist doch alles Wahnsinn!«, schrie Enno. »Wenn *dein* Führer so weitermacht, haben wir bald den nächsten Weltkrieg!«

»*Dein* Führer, sagst du. Er ist auch *dein* Führer. Und du bezeichnest seine Pläne ernsthaft als Wahnsinn?«, schrie Onno in derselben Lautstärke. »Was du da sagst, ist Wehrkraftzersetzung! Ich müsste dich eigentlich anzeigen!«

Enno wurde weiß wie die Wand. »Wage es nicht noch einmal, so mit deinem Vater zu reden!« Er sprang so heftig auf, dass sein Stuhl umkippte und polternd auf den Holzboden krachte. Mit wutverzerrtem Gesicht

verließ Enno das Zimmer. Dabei knallte er geräuschvoll die Tür hinter sich zu.
Okka schlug die Hände über den Kopf zusammen. »Junge, du wirst dich sofort bei deinem Vater entschuldigen, oder du verlässt auf der Stelle das Haus!«
Auch Onno war aufgesprungen. Wortlos ging er in sein Zimmer. Am nächsten Morgen war er verschwunden, und mit ihm sein Rucksack. Er war noch nicht einmal so lange zu Hause gewesen, um seine Kleider auszupacken, damit seine Mutter sie waschen und flicken konnte.

Leevke schämte sich entsetzlich für ihren Bruder, auch vor Jean-Pierre. Bisher hatte er sicher den Eindruck gewonnen, dass sie zu den ›Guten‹ gehörten. Doch jetzt wusste er, dass es in ihrer Familie einen überzeugten Nazi gab. *Oh nein, jetzt trägt Onno auch noch wie so viele andere ein albernes Bärtchen!* Was würde er sich als Nächstes ausdenken? Könnte er Jean-Pierre schaden, weil er die Situation im Stall missverstanden hatte?
Und wieso spürte sie Eifersucht in sich aufkeimen, als hätte sie einen Anspruch auf Jean-Pierre? Was scherte sie sich darum, wo er übernachtete und mit wem er sich einließ? Aber die größte Sorge machte sie sich um ihre Familie. Würde Onno ihren Vater tatsächlich anzeigen und damit ihre ganze Familie zerstören? Leevkes Gedanken überschlugen sich.

Norddeich, im April 2000 – Das Geständnis

Der achtzigste Geburtstag neigte sich dem Ende zu. Alle waren satt, zufrieden und müde. Leevkes Kinder standen bereits im Flur und wollten aufbrechen. »Bitte, bleibt noch einen Moment!«, mit diesen Worten hielt Leevke ihre Familie zurück.

Ein mildes Lächeln erschien in den Gesichtern der Angesprochenen. Sie warfen sich verstohlene Blicke zu, die sagen wollten: Typisch Mutter, stets findet sie einen Grund, damit wir noch ein bisschen länger bleiben.

»Mama«, entrüstete sich Jutta, »es ist spät geworden, Thierry und ich haben morgen einen anstrengenden Tag im Gericht. Außerdem wird es Zeit, dass dein Urenkel ins Bett kommt!« Thierry hatte sich bereits seinen Schal umgebunden und nickte zustimmend.

Leevke deutete auf die Couch. »Bitte, setzt euch, ich habe euch Wichtiges zu sagen. Es duldet keinen Aufschub mehr!«

Kopfschüttelnd setzten sich alle hin. Finn, auf dem Schoß ihrer Enkelin Britta liegend, rieb sich verschlafen die Augen. »Aber Oma«, Britta deutete auf ihren kleinen Sohn, »ich muss Finn nun wirklich ins Bett bringen! Ich komme doch morgen wieder und helfe dir beim Aufräumen.«

»Okay, mein Schatz. Aber ihr«, mit einer Kopfbewegung deutete sie auf ihre Töchter, »bleibt noch hier. Bitte!«

Britta, den müden Finn auf dem Arm, erhob sich rasch, verzichtete diesmal auf die üblichen Umarmungen und verabschiedete sich lediglich mit einem kurzen

Kopfnicken. Die anderen blieben sitzen, auf ihren Gesichtern zeigte sich Resignation.
»Es gibt da etwas«, begann Leevke stockend, »was ich zu lange mit mir herumgetragen habe, viel zu lange!« Sie seufzte tief und senkte den Kopf. Es folgte eine lange Pause. Jutta schob ungeduldig ihre Füße hin und her, was auf dem Holzboden ein scharrendes Geräusch verursachte. Fenna verdrehte ihre Augen und stöhnte. Thierry schaute demonstrativ auf seine Armbanduhr und räusperte sich laut. Es herrschte eine angespannte Atmosphäre.
»Gut, Mutter«, unterbrach Fenna das Schweigen, sie wirkte genervt, als würde sie ihre Zeit hier vergeuden, »spuck es endlich aus!«
Leevke sah ihr kurz in die Augen, ihr Blick wirkte streng, dann senkte sie ihren Kopf und stammelte. »Euer Vater ... «, wieder stockte sie.
Jutta zuckte zusammen. Es war für sie stets schmerzlich, wenn sie jäh an den Tod ihres Vaters erinnert wurde, auch wenn seit dem folgenschweren Unfall mittlerweile zehn Jahre vergangen waren. Sie vermisste ihn sehr. Jetzt, da ihre Mutter ihn unverhofft erwähnte, spürte sie wieder einen stechenden Schmerz in ihrer Brust. Mit Thierry konnte sie ungezwungen über ihren Vater reden, sie erzählte ihm gern lustige Begebenheiten aus der Kindheit, und dann war es beinahe so, als würde er gleich durch die Tür kommen und sie fest in seine Arme schließen, als wäre sein Unfall lediglich ein böser Traum gewesen. Aber bei ihrer Mutter war das anders. Wenn sie ihn erwähnte, dann schwang da immer etwas Schwermütiges mit, das

jedes Gespräch im Keim erstickte. Seitdem vermied sie es möglichst, mit ihr über ihren Vater zu sprechen.
Es ging ein Ruck durch Leevkes Körper, ihre ganze Haltung wirkte angespannt, als sie schwerfällig mit heiserer Stimme begann: »Es war im Jahr 1939, kurz nach Beginn des Zweiten Weltkriegs. Wir hatten einen Fremdarbeiter, einen Franzosen. Er hieß Jean-Pierre.«
Weiter kam sie nicht.
»Mutter, bitte, erzähl uns die Geschichte ein anderes Mal!« Jutta erhob sich ungeduldig. Sie befürchtete, ihre Mutter würde wieder über den Krieg lamentieren.
»Halt!«, schrie Leevke in einem Befehlston, den Jutta noch aus Kindertagen kannte. Leevke war trotz ihres hohen Alters erstaunlich schnell aufgesprungen und fuchtelte mit den Armen herum, eine Geste, die hilflos wirkte und die anderen für den Moment rührte. »Dein Vater«, stammelte sie und schaute Jutta, die ihr direkt gegenüberstand, wehmütig an, bevor sie sich erneut schwerfällig in ihren Sessel fallen ließ, »es wird höchste Zeit, dass du, dass ihr die ganze Wahrheit erfahrt!« Dabei blickte sie kurz in die Runde, bevor ihr Blick auf Jutta haften blieb. »Dein Vater … war nicht … dein leiblicher Vater!«

Emden, Weihnachten 1939 – Leevke

Leevke war wütend auf ihren Bruder, der verschwunden war und alle traurig zurückließ. Ihre Eltern sprachen nur das Nötigste miteinander und Jean-Pierre fühlte sich ganz offensichtlich noch unwohler als alle Ekhoffs. Leevke vermutete, dass er sich die Schuld an dem Desaster gab. Sie hatte es ihm auszureden versucht, war jedoch gescheitert. Er erledigte rasch seine Arbeit, um danach gleich seine Unterkunft bei Trudi aufzusuchen. Obwohl Okka die Einladung zum Heiligabend ihm gegenüber wiederholte, lehnte er höflich ab und zog es vor, zusammen mit seinen französischen Freunden, alles Fremdarbeiter wie er, den Abend in der Gastwirtschaft zu verbringen, wo sie eine kleine interne Feier organisiert hatten.

Es wurde der traurigste Heiligabend, den Leevke je erlebt hatte. Ihre Mutter hatte ordentlich aufgetischt, doch kaum einer von ihnen hatte großen Appetit. Die Kerzen am festlich geschmückten Weihnachtsbaum wurden kurz angezündet, aber dieses Mal verzichteten sie darauf, Weihnachtslieder zu singen. Ihre Eltern vermieden es, sich anzusehen, und Leevke befürchtete einen erneuten Streit. Rasch wurden die Geschenke verteilt. Leevke bekam, wie jedes Jahr, eine rote Winterjacke, die sich kaum von den anderen unterschied, nur dass sich die Größen mit den Jahren verändert hatten. Sie schenkte ihrer Mutter eine neue Sonntagsschürze und ihrem Vater einen selbstgestrickten Schal.

Ihre Eltern verzichteten wie üblich auf gegenseitige Geschenke, obwohl sie ahnte, dass ihre Mutter, die immer viel Aufwand für das Weihnachtsfest betrieb, tagelang gebacken und gekocht hatte, sich sehnlichst ein Geschenk von ihrem Mann wünschte, sei es auch noch so klein. Leevke befürchtete, dass ihr Vater nicht einmal auf die Idee kam, ihr eine Brosche oder eine Kette zu schenken. Vermutlich lag es daran, dass seine Eltern, eine Arbeiterfamilie, stets wenig Geld zur Verfügung hatten und sich kaum Geschenke hatten leisten können. Daher war es ihm immer noch fremd und ganz offensichtlich unangenehm, beschenkt zu werden, zumal er außerstande war, dafür Worte des Dankes zu finden. Ihr Vater war früher Arbeiter auf der Emder Werft gewesen und hatte in den landwirtschaftlichen Betrieb ihrer Mutter eingeheiratet. Leevke kannte die Familie ihrer Mutter kaum. Ihre Großeltern waren früh gestorben, und zu ihren Tanten, den Schwestern ihrer Mutter, gab es kaum Kontakt. Angeblich hatte es damals heftige Erbstreitigkeiten gegeben.

Leevke spürte die atmosphärischen Störungen in der Stube so stark, dass ihr das Atmen schwerfiel. Rasch verzog sie sich in ihre Kammer, bevor sich das Gewitter zwischen ihren Eltern entlud.

Sie warf sich auf ihr Bett. Unbändige Wut machte sich in ihr breit, und ihre Augen brannten vor ungeweinter Tränen. *Dieses verkorkste Weihnachtsfest haben wir ausnahmslos meinem bescheuerten Bruder zu verdanken,* dachte sie.

Es reichte scheinbar noch nicht, dass ihr eigenes Leben ruiniert war. Sie musste sich hier täglich abplagen, die schlechte Stimmung ihrer Mutter und jetzt auch noch die ihres Vaters ertragen. Mit vierzehn Jahren, als sie lediglich mit einem Volksschulabschluss ihre Schulzeit beenden musste, hatte ihre Mutter sie zu ihrer Cousine nach Loppersum geschickt, wo sie ›in Stellung‹ war, das hieß, dass sie dort den Haushalt führen und die Kinder betreuen musste. Die Vereinbarung zielte darauf ab, sie auf ihre künftige Rolle als Ehefrau und Mutter vorzubereiten.

Auch wurde sie verpflichtet, dem Bund Deutscher Mädel beizutreten. Welche politische Ideologie dahintersteckte, hatte sie schnell durchschaut. Die Mädchen sollten dort ebenfalls lernen, später eine perfekte Hausfrau, Ehefrau und Mutter zu werden, auch wenn ständig von ›Gleichberechtigung‹ gefaselt wurde. Ihrem Vater war das ganz recht gewesen, während er sich bei Onnos Beitritt zur HJ noch gesträubt hatte.

Jetzt war sie neunzehn, in zwei Jahren volljährig, doch nach wie vor bestimmten andere über sie. Dabei war sie auf dem Hof eine vollwertige Arbeitskraft mit allen *Pflichten*, nur jegliche *Rechte* sprach man ihr ab. Es war so ungerecht! Ihr Lebensweg schien von Anfang an vorgezeichnet zu sein, dabei war es doch ihr Leben!

Sie sehnte ihre Volljährigkeit herbei und hoffte, dann selbstbestimmt ihren eigenen Weg gehen zu können, verbunden mit der Hoffnung, dass es die Nationalsozialisten dann nicht mehr gab. Bei ihrer Mutter fand sie nicht die geringste Unterstützung. Die hatte bereits konkrete Pläne für sie. Wenn es nach Okkas Willen ging, sollte Leevke einen Bauern heiraten. Den Kandidaten hatte ihre Mutter bereits ausgewählt – Thilo.

Lächelnd dachte sie an ihn, an die harmlosen Abenteuer, die sie als Kinder erlebt hatten, aber Thilo als Ehemann? Da hatte sie ganz andere Vorstellungen. Wie in ihren Romanen musste es ein Mann sein, bei dem sie ein Kribbeln im Bauch spürte, den sie anhimmeln könnte, und er müsste älter sein als sie, ein richtiger Mann eben! Falls sie je heiraten würde, wäre es zumindest nicht so ein Kindskopf wie Thilo, mit dem sie im Matsch gespielt hatte und der noch heute gern Unsinn trieb. Er war ihr bester Freund, und sie hatten sich als Kinder geschworen, eines Tages zu heiraten, aber das waren lediglich Kinderfantasien gewesen. In Gedanken war sie bei Jean-Pierre. Im Vergleich zu Thilo war das ein richtiger Mann, mit dem sie sich so einiges vorstellen konnte …

Emden, Ende Dezember 1939 – Die Verlobung

Leevke schöpfte mit einer Kelle Wasser aus dem Brunnen in einen Eimer. Plötzlich umfassten sie von hinten zwei Arme. Lachend drehte sie sich um, denn sie wusste, wer gekommen war.
»Moin, Leevke«, Thilo strahlte sie an, »hübsch siehst du aus!«
»Wie du siehst, habe ich mich heute extra hübsch gemacht und mich obendrein mit meinem besten Parfum besprüht«, entgegnete sie in einem ironischen Tonfall, verzog dabei ihr Gesicht zu einem schelmischen Grinsen und betrachtete ihre Hose und die Stiefel, die vom Stallausmisten braun besprenkelt waren.
Sie taxierte ihren Freund genauer. Im Gegensatz zu Onno trug er außerhalb des Militärs nie eine Uniform. Er wirkte erwachsener als sie ihn in Erinnerung hatte, dabei war erst ein halbes Jahr vergangen, seit sie ihn das letzte Mal gesehen hatte. Ihr Blick fiel zuerst auf seinen dezent gemusterten Schal, den er lässig um den Hals gebunden hatte, sah seinen eleganten schwarzen Mantel, die hellgraue Hose aus feinem Tuch und seine auf Hochglanz polierten Schuhe. Der Unterschied zwischen ihnen hätte in diesem Moment nicht gravierender sein können. Plötzlich schämte sie sich gewaltig für ihr Aussehen und ihr Gesicht nahm die Farbe einer reifen Tomate an. »Du kannst mir gern beim Ausmisten helfen, oder ist sich der Herr jetzt zu fein dafür?«
Thilo schüttelte den Kopf, seine Miene verfinsterte sich. »Sei bloß still! Ich würde lieber jeden Tag Ställe ausmisten als Soldat zu spielen. Glaube mir, das ist so

gar nicht mein Ding. Da unterscheide ich mich erheblich von deinem Bruder, der im Ausbildungslager alle verrückt gemacht hat mit seinen Reden über den ... du weißt schon wen. Wir konnten es alle irgendwann nicht mehr hören. Ist er auch da oder hat er sich über Weihnachten freiwillig für einen blödsinnigen Einsatz gemeldet? Zuzutrauen wäre es ihm.«

»Du, lass uns nicht über Onno reden. Aber falls es dich beruhigt, er ist schon wieder fort. Sag mal, gibt's einen besonderen Grund, dass du mich so erschreckst?«

»Mein schönes Fräulein, darf ich's wagen, meinen Arm und Geleit Ihr anzutragen?«, spöttelte er.

Sie ging darauf ein: »Bin weder Fräulein, weder schön, kann ungeleitet nach Hause gehen. Und ... was willst du wirklich?«

»Ich wollte dich einladen. Bei Trudi organisieren die Franzosen heute Abend eine Tanzveranstaltung, da möchte ich gern mit dir hin und wieder einmal ausgiebig tanzen, falls du Lust dazu hast!«

»Und ob ich Lust habe, hier endlich mal herauszukommen und was anderes zu sehen als diesen Mist!« Angewidert sah sie auf ihre verdreckten Stiefel. »Ich weiß nur nicht, ob es meine Eltern erlauben«, gab sie eher scherzhaft zu bedenken.

»Lass mich nur machen. Ich werde mal mit Tante Okka reden und dabei meinen ganzen Charme spielen lassen. Du weißt, sie kann mir sowieso keinen Wunsch abschlagen.«

Leevke grinste. Tatsächlich hatte er recht. Ihre Mutter mochte ihn gern. Bei ihr hatte er leichtes Spiel, daran hegte sie keinen Zweifel. Der Abend war gerettet. Eine

Tanzveranstaltung – wie herrlich! Sie freute sich, wieder mit Thilo ausgehen und seine Nähe genießen zu können.

»Sag aber nicht mehr Tante zu ihr, sonst denkt sie noch, du wärst ein kleiner Junge, und sie nimmt dich nicht ernst!« Es war üblich in ihrer Gegend, dass Kinder alle Erwachsenen mit ›Onkel‹ oder ›Tante‹ ansprachen. Wie nicht anders zu erwarten, hatte ihre Mutter keinerlei Einwände, sofern er sie pünktlich um zehn zurückbringen würde.

Am Abend stand Leevke ratlos vor ihrem Kleiderschrank. Was sollte sie nur anziehen? Sie wollte sich besonders hübsch machen, zumal sie Thilo am Vormittag so einen desolaten Anblick geboten hatte. Doch war sie aus den meisten Kleidern herausgewachsen.

Sie besaß keine schicken, maßgeschneiderten Kleider wie Thilos Mutter Elisabeth. Leevke entschied sich für einen schwarzen Rock und einen roten Pullover mit Lochmuster, den ihre Mutter ihr zu ihrem letzten Geburtstag gehäkelt hatte. Ihre Halbschuhe waren zwar bequem, aber keinesfalls elegant. *Egal*, dachte sie, *wir befinden uns im Krieg, ich kann froh sein, dass ich überhaupt tanzen gehen kann.* Ihre mittelblonden, langen Haare flocht sie zu zwei Zöpfen, wodurch sie jünger aussah, als ihr lieb war. Jetzt noch schnell Nivea ins Gesicht, das musste reichen. Gern hätte sie wie die vornehmen Damen in der Stadt Lippenstift und Rouge aufgetragen, aber das erlaubten ihre Eltern nicht, zumal sich ihre Mutter niemals schminkte.

Sie schaute in den Spiegel und war recht zufrieden mit ihrem Aussehen. Von der Aufregung war ihr Gesicht schon leicht gerötet, zusätzlich kniff sie sich mit Daumen und Zeigefinger in beide Wangen, um den Effekt zu verstärken. *Wozu brauche ich Rouge?,* dachte sie und lächelte ihrem Spiegelbild keck entgegen. Kaum war sie fertig, da hörte sie bereits Thilo, der sich angeregt mit ihren Eltern in der Küche unterhielt. Er sah tadellos aus, sein Haar streng gescheitelt und mit etwas Pomade in Form gebracht. Sie freute sich, von ihm ausgeführt zu werden.

Im Gasthaus war es bereits voll. Sie ergatterten den letzten freien Tisch nahe der Theke. Eine Musikkapelle stimmte ihre Instrumente, bald würde der Tanz beginnen. Überall saßen oder standen Paare oder Grüppchen zusammen, und die Stimmung war ausgelassen. Leevke war überrascht, als sie Jean-Pierre hinter der Theke entdeckte, der Bier, Schnaps und Limonade ausschenkte. Dass er sich wie einige seiner Landsleute bei diesen Veranstaltungen auch einbrachte, hatte er ihr gegenüber nicht erwähnt.
Als die Kapelle zum Tanz aufspielte, füllte sich die kleine Tanzfläche. Thilo erhob sich von seinem Stuhl und forderte Leevke galant zum Tanzen auf. Es war eine Weile her, dass sie zusammen einen Tanzkurs besucht hatten, und sie mussten sich zuerst auf ihre Schritte konzentrieren, wodurch sie verkrampft wirkten. Doch bereits beim nächsten Tanz hatten sie ihren gemeinsamen Rhythmus gefunden. Es wurden jeweils drei Lieder gespielt. Darauf folgte eine Pause, die die Anwesenden nutzten, um sich Getränke zu bestellen.

Leevke nahm Thilos Hand und zog ihn Richtung Theke, damit sie Jean-Pierre begrüßen konnte. »Hey, was machst du denn hier? Hast du den Beruf gewechselt?« Dann sah sie Thilo an und sprach gleich weiter. »Übrigens, darf ich vorstellen: Jean-Pierre, unser Fremdarbeiter«, und zu Jean-Pierre gewandt, »Thilo, mein alter Freund aus Kindertagen!«

»Bonsoir, Monsieur Thilo, so alt sehen Sie noch gar nicht aus!«, witzelte Jean-Pierre und lächelte verschmitzt. Der Angesprochene zwinkerte ihm freundlich zu und bestellte bei der Gelegenheit gleich zwei Bier.

Leevke war versucht zu protestieren, den bitteren Geschmack und den Geruch von Bier verabscheute sie, und doch war ihr heute Abend alles egal. Sie wollte ausgelassen feiern und lustig sein! Da konnte etwas Alkohol nicht schaden, und tatsächlich, nach dem zweiten Glas Bier war sie bereits beschwipst. »So sieht es also aus, Thilo, wenn du meiner Mutter versprichst, gut auf mich aufzupassen!«, kicherte sie.

Sie erhob sich schwankend und wollte zu Jean-Pierre gehen, um noch ein paar Worte mit ihm zu wechseln, doch der hatte alle Hände voll zu tun, den Durst der Besucher zu löschen. Auch zog es sie und Thilo bei jedem Lied auf die Tanzfläche, wo mittlerweile französische Chansons von Edith Piaf gespielt wurden. Es folgte das Lied ›Lili Marleen‹ von Lale Andersen, und alle sangen lautstark mit. Danach spielte die Musikkapelle ein Lied von Zarah Leander. Ihre sonore Stimme wurde von dem Liedsänger der Musikkapelle fantastisch imitiert. Bei ›Mir gehts gut‹ von Heinz Rühmann sangen wieder alle mit.

Leevke liebte dieses fröhliche Lied, das häufig im Volksempfänger gespielt wurde und jedes Mal eine positive Wirkung auf ihren Gemütszustand hatte. In diesem Moment ging es ihr tatsächlich gut, und sie vergaß all ihre Sorgen.
»Thilo, du bist doch noch bis Neujahr hier, würdest du mit mir zusammen ins Apollo-Theater gehen? Ich habe in der Zeitung gelesen, dass dort ein Rühmann-Film gezeigt wird, du weißt, er ist mein absoluter Lieblingsschauspieler!«
»Gern, dann können wir uns gleich mit der Wochenschau auf den neuesten Stand bringen«, raunte er ihr ins Ohr und verdrehte dabei seine Augen.
Auch Leevkes Gesichtszüge entglitten kurz. Sie ging gern ins Apollo-Theater, doch die Wochenschau vor dem Hauptfilm fand sie entsetzlich. Ihr war durchaus bewusst, dass Goebbels die Wochenschau gezielt als Propagandamittel nutzte, um die Bevölkerung für den Krieg zu begeistern. Die deutschen Soldaten wurden ausnahmslos als strahlende Helden dargestellt, die die feindlichen Kriegsschiffe im Nu versenkten, untermalt von dramatischer Musik, dazwischen die aufpeitschenden Reden des Diktators. Und der Plan des Propagandaministers ging auf: Nach jeder Wochenschau brach frenetischer Jubel unter den Kinobesuchern aus. Für Leevke war es jedes Mal eine Tortur, mit ansehen zu müssen, wie die von Bomben getroffenen, feindlichen Schiffe explodierten. Sie dachte dabei an die unzähligen Menschenleben, die dabei schlagartig ausgelöscht wurden. Die Stimmung der Kinobesucher war nach diesen Szenen derart aufgeheizt, dass sie die

Rühmann-Filme umso lustiger fanden und immerzu lachten. *Ein Narr, der Böses dabei denkt,* kam es Leevke in den Sinn. War es möglich, dass sich Heinz Rühmann vom NS-Regime einspannen ließ, um die Deutschen bei Laune zu halten? Trotzdem blieb sie ihrem Idol treu, zumal sie spürte, dass das Lachen wenigstens für den Moment recht befreiend wirkte.

Thilo war nicht entgangen, dass Leevkes gute Stimmung bei seiner unbedachten Äußerung verflogen war. Um sie schnell auf andere Gedanken zu bringen, umfasste er übermütig ihre Taille und zog sie auf die Tanzfläche. Sie tanzten wild und ungestüm, verscheuchten damit ihre Melancholie.

Erhitzt vom ungewohnten Alkohol und vom vielen Tanzen brachte Thilo sie, entgegen der Vereinbarung, kurz nach elf nach Hause, obwohl beide am liebsten die ganze Nacht durchgetanzt hätten. Zum Glück waren die Eltern bereits zu Bett gegangen, und Leevke hoffte, dass ihr Zuspätkommen unbemerkt blieb. Der Ofen in der Küche strahlte noch etwas Wärme ab, und so konnten sie den Abend gemütlich ausklingen lassen. Hätte Leevke einen anderen Mann spätabends mit ins Haus genommen, wäre es unschicklich gewesen, aber bei Thilo war das natürlich anders.

Beide spürten, dass sich an diesem Abend in ihrer Beziehung etwas verändert hatte. So nah wie beim Tanzen waren sie sich noch nie gewesen. Als Kinder hatten sie so manches Mal miteinander gebalgt, aber das hier fühlte sich auf einmal ganz anders an. Er hatte seinen Arm fester um sie gelegt, während sie tanzten, und sie manchmal noch länger im Arm gehalten, obwohl das

Lied längst verklungen war. Auch hatte er sie anders angesehen, nicht mit diesem verschmitzten Gesichtsausdruck, wenn er sich über sie lustig machte, nein, er war ernsthafter und liebevoller gewesen. Und sie hatte es in vollen Zügen genossen, von ihm nicht mehr als Kind, sondern als Frau wahrgenommen zu werden.
Beide wirkten verlegen und wussten nicht, was sie sagen sollten, als wäre da etwas Kostbares zwischen ihnen entstanden, das Worte womöglich zerstören könnten.
Thilo räusperte sich und wurde sehr ernst, als er mit belegter Stimme sagte: »Leevke, die letzten Monate waren entsetzlich für mich. Ich will Bauer sein wie unsere Väter und nicht eine Waffe in die Hand nehmen müssen. Aber mir bleibt nichts anderes übrig, denn Anfang Januar muss ich gleich wieder fort, dieses Mal, um unsere Grenzen zu Frankreich zu bewachen, genauso wie Onno. Dabei wird es nicht bleiben. Der Diktator ist machthungrig und gierig. Ich hatte viel Zeit, über alles nachzudenken.« Er sah ihr direkt in die Augen. »Auch über uns. Ich habe dich so vermisst!«
Leevke nickte. »Mir ging es ebenso. Du hast mir gefehlt!«
»Ich … «, stammelte er. Es entstand eine lange Pause. Sie sah ihn fragend an. Mit zittrigen Händen griff er in seine Jackentasche. Was er dort zu finden hoffte, war anscheinend nicht da. Er suchte hektisch in der gegenüberliegenden Tasche, dann in den Innentaschen. Endlich schien er Erfolg zu haben, denn sie sah wieder sein spitzbübisches Grinsen, das sie so an ihm liebte. Als er aber vor ihr auf die Knie sank, war sie sprachlos

und irritiert. Mit einer verstellten, kindlichen Stimme, mit der er seine Verlegenheit zu überspielen versuchte und einem schiefen Lachen stammelte er: »Du, Leevke, willst du meine Frau werden?« Er öffnete seine Faust und zum Vorschein kam ein goldener Ring.

Leevke war so perplex, dass sie ihm die Antwort schuldig blieb. Thilo sah in ihrem Gesicht eher Fassungslosigkeit statt Freude.

In diesem Moment begriff er, dass er einen Fehler begangen hatte. Seine kniende Haltung kam ihm auf einmal albern vor und er sprang auf. »Es tut mir leid. Ich wollte dich nicht in Verlegenheit bringen. Ich meinte ja nicht gleich heiraten«, versuchte er die Situation zu retten, »nur ein Versprechen. Weißt du, wenn ich weit von der Heimat fort bin, möchte ich eine Art Anker haben, die Gewissheit, dass Zuhause jemand ist, der auf mich wartet – meine Verlobte.«

Langsam begriff Leevke, dass es sich keinesfalls um einen seiner üblichen Scherze handelte, sondern dass er es ernst meinte. Sie hatte noch immer nicht die geringste Ahnung, wie sie darauf reagieren sollte. »Ui, jetzt hast du mich aber überrumpelt. Damit habe ich nicht gerechnet«, stieß sie verlegen hervor.

»Bitte lass dir Zeit, überlege es dir«, stammelte er, »ich bin noch ein paar Tage hier, bevor ich Richtung Frankreich muss.«

Sie hatte ihre Fassung wiedergewonnen und entgegnete gespielt empört: »Ach, du gibst mir also lediglich ein paar Tage Zeit, um eine so wichtige Entscheidung für mein künftiges Leben zu treffen!«

Zu verlegen, um wie sonst spitzbübisch darauf zu reagieren, verschwand der Ring blitzschnell in seiner Jackentasche, und er verabschiedete sich rasch, wobei er ihr einen flüchtigen Kuss auf die Wange hauchte.
Leevke ging mit einem eigenartigen Gefühl ins Bett. Sie fühlte sich schlagartig wieder nüchtern und ihr wurde bewusst, dass sie Thilo womöglich verletzt hatte, und das tat ihr unendlich leid. Es hatte ihn vermutlich viel Überwindung gekostet, erstmalig so eine Frage zu stellen. Und nun fragte sie sich: War Thilo doch ihre erste Wahl? War sie bereit, sich mit neunzehn Jahren an einen Mann zu binden? Nein, auf keinen Fall! Das könnte er sich abschminken. Aber eines Tages als alte Jungfer zu enden, das waren nicht allzu rosige Aussichten.
Sie dachte an die letzten Stunden zurück. In Thilos Armen hatte sie sich geborgen gefühlt, etwas, wonach sie sich seit Jahren sehnte. Er sah gut aus, der Schwarm aller Schwiegermütter, zumindest ihrer Mutter, und hatte einen guten Charakter. Er war ihr Vertrauter, ihr ›Lieblingsmensch‹, einen besseren Freund gab es nicht. Wenn es zwischen ihr und den Eltern oder Onno Streit gegeben hatte, war sie zu Thilo geflüchtet, und danach war alles wieder gut. Aber heiraten? Sie schätzte ihn als Freund, aber könnte aus Freundschaft irgendwann eine leidenschaftliche Liebe werden? Und wo blieb das viel zitierte Kribbeln im Bauch?
Du dumme, romantische Kuh!, schalt sie sich. Die Liebesfilme, die sie so gern sah, hatten nichts mit der Realität zu tun. ›Liebe auf den ersten Blick‹ oder die alles verzehrende Leidenschaft gab es sicher nur in dieser Scheinwelt. Auch waren die Frauen in ihrer Umgebung

nicht so hübsch wie die Schauspielerinnen, die mit viel Schminke in Szene gesetzt wurden. Thilo war ein verlässlicher Partner, und sollte sie eines Tages doch Kinder bekommen, wäre er ein ebenso verlässlicher Vater. Bei ihm würde sie Stabilität und Sicherheit finden. Ein Freund, auf den sie sich hundertprozentig verlassen konnte, war das Höchste, was man sich in diesen unruhigen Zeiten wünschen könnte. Es war alles gut so, wie es war. Außerdem würde ein ›Nein‹ ihrerseits zwar nicht das Ende ihrer Freundschaft bedeuten, aber sie erhielt dadurch vermutlich einen gehörigen Dämpfer. Aus ihrer Freundschaft könnte sicher eines Tages Liebe werden, mit jeder Berührung, mit jedem Kuss. Einen Vorgeschmack davon hatte sie bereits heute Abend bekommen. Sie hatte es genossen, seine körperliche Nähe zu spüren. Wer weiß, was passiert wäre, wenn sie seinen Antrag spontan angenommen hätte? Vielleicht hätte er ihr dann nicht nur einen kaum wahrnehmbaren Kuss auf die Wange gegeben, sondern sie leidenschaftlich umarmt und direkt auf den Mund geküsst. Sie lächelte in sich hinein. Wieder war sie in die Kinowelt abgedriftet.

Was hatte er gesagt? Wenn er im Krieg sei, dann wüsste er, dass ›seine Verlobte‹ auf ihn warten würde? Umgekehrt wartete dann jemand auf sie. *Mein Verlobter* übte sie in Gedanken. *Mein Verlobter kommt bald zu mir zurück*. Das würde ihrem Leben eine neue Qualität geben. Sie wäre dann nicht nur eine Tochter, Schwester, Freundin, sie würde plötzlich zum Kreis der Erwachsenen gehören und mehr Entscheidungen treffen dürfen. Bevor sie einschlief, fand sie den Gedanken gar nicht

mehr so abwegig. Ihre Eltern würden diesen Schritt begrüßen. Ihre armen Eltern, die wegen Onnos Verhalten furchtbar litten. Aber erstmal wollte sie eine Nacht darüber schlafen und nicht alkoholgeschwängert so eine wichtige Entscheidung treffen.
Am nächsten Morgen wachte sie mit einem Lächeln auf und brannte geradezu darauf, Thilo und ihren Eltern ihren Entschluss mitzuteilen. Es gab für sie keinen Zweifel mehr: Thilo war der Richtige für sie, und sie musste die Gelegenheit wahrnehmen, bevor er es sich anders überlegte, oder ein anderes Mädchen ihn wegschnappte. Auch war sie sich gewiss, dass sie mit dieser Nachricht ihre Eltern von ihrem Kummer bezüglich Onno ablenken könnte, und somit wieder Freude in ihr Heim einkehrte.
Leevke sollte recht behalten. Ihre Eltern waren begeistert von dem unverhofften Familienzuwachs.

Die überstürzte Verlobungsfeier fiel unter den gegebenen Umständen äußerst schlicht aus. Am Abend feierten sie bei Tee und Kuchen lediglich mit Leevkes Eltern, bevor sie als frisch Verlobte erneut das Tanzlokal aufsuchten, wo sie viel tanzten, tranken und im Überschwang der Gefühle ungeniert miteinander schmusten. Jean-Pierre stand wieder hinter dem Tresen und sah erst irritiert, bald betrübt auf das glückliche Paar. Leevke wollte ihm in der Tanzpause stolz ihren Verlobungsring zeigen, doch sie kam zu spät. Er war bereits gegangen. Am nächsten Morgen präsentierte sie ihm den Ring. Er murmelte nur knapp seine Glückwünsche und wandte sich schnell seiner Arbeit zu.

Leevke bemerkte es nicht. Sie sah sich bereits in Gedanken vor dem Traualtar stehen, bekleidet mit einem wunderschönen, weißen Hochzeitskleid mit Schleier, neben ihr Thilo, in einem maßgeschneiderten, schwarzen Anzug. Von da an würde man sie respektvoll ›Frau de Vries‹ nennen, nur noch zwei Jahre, dann war es so weit!

Thilos Eltern wurden erst am darauffolgenden Tag von ihrem Sohn über die Verlobung in Kenntnis gesetzt, und seine Mutter reagierte so, wie er es nicht anders erwartet hatte. Sie hielt die Verlobung für verfrüht und unüberlegt. Der wahre Grund lag jedoch darin, dass sie sich für ihren Sohn eine vermögende Bauerntochter gewünscht hätte. In ihren Augen war eine Heirat mit Leevke nicht standesgemäß, dabei kam sie selbst aus kleinen Verhältnissen. Das schien sie wohl beizeiten verdrängt zu haben.

Emden, Anfang März 1940 – Opa in Not

Spät am Abend hörten sie das Wiehern eines Pferdes, das nicht aus dem Stall, sondern von draußen kam. Leevke und Okka sahen sich fragend an. Wer sollte sie zu dieser späten Stunde noch besuchen? Es musste etwas passiert sein. Kurz darauf schlug jemand kräftig mit dem eisernen Türklopfer gegen die Außentür. Ängstlich schauten Leevke und ihre Mutter sich an. Erneut war ein Klopfen zu hören und dieses Mal war es noch lauter.

Jean-Pierre kam aus seiner Kammer, eilte zur Haustür und entriegelte sie. Zuvor hatte er sich einen Feuerhaken vom Herd geholt, um bei Gefahr gewappnet zu sein. Okka und Leevke waren ihm gefolgt. Der späte Gast war Friedhelm Ekhoff, Okkas Schwiegervater, der wortlos vor der Tür stand und Jean-Pierre mit vor Schreck geweiteten Augen ansah.

»Opa«, rief Leevke überrascht und stürmte auf ihn zu, »was machst du denn hier?« Dieser zitterte am ganzen Körper und Tränen liefen ihm übers Gesicht. Ärgerlich wischte er sie fort.

»Vater«, rief Okka, »um Himmels Willen, was ist passiert?« Nie im Leben hatte sie ihn weinen sehen. »Komm, ich helfe dir aus der Jacke und mache dir erst einmal eine Tasse Tee!«

Friedhelm Ekhoff ließ sich schwerfällig auf die Küchenbank fallen. Alle starrten ihn erwartungsvoll an. Es dauerte eine Weile, bis er sich gefasst hatte. »Fenna«, er stieß einen tiefen Seufzer aus, als würde ihm das Sprechen schwerfallen, »bekommt ihr Kind!«

»Was? Fenna bekommt ein Kind?« Leevkes Mutter schlug sich die Hand vor den Mund, um nicht laut zu schreien.

Er nickte. »Sie liegt seit Stunden in den Wehen. Die Hebamme ist alt, vor Müdigkeit nickt sie immer wieder ein. Und der Arzt kann nicht kommen, weil er zu einer Notoperation gerufen wurde.« Er machte eine Pause, bevor er mühsam hervorbrachte: »Und dann so eine Frauensache …!« Verlegen wischte er sich mit einem Taschentuch den Schweiß von der Stirn und schnäuzte sich anschließend hörbar darin aus.

»Aber sie darf doch nicht … « Okka mochte die Worte nicht aussprechen.

Ihr Schwiegervater nickte nur und senkte den Kopf. Die Situation musste für ihn furchtbar schwer sein. Auch war er nicht ein Mann, der viele Worte machte.

»Okka, du musst mitkommen«, stammelte er, »tu es für deine Schwester!«

Sie wollte ihm widersprechen, denn Fenna war nicht ihre, sondern Ennos Schwester, aber sie unterließ es. Tatsächlich hatte sie ein engeres Verhältnis zu ihr als zu ihren eigenen Schwestern. Okkas Handgriffe wirkten mechanisch, als sie den Tee zubereitete.

Leevke wippte ungeduldig mit den Füßen. Ihr war bewusst, dass Eile geboten war, aber sie kannte ihre Mutter gut genug, um zu wissen, dass dieses Ritual wichtig für sie war, um ihre Gedanken ordnen zu können. Die anderen hatten ihr schweigend zugesehen.

In Okkas Kopf purzelten die Gedanken wild durcheinander und sie lief hektisch zwischen Herd und Küchentisch hin und her, während ihr Schwiegervater mit

gekrümmtem Rücken bewegungslos auf der Bank saß und vor sich hinstarrte. Er schien die Menschen um sich herum gar nicht mehr wahrzunehmen.
Jean-Pierre fühlte sich unbehaglich, da es sich hier offensichtlich um eine Familienangelegenheit handelte und dazu noch eine dringende. Auch wusste er, dass es nicht selbstverständlich war, dass Fremdarbeiter mit am Küchentisch saßen. Er wollte sich gerade entfernen, doch schon stand eine dampfende Tasse Tee vor ihm auf dem Küchentisch, und es wäre jetzt unhöflich gewesen, einfach aufzustehen und zu gehen. Er lebte seit einem halben Jahr in Emden und hatte gelernt, dass diese Teezeremonie zur Kultur der Ostfriesen gehörte und ihnen nahezu heilig war.
Okka schien im Innern einen Kampf auszufechten. Sie war blass geworden. *Fenna bekommt ein Kind!* Dieser Satz kreiste unaufhörlich in ihren Gedanken. Bei ihrer ersten Schwangerschaft, eine Totgeburt, war sie beinahe gestorben, und der Arzt hatte sie ermahnt, auf keinen Fall eine weitere Schwangerschaft zu riskieren. Und jetzt eine Schwangerschaft im Krieg, in dieser unglückseligen Zeit! Sie wusste beim besten Willen nicht, was sie machen sollte, aber sie durfte sie keinesfalls in ihrer Not im Stich lassen. So sehr sie auch grübelte, sie fand keine Lösung.
Barsch klangen ihre Worte: »Hör mal, Vater, wie stellst du dir das denn vor? Enno und Onno sind an der Front und ich bin für den Betrieb verantwortlich. Ich kann hier nicht weg!«
Ihr Schwiegervater hob resigniert die Arme. »Wenn ich eine andere Möglichkeit wüsste, wäre ich nicht

hierhergekommen. Du hast doch Leevke und den da!« Mit einer Kopfbewegung deutete er auf Jean-Pierre, ohne ihn direkt anzusehen.

Jean-Pierre stand geräuschlos auf, nahm seine Tasse und ging rasch in seine Kammer. Er wusste, dass die Alten, die im Weltkrieg gegeneinander gekämpft hatten, sich nach wie vor als Feinde betrachteten, sowohl die deutschen als auch die französischen Kriegsveteranen. Selbst bei der Nachkriegsgeneration machten sie keinen Unterschied.

Okka nippte kurz an ihrem Tee, dann lief sie wieder unschlüssig in der Küche umher. Sie liebte ihre Schwägerin und mochte sich gar nicht vorstellen, was sich gerade in deren Haus abspielte. Ihr Schwiegervater war alt, und Fennas Ehemann Otto nicht viel jünger. Sie hatten sich damals gewundert, dass Ennos Schwester diesen alten Bauern geheiratet hatte. Er war zum Zeitpunkt ihrer Hochzeit mehr als doppelt so alt gewesen und krank dazu, daher musste er jetzt auch nicht mehr in den Krieg ziehen. Zudem war er so unselbstständig, dass Fenna alles für ihn regeln musste. Einst hatte Otto auf seinem Hof mit den vielen Stallungen Pferde gezüchtet, aber seit seiner Krankheit war der Bauernhof reichlich heruntergewirtschaftet und mittlerweile alle Zuchtpferde verkauft worden. Seit Friedhelm Ekhoff vor einigen Jahren Witwer geworden war, wohnte er bei seiner Tochter Fenna und ihrem Mann.

So eine Frauensache, hallte es noch in Okka nach und sie verzog ärgerlich ihr Gesicht. Sie wusste nur allzu gut, was er meinte. Die Männer vermieden es seit jeher, im Zimmer einer Gebärenden zu sein. Sie wollten ihre Frauen nicht in einem so desolaten Zustand sehen. Lieber gingen sie weit weg vom Geschehen, damit sie auch die Schmerzensschreie der Frauen nicht hören mussten. Sie schwängern, ja, das konnten sie, aber wenn's brenzlig wurde, dann machten sie sich vom Acker, als ob sie das Elend nicht sehen wollten, das sie angerichtet hatten. Manche Frauen bekamen jedes Jahr ein Kind, manchmal sogar zwei, dabei war die Sterblichkeitsrate bei den Geburten, sowohl bei Müttern als auch bei Kindern, recht hoch. Es kam nicht selten vor, dass ein Mann dreimal heiratete, weil die erste und zweite Frau im Kindbett gestorben waren, als wären sie austauschbar. Okka konnte sich nicht vorstellen, dass ihr Enno einfach wieder heiraten würde, sollte sie einmal vor ihm sterben.

Okka dachte an Fenna, die jetzt verzweifelt und voller Angst in ihrem Bett lag, vor Schmerzen gekrümmt, ohne eine tröstende Hand. Sie hatte keine Wahl, sie musste ihr helfen, auch wenn sie lieber eine andere Lösung gefunden hätte. Mit Geburtshilfe kannte sie sich aus – aber nur bei Kühen.

Ihr Schwiegervater erhob sich schwerfällig und schlurfte zur Haustür. In seinem Gesicht lag pure Verzweiflung.

»Warte, Vater!«, rief Okka aufgeregt. »Ich werde mitkommen!« Und an Leevke gewandt: »Ihr müsst eine Weile ohne mich zurechtkommen. Ich sehe keine andere Möglichkeit. Ich kann Fenna nicht im Stich lassen, das siehst du doch ein, oder?«

»Klar, Mutter, das schaffen wir schon zu zweit. Du weißt, Jean-Pierre ist ein Arbeitstier. Bevor er zu uns

kam, haben wir es doch auch irgendwie zu zweit geschafft. Mutter, du musst Tante Fenna beistehen!«
Auch Leevke wusste von der Totgeburt und hatte Angst, dass sich die Tragödie wiederholen könnte. Von der Geburt von Babys hatte sie keine Ahnung, aber sie musste bereits als Kind zusammen mit den Eltern den Kühen beim Abkalben helfen und daher wusste sie, dass es dramatisch werden konnte, wenn sich eine Geburt zu lange hinzog. Dann hatten sie die Kälber oft nur noch tot bergen können, und wenn sie Pech hatten, starb auch das Muttertier. Genau dies war erst vor Kurzem wieder passiert.
Okka hatte eilig das Nötigste zusammengerafft und erschien kurze Zeit später mit einem kleinen Koffer. Sie hatte bereits ihren Lodenmantel angezogen und sich ihren Hut aufgesetzt. »Mach es gut, mein Kind, und denk an unsere Kundschaft! Und schließ nachts die Türen zu, auch den Stall und die Scheune!«
»Ja, Mutter, mach dir keine Sorgen, ich bin kein Kind mehr!« Leevke hätte ihren Opa gern umarmt, so alt und traurig wie er da im Hausflur stand. Aber solche Umarmungen gab es nicht mehr, seit sie sich zu einer jungen Frau entwickelt hatte. Sie hatte es noch ein paar Mal versucht, aber ihr Opa hatte sie erschrocken abgewiesen, als würde es ihm unangenehm sein.
Als Kind hatte sie gern auf Papas oder Opas Schoß gesessen und sie stürmisch umarmt, aber seit einigen Jahren gab es diese Distanz, die ihr manchmal körperliche Schmerzen bereitete. Sie dachte wehmütig an ihre Kindheit zurück, als ihr Leben noch unbeschwert gewesen war.

Leevke blieb in der Eingangstür stehen, selbst als das Hufgeklapper des Pferdes längst verhallt war. Stoßweise sog sie die kalte Abendluft ein. Der Mond zeigte sich in seiner ganzen Pracht, und am Himmel waren unzählige Sterne zu sehen. »Bitte, lieber Gott«, flehte sie, »hilf Tante Fenna. Du darfst sie nicht sterben lassen!« Seufzend verriegelte sie die Tür, warf noch einen Blick in den Stall, wo die Kühe friedlich im Stroh lagen und wiederkäuten.

Sie setzte sich auf das Küchensofa und schenkte sich den Rest aus der Teekanne ein. Ein Geräusch ließ sie aufblicken. Jean-Pierre war eingetreten und schaute sie fragend an. Stockend, mit bebender Stimme, erzählte sie ihm von den jüngsten Ereignissen. Ihre Augen füllten sich mit Tränen.

Jean-Pierre zögerte einen Moment, dann setzte er sich zu ihr auf das Sofa. Ganz behutsam legte er den Arm um ihre Schultern, widerstand dem ersten Impuls, sie tröstend zu umarmen. Er wusste, dass die Deutschen eher distanziert miteinander umgingen, und doch musste er all seine Willenskraft aufbringen, um sie nicht zärtlich in seine Arme zu schließen.

Norddeich, im April 2000 – Fennas Triumpf

Jutta erstarrte. Die Worte trafen sie mit solcher Wucht, dass sie die Luft für einen Moment anhielt. Sie blieb wie angewurzelt stehen, bevor sie einen Schritt zurückging und damit intuitiv den Abstand zu ihrer Mutter vergrößerte. *Nicht mit mir*, dachte sie, *auf meinen Papa lass ich nichts kommen!* Wütend entgegnete sie: »Mama, was redest du denn da? Es wird Zeit, dass auch du ins Bett kommst! Für dich war es ein anstrengender Tag.« Mit diesen Worten drehte sie sich abrupt um und wollte zur Tür eilen, aber etwas hielt sie zurück, als würden ihr die Beine versagen. Sie vermied es jedoch, sich umzudrehen, damit ihre Familie ihr wutverzerrtes Gesicht nicht sah.

»Es ist die Wahrheit!«, hörte sie die weinerliche Stimme ihrer Mutter hinter sich. Dicke Tränen rannen dabei über Leevkes Gesicht. »Ich bin noch nicht dement, falls ihr das jetzt glaubt! Bevor ich geheiratet habe, war Jean-Pierre, dieser Franzose, meine große Liebe. Ich wurde von ihm schwanger, aber dann erfuhr ich, dass er in Frankreich bereits eine Familie hatte, eine Frau und ein Kind. Und … dann habe ich meinen allerbesten, liebsten Freund – Thilo – geheiratet. Einen besseren Vater hättest du, hättet ihr nicht haben können!«

»Mama, das höre ich mir nicht länger an!« Jutta floh geradezu aus dem Wohnzimmer. Im nächsten Moment fiel die Außentür krachend zu. Thierry, Leevkes Schwiegersohn, stand zögerlich auf, blieb noch einen Moment unschlüssig stehen, hob bedauernd seine Arme, während er hinunter zu seiner Schwiegermutter sah, die wie ein Häufchen Elend zusammengesunken in ihrem Sessel saß. Er öffnete seinen Mund und schloss ihn wieder. Scheinbar fehlten ihm die Worte, was bei ihm selten vorkam, dann schüttelte er verlegen seinen Kopf und folgte seiner Frau mit großen Schritten.

Fenna hatte die Szene aufmerksam verfolgt. Dann lachte sie spöttisch. »Ha, das glaub ich ja nicht! Jutta, Papas Liebling, war gar nicht seine Tochter?« Mit der flachen Hand schlug sie sich auf die Schenkel. Die Situation schien ihr beinah Freude zu bereiten.

Jetzt verlor Leevke endgültig die Fassung. »Du weißt nicht, wie die Zeiten damals waren. Dazu wart ihr noch zu klein. Mein Leben war ein einziger Kampf. Wie könntet ihr es nur ansatzweise verstehen? Nimm es deiner Schwester nicht übel!« Mehr zu sich selbst murmelte sie: »Ich hoffe, sie wird den Schock überwinden, falls das überhaupt möglich ist, und mir bald verzeihen.«

»Halbschwester!« Fenna sprach das Wort süffisant aus. Leevke sah sie fragend an. »Na, sie ist doch meine ›Halbschwester‹, wenn sie einen anderen Vater hat.« Erneut betonte sie dieses Wort überdeutlich. »Wusste Vater von dem ›Kuckuckskind‹?«

Verlegen schüttelte Leevke den Kopf. Die Situation wurde für sie unerträglich.

Fenna hielt es nicht mehr auf dem Stuhl. Sie sprang auf, stellte sich kerzengerade vor ihrer Mutter hin und sagte fast weinerlich: »Hätte Vater das gewusst, dann wäre ich seine Lieblingstochter gewesen und nicht Jutta!«

Leevke schnappte hörbar nach Luft. Sie gab ihr insgeheim recht und wusste nicht, wie sie darauf reagieren sollte, ohne das Andenken an Thilo zu beschädigen. Stattdessen sagte sie: »Ich liebe dich genauso wie Jutta und auch dein Vater hat dich geliebt!« Sie sah auf ihre Tochter, die sie allen Widerständen zum Trotz großgezogen und die ihr so einiges abverlangt hatte. Sie war ein schwieriges Kind gewesen, hatte eine Menge Dummheiten angestellt, nur um die Aufmerksamkeit auf sich zu lenken.

Jetzt musste Leevke das zweite schmerzliche Geheimnis lüften. Mit dem Ausdruck ›Kuckuckskind‹ hatte Fenna sie bis ins Mark getroffen und ihr doch unbewusst den steinigen Weg geebnet, den sie heute bereit war zu gehen. Sie spürte, dass ihr die Kraft zu einer weiteren Auseinandersetzung fehlte, aber sie musste das jetzt durchziehen. »Sie ist nicht deine Halbschwester. Er war auch nicht dein ...«

Jäh wurde sie unterbrochen: »Komm, Mutter, nur weil du wütend auf Jutta bist, musst du mir keine Lügen auftischen. Ich gehe jetzt und komme erst wieder, wenn du dich beruhigt hast!«

Fenna hatte bereits die Außentür erreicht, als sie im letzten Augenblick noch die Worte ihrer Mutter hörte: »Wir haben dich adoptiert!« Leevkes Stimme klang verzweifelt. Sie sackte kraftlos in sich zusammen und begann, hemmungslos zu weinen.

Fenna blieb wie elektrisiert stehen, die Türklinke noch in der Hand. »Was?«, schrie sie ungläubig, dabei drehte sie sich langsam um, »Mutter, drehst du jetzt völlig durch? Nur weil du deine brave Jutta vergrault hast, willst du mich auch noch loswerden? Oder bin ich auch ein Bastard? Wusste Vater davon, dass du außer ihm noch andere Männer hattest?«

»Nein, nein«, wimmerte Leevke, »hör mir doch zu, lass es mich erklären!«

»Das höre ich mir nicht länger an!« Zum zweiten Mal an diesem Abend schlug die Außentür hörbar zu.

Leevke schniefte in ihr Taschentuch. Sie zitterte am ganzen Körper und ihr Herz raste wie wild. Panik erfasste sie. Hatte sie jetzt beide Töchter verloren? Und Fenna wusste noch immer nicht die ganze Wahrheit. Mehrfach hatte sie gedanklich Sätze formuliert, kleine Reden einstudiert, um ihren Kindern möglichst schonend die Wahrheit zu sagen. Alles war vollkommen aus dem Ruder gelaufen. Doch war es überhaupt möglich, die richtigen Worte zu finden? Richtige Worte für Lügen, die vor mehr als sechzig Jahren ihren Anfang nahmen? Sie hatte ihnen ihre wahre Herkunft, etwas Essenzielles, vorenthalten und den richtigen Zeitpunkt eindeutig verpasst. Ihre schlimmsten Befürchtungen hatten sich bewahrheitet. Wie sollte es nur weitergehen?

Emden, Anfang März 1940 – Je t'aime

Leevke sah Jean-Pierre unsicher an. Sie war versucht, sich von seinem Arm zu lösen und wollte aufstehen, doch spürte sie auch, wie tröstlich es war, im Moment der Verzweiflung die Nähe eines lieben Menschen zu spüren. Das fühlte sich richtig an. Bald gab sie ihre Scheu auf, lehnte ihren Kopf an seinen Oberkörper und sah ihn dabei fragend an. Er nickte wissend und begann, französische Worte zu flüstern, die sie zwar nicht verstand, aber die wie eine schöne Musik in ihren Ohren klangen.
Jean-Pierre tat es intuitiv und spürte, dass die Worte in seiner Muttersprache, die Leevke so liebte, ihre Wirkung nicht verfehlten. Sie schien sich allmählich zu beruhigen.
Stockend erzählte sie ihm, in welcher lebensbedrohlichen Lage sich ihre Tante befand. Sie schloss mit den Worten: »Jetzt hat mein blöder, rücksichtsloser Onkel ihr doch noch ein Kind gemacht!« Wütend riss sie sich von ihm los und wollte aufspringen, doch im letzten Moment besann sie sich, weil sie auf seine Nähe nicht verzichten wollte. »Hoffentlich geht alles gut!« Sie verstummte und nahm die Wärme, die sein Körper ausstrahlte, erstmalig bewusst wahr.

Mitten in der Nacht lag Leevke hellwach in ihrem Bett und Jean-Pierre schlafend neben ihr. Beide waren nackt. Sie hob die Bettdecke und betrachtete seinen muskulösen Körper. Nie zuvor hatte sie einen nackten Mann gesehen und sie wunderte sich, wie ungezügelt

ihr Körper auf ihn reagiert hatte. Sie hatte bis zu diesem Zeitpunkt nicht einmal geahnt, zu welcher Leidenschaft Menschen fähig waren.
Die letzten Stunden ließ sie Revue passieren. War er es gewesen, der sie verführt hatte? Nein, das wäre zu einfach. Sie wollte sich nicht selbst belügen. Sie hatte die Initiative ergriffen, sich ihm zugewandt und ihre Arme um seinen Hals geschlungen, ihn auf den Mund geküsst, zunächst noch zaghaft, dann mit einem nie gekannten Verlangen.
Er hingegen hatte sich von ihrer Umarmung gelöst, sie fragend angesehen und geflüstert: »Leevke, bist du dir ganz sicher, dass du das willst? Ich möchte deine Situation nicht ausnutzen.«
Als Antwort hatte sie sich erneut an ihn gepresst, und dann war es auch mit seiner Beherrschung vorbei gewesen. Ihr Verstand schien ausgeschaltet zu sein, instinktiv fanden ihre Körper zueinander. Es gab kein Entrinnen mehr, als hätten beide ihr Leben lang auf diesen Moment gewartet, als wären sie füreinander bestimmt.
Durch das Fenster sah Leevke den Mond, der wie eine bleiche, silberne Kugel am Firmament stand. Seit jeher konnte sie sich der Faszination des Vollmondes nicht entziehen, der mit seinem Erscheinen nicht nur die Schrecken einer tiefschwarzen Nacht nahm, sondern der für sie Vollkommenheit darstellte. Unwillkürlich erinnerte sie sich an eine Lektüre über die Philosophen aus der Antike. Besonders hatte sie Platons Mythos über die Kugelmenschen fasziniert. In dieser Geschichte hatten die Urmenschen kugelförmige Rümpfe, zwei Gesichter, vier Arme und Beine. Zeus hatte, so

hieß es, diese in zwei Hälften geteilt, sodass jeder Mensch von diesem Zeitpunkt an nur noch zwei Arme und Beine hatte. Fortan strebten diese Menschen danach, wieder den Urzustand, und das heißt, ihre Ganzheit zu erreichen. Dieser Kugelmenschen-Mythos hatte sie gleichermaßen fasziniert wie amüsiert, daher blieb er ihr unvergessen. Erstaunlicherweise bekam sie erst jetzt eine Ahnung davon, was Platon mit dieser Metapher zum Ausdruck bringen wollte: Jeder Mensch war ein Suchender, es verlangte ihn nach Ganzheit und Vollkommenheit.

Berauscht von den letzten Stunden schlug Leevkes Hochstimmung plötzlich ins Gegenteil um. Konnte es sein, dass sie schwanger geworden war? Was hatte sie nur getan? Sie hatte sich wie eine rollige Katze benommen! Thilo war ihr Verlobter. Für ihn hätte sie ihre Unschuld bewahren sollen. Er hatte sich ihr gegenüber stets korrekt verhalten, und sie hatten selbst nach ihrer Verlobung nur ein paar Küsse ausgetauscht. Plötzlich schämte sie sich ihrer Nacktheit und zog sich rasch ihr Nachthemd an. Am liebsten wäre sie etwas von Jean-Pierre abgerückt, aber das war in ihrem schmalen Bett nicht möglich. Sie würde ihm gleich am nächsten Morgen sagen, dass sich so etwas unter keinen Umständen wiederholen dürfe …

Emden, Anfang März 1940 – Verbotene Liebe

Noch weit vor dem Morgengrauen wurde Jean-Pierre wach und betrachtete Leevke voller Zärtlichkeit. Der Mond schien hell ins Zimmer und zeichnete die Konturen ihres grazilen Körpers nach. Oh, wie er sie begehrte! Bereits beim ersten Mal, als er sie vor ihrem Haus gesehen hatte, war es um ihn geschehen. Diese schöne Mademoiselle, ihr zartes Gesicht, ihre schlanke, hochgewachsene Figur, ihr weizenblondes Haar, das ihren Körper umschmeichelte und das golden in der Sonne glänzte. Wie sie ihn musterte, mal verschmitzt, dann wieder unschuldig, naiv, oft errötend – sie hatte in ihm Gefühle geweckt, die er bis dahin nicht gekannt hatte.

Leevke war nicht seine erste Liebe. In Frankreich hatte er sich als Neunzehnjähriger unsterblich in Yve verliebt, in die Frau des Bürgermeisters, die mehr als doppelt so alt war wie er. Leider war es eine einseitige Liebe gewesen. Er hatte gewusst, dass sie nur mit ihm spielte, ihn lediglich benutzte, aber er hatte sie geliebt, ja, war ihr ganz und gar hörig gewesen. So ging es einige Monate. Ihre heimlichen Treffen hatten ihren besonderen Reiz.

Doch die Liaison nahm eine gefährliche Wende. Sein zehnjähriger Bruder Claude, der stets eifersüchtig auf ihn, den Erstgeborenen, war, hatte ihn eines Tages verfolgt und bald darauf ›in flagranti‹ erwischt. Seither hatte er ihn mit seinem Wissen erpresst. Claude wurde zunehmend gieriger und verlangte bald immer mehr Geld.

Doch irgendwann wollte Jean-Pierre sich nicht mehr ausnutzen lassen, weder von seinem kleinen Bruder

noch von Yve, die lediglich mit dem Finger zu schnippen brauchte, damit er wie ein Hündchen hinter ihr herlief. Auch wurde sie zunehmend unvorsichtiger, und es war nur eine Frage der Zeit, bis ihr Mann und auch alle anderen in ihrem kleinen Dorf von ihrer Affäre erfuhren. Da kam ihm das Angebot der Deutschen, die dringend Fremdarbeiter suchten, wie gerufen.
Die Situation eskalierte, als er seinen Entschluss, für einige Monate in Deutschland zu arbeiten, den Eltern mitteilte. Sein père hatte vor Wut geschrien: »Wenn du hinter dir die Tür schließt, um für die Nazis zu arbeiten, brauchst du nicht wieder heimzukehren! Enterben werde ich dich, dann kannst du sehen, wie du zurechtkommst!« Seine maman hatte daraufhin angefangen zu weinen. Zu allem Übel hatte sein Bruder seinen letzten Trumpf ausgespielt: »Was wird denn dein Liebchen, die Frau Bürgermeister, dazu sagen, wenn du sie verlässt?« Dabei hatte er hinterhältig gegrinst.
Sein Vater hatte ihn nur ungläubig angestarrt. Er und der Bürgermeister waren seit Jahren eng miteinander befreundet und trafen sich regelmäßig zum Boule-Spielen. Bei der Gelegenheit hatten sie einige dubiose Transaktionen ausgeheckt, die sie geschickt vor der Gemeinde verschleierten. Jean-Pierre hatte die Schockstarre, in der sich sein Vater offensichtlich befand, genutzt, um mit dem eilends gepackten Seesack seines grand-pères das Haus zu verlassen.
Er war in den nächsten Zug Richtung Deutschland gestiegen, so war ihm keine Zeit mehr geblieben, sich von seiner maman zu verabschieden. Er bedauerte es ebenso, dass er sich nicht von seiner großen Schwester

Monique und seinem Patenkind Pierre-Henri, die in der Nachbargemeinde wohnten, verabschieden konnte. Sein Abgang war mehr als unrühmlich gewesen.

Und jetzt war er hier in dem Land, das sein Vater so hasste, und hatte die Liebe seines Lebens gefunden. Er dachte an die vergangenen Stunden zurück. Sie hatte sich leicht wie eine Feder angefühlt, als er sie mit seinen Armen aufhob und in ihr Schlafzimmer trug. Er spürte, dass ihr Verlangen ebenso groß war wie seines, und er war außerstande gewesen, ihr noch länger zu widerstehen. Und doch wusste er, dass es falsch war, sich mit einem deutschen Mädchen einzulassen. War es der Reiz des Verbotenen gewesen? Wieder liebte er eine Frau, die er nicht lieben durfte.

Was hatte er nur getan? Hatte ihre Liebe überhaupt eine Chance? Sie müssten sie geheim halten, vor Leevkes Mutter, aber vor allem vor den Nazis. Wenn das jemand erfuhr, würde man ihn einsperren oder aus dem Land verbannen. Was würde dann aus Leevke und ihrer Liebe werden?

Leevke – was für ein schöner Name, der passte zu ihr. Der Klang war weich und drückte Liebe aus [plattdeutsch: Leev/Leevke = Liebe/Liebling]. Leise flüsterte er ihren Namen, um mit seiner eigenen Stimme ihren Namen zu verinnerlichen, doch leise genug, um sie nicht zu wecken.

Leevke durfte kein Leid geschehen. Er hatte ihr die Unschuld geraubt, er war verantwortlich für sie und musste sie von nun an beschützen. Sie würden einen Weg finden, und wenn sie dafür in ein anderes Land –

weit weg von Deutschland und Frankreich – fliehen müssten. Eine so große Liebe konnte nicht zerstört werden, nicht von diesen Kriegstreibern. Sie würden heiraten und sich jeden Tag neu ineinander verlieben!

Norddeich, im April 2000 – So ein Schlamassel

Wehmütig dachte Leevke an Thilo, der ihr ein guter Ehemann und Freund gewesen war und den Kindern ein liebevoller Vater. Fenna hatte jedoch recht, er hatte Jutta vorgezogen. Der Grund war offensichtlich, glaubte er doch, sie sei seine leibliche Tochter. Fenna hingegen ... Er hatte der Adoption zwangsläufig zugestimmt, aber echte Vatergefühle konnte er ihr nicht entgegenbringen.

Und was ist mit mir? War ich ihr eine ebenso gute Mutter, wie es ihre leibliche gewesen wäre? Sie hatte nie darüber nachgedacht. War es nur Mitleid gewesen, was sie für dieses arme Geschöpf empfunden hatte, das gleich nach seiner Geburt Vollwaise geworden war? Klar tat ihr das Baby leid, doch es war noch mehr: Sie hatte es vom ersten Augenblick an in ihr Herz geschlossen und geliebt.

Leevke war fast erleichtert, dass Fenna ihr keine Chance mehr gegeben hatte, ihr den Hintergrund für die Adoption zu erzählen. Das hätten sie beide kaum noch verkraftet. Was damals, vor mehr als sechzig Jahren, geschah, war so grausam gewesen, aber auch wenn es ein Fehler war, so lange ihre Adoption zu verschweigen, dass sie Fenna diesen Punkt verheimlicht hatte, hielt sie noch heute für richtig.

Fenna hatte, zumindest nach dem Krieg, eine unbeschwerte Kindheit erlebt, war trotzig gewesen, dazu äußerst willensstark, und als sie den Wunsch geäußert hatte, Lehrerin zu werden, hatten Leevke und Thilo sie großzügig unterstützt. Wenn sie Fenna früh mit dieser

Wahrheit konfrontiert hätte, dann wäre ihr Leben vermutlich anders verlaufen. Wie hart hätte sie dieses Wissen getroffen? Sie hatte gehört, dass ein Kind, dessen Mutter bei seiner Geburt gestorben war, sich dafür ein Leben lang schuldig fühlen konnte.
Ich war eine gute Mutter, sprach sie sich selbst Mut zu. *Ich habe meine Töchter wie eine Löwenmutter beschützt.* Sie dachte an die unzähligen Male, wenn es Bombenalarm gegeben hatte, und die Alliierten ihre sogenannten ›Weihnachtsbäume‹ abwarfen, um die zu bombardierenden Ziele mithilfe dieser Leuchtmittel abzustecken. In solchen Momenten war Eile geboten, und sie war mit den Kindern umgehend zu dem Hochbunker gerannt, der seit dem Sommer 1942 für ihren Stadtteil vorgesehen war. Davor mussten sie bei den Bombenangriffen im Keller ihres Hauses ausharren, ständig mit der Angst, verschüttet zu werden und elendig zu ersticken. Den Keller hatten sie zwar nach Anleitung des Reichsluftschutzbundes behelfsmäßig abgestützt und vor dem Fenster Splitterschutz aus Betonfertigteilen aufgeschichtet, dazu Wassereimer, Handspritzen und Sand zur Bekämpfung der Brandbomben bereitgestellt, aber all das bot wenig Sicherheit, sollte ihr Haus direkt von einer Bombe getroffen werden.
Später musste sie ganze Nächte in diesem Bunker verbringen, mit zwei schreienden Babys, die die Ängste der anderen Menschen spürten und kaum zu beruhigen gewesen waren. Im Krieg mussten sie alle täglich ums Überleben kämpfen, die Männer an der Front, die Frauen in der Heimat.
Ihre Kinder wurden zwar in den Kriegswirren geboren, aber sie hatten doch keine Erinnerung mehr daran, dazu

waren sie noch zu klein gewesen, oder? Wie sollten sie die damaligen Lebensumstände verstehen können? »Im Krieg gibt es nur Verlierer!« Die Worte ihrer Mutter hatte sie nie vergessen. Ihre Kinder hatten in den Bombennächten auch gelitten und ein Trauma davongetragen. Jutta hatte vor Jahren nebenbei erwähnt, dass sie in engen Räumen Panik bekam und nie mit einem Fahrstuhl fuhr. Von Fenna wusste sie, dass sie Kellerräume mied.
Sie dachte an Thilo und Onno, die selten über den Krieg gesprochen hatten, wie vermutlich Millionen von Soldaten, die diese Zeit möglichst ausblenden und vergessen wollten. Aber das Schweigen der Väter hatte die Kinder belastet. *Ja*, dachte sie, *zweifellos haben unsere Töchter das Leid gespürt und mitgetragen.* Leevke wurde bewusst, dass sie mit ihrer Bemerkung, sie hätten nicht die geringste Ahnung von dieser Zeit, ihren Kindern ein weiteres Unrecht zugefügt hatte. »Was für ein Schlamassel!«, entfuhr es ihr. »Hätte ich doch bloß meinen Mund gehalten, ich dummes, altes Weib!«
Sie schüttelte fassungslos den Kopf angesichts ihrer sträflichen Naivität. Erneut füllten sich ihre Augen mit Tränen, diesmal vor Wut. Sie fühlte sich verloren und hilflos. *Gott sei Dank hat Britta das ganze Drama der letzten Stunde nicht mehr mitbekommen*, dachte sie. Bisher hatte sie ein gutes Verhältnis zu ihrer Enkelin gehabt. Sie waren stets füreinander da und unterstützten sich gegenseitig. Würde sich ihre Beziehung jetzt grundlegend verändern oder würde sie sie gar verlieren?
Lange würde es nicht mehr dauern, bis auch sie die Wahrheit erfuhr. Gleich am nächsten Morgen würde sie versuchen, es ihr zu erklären. Es war auch gut möglich,

dass ihre Mutter sie bereits informiert hatte, und das leider unzureichend. Ihre Töchter hatten ihr keine Chance gelassen, die damaligen Umstände zu erklären. Sie grübelte weiter. Muss man stets die Wahrheit sagen, auch wenn sie verletzend ist? Aber ihre Kinder hatten doch ein Recht zu erfahren, wo ihre Wurzeln waren. Sie würden ihre Mutter vermutlich für den Rest ihres Lebens hassen. Hatte sie jetzt in ihrem betagten Alter ihre gesamte Familie verloren?

Es war längst abgemacht, dass Jutta sie zu sich nehmen würde, falls sie eines Tages krank und gebrechlich werden sollte. Hatte sie auch diesen Plan mit einem Schlag zerstört?

Ihre Gedanken glitten erneut zu Britta. Könnte sie auf ihr Verständnis hoffen? Es war nicht auszudenken, wenn sie am Ende ihrer Tage ohne Familie dastehen würde. Würde man sie ins Heim stecken? Wäre sie dann eine von diesen Namenlosen, die nie Besuch bekamen? Dabei hatte sie doch das Beste für ihre Familie gegeben, die bei ihr immer oberste Priorität hatte!

Im Zimmer war es kalt geworden. Sie begann zu frösteln. Schwerfällig erhob sie sich aus dem Sessel, wankte müde zur Küche, um sich einen Schluck Wasser aus dem Wasserhahn zu nehmen. Sie besann sich eines anderen, ging zurück in die Stube und schenkte sich in ihrem Wasserglas großzügig einen Cognac ein. Sie betrachtete im Fenster ihr Spiegelbild, hob ihr Glas und versuchte unter Tränen lächelnd, Thilos tiefe Stimme nachzuahmen: »Prost, altes Mädchen, Schluss mit dem Selbstmitleid. Bring das mit den Mädels wieder in Ordnung, hörst du?«

Dann setzte sie das Glas an die Lippen und nahm einen ordentlichen Schluck. Sie hoffte, damit die nötige Bettschwere zu bekommen und schnell einzuschlafen, am besten gar nicht mehr aufzuwachen. Ihr Leben erschien ihr trostlos und leer.
Sie war so müde, und doch ließen ihre Gedanken ihr keine Ruhe. Wieder krochen die Gespenster der Vergangenheit aus dem Dunkel des Vergessens hervor. So dachte sie plötzlich wieder an die jugendlichen, ukrainischen Zwangsarbeiter, ›unsere Jungs‹, wie sie liebevoll genannt wurden. Ganz in der Nähe ihres Elternhauses wurden sie erhängt. Es hieß, sie hätten sich am Volksgut vergriffen. Dieses traumatische Ereignis, das Verbrechen ließ sie bis heute nicht los. Wie lange hatten deren Mütter wohl auf ihre Heimkehr gewartet? Wie hatte ihr Leben ausgesehen? Oder waren sie ebenfalls von deutschen Soldaten ermordet worden?
Als wäre eine längst verschlossene Kammer geöffnet worden, schossen andere Begebenheiten wie Blitze durch ihr Gehirn. Der Brief von der Front, der den Tod des Vaters bestätigte; ihre unverhoffte Kriegstrauung mit Thilo, der sie vor einem großen Unglück bewahrt hatte; der Tag, als die Stadt Emden nahezu zerstört wurde; ihr Bruder, dem das Leben böse mitgespielt hatte. Wie so oft galten ihre letzten Gedanken Jean-Pierre, ihrer großen, unerfüllten Sehnsucht, bevor sie einschlief.

Emden, im März 1940 – Heimliches Glück

Am nächsten Morgen wurden Leevke und Jean-Pierre vom lauten Muhen der Kühe geweckt. Beide hatten verschlafen und die Kühe mit ihren prall gefüllten Eutern mussten dringend gemolken werden. Leevke stupste Jean-Pierre zuerst zaghaft, dann heftig an. »Los, Schlafmütze, aufstehen, die Arbeit ruft!«
In der Nacht hatte sie sich vorgenommen, Jean-Pierre möglichst aus dem Weg zu gehen, so zu tun, als hätte es diese Nacht nie gegeben. Doch sie musste ihn nur ansehen, da waren ihre Vorsätze dahin. Ihr wurde bewusst, dass sie ihn liebte, wie sie noch nie einen Menschen geliebt hatte. All die Gefühle, die sie wochenlang versucht hatte zu unterdrücken, brachen sich jetzt Bahn. Sie konnte sich nicht mehr dagegen wehren und wollte es auch gar nicht. Ihm ging es ebenso und sie ließen es geschehen. Jetzt war sie in der Welt der Erwachsenen angekommen.

Leevke schlenderte verträumt durch den Garten und sah erstmalig in diesem Jahr, wie sich sachte der Frühling ankündigte. Überall leuchteten gelbe und violette Krokusse in den Beeten. Auch die Narzissen zeigten bereits ihre gelben Knospen. Sie setzte sich auf die Gartenbank, achtete nicht darauf, dass diese vom Winter noch mit Schmutz und Grünspan bedeckt war. Ihr Blick ging zum Himmel hinauf, wo sie das fantastische Spiel der Wolken betrachtete. Der Wind trieb sie in rascher Geschwindigkeit vor sich her, wobei sie ihre Formen veränderten. Als Kind hatte sie sich an den stets wandelnden Wolkenbildern erfreut, in den letzten Jahren fehlten ihr dazu Zeit und Muße. Leevke dachte über die vergangenen Stunden nach, die ihr Leben auf wundersame Weise verändert hatten. Sie fühlte sich geliebt und begehrenswert. Nie zuvor hatte sie ihrem Körper derart Beachtung geschenkt, war bereits als Kind lieber in Hosen herumgelaufen und hatte darunter gelitten, ein Mädchen zu sein.

Seit ihrer frühesten Kindheit ließ man sie spüren, dass Mädchen in den Augen der Erwachsenen weniger wert waren als die Jungen. Selbst ihre Oma hatte nach ihrer Geburt enttäuscht gewirkt. »Ach so, nur ein Mädchen, aber Hauptsache gesund!«, entfuhr es ihr spontan. Erst nachdem sie gewahr wurde, dass ihre Mutter Zwillinge geboren hatte, also zusätzlich einen Jungen, schien sie zufrieden zu sein.

Dieser Satz ›Ach so, nur ein Mädchen, aber Hauptsache gesund‹ kursierte seither in ihrer Familie und wurde bei jedem weiblichen Neuankömmling wiederholt. Zwar lachten alle herzlich über diese Aussage, aber Leevke spürte, dass es leider kein Scherz war, sondern bittere Realität, als wäre sie mit einem Makel behaftet. Sie wusste, dass Bauern und Geschäftsleute sich zuerst einen Stammhalter wünschten, also einen Jungen, der nicht nur den Familiennamen weiterführte, sondern auch später den Betrieb übernahm. Mädchen sollten artig und schön sein, damit sie später einen möglichst gutsituierten Ehemann bekamen, dem sie perfekte Hausfrau und Mutter seiner Kinder sein sollten. Auch ihr Vater sparte nicht mit derlei Äußerungen. Zu ihrem Entsetzen hörte sie beim BDM dieselben Parolen. Auch dort sollte sie in eine Frauenrolle gedrängt werden, die ihr keineswegs behagte, denn Handarbeiten und Kochen zählten nicht gerade zu ihren bevorzugten Beschäftigungen. Am liebsten las sie Bücher. Dabei konnte sie in fremde Welten abtauchen und alles um sich herum vergessen.

Freundinnen ihrer Mutter beäugten sie stets argwöhnisch, sprachen davon, was ein ›feines Mädchen‹ zu tun und zu lassen habe. Sie kritisierten ihr Benehmen, ihre Kleidung und auch, dass sie sich weigerte, bei deren Begrüßung einen Knicks zu machen. Feine Mädchen würden Kleider und Röcke tragen, sagten sie jedes Mal, sobald sie Leevke in den abgetragenen Hosen ihres Bruders sahen, die zudem meistens noch dreckig waren. Am liebsten hatte sie mit den Jungen in ihrem Viertel gespielt und sich mit ihnen gerauft, statt mit den gleichaltrigen Mädchen, die am liebsten ›Vater, Mutter, Kind‹ spielten – sehr zur Freude der Erwachsenen, die wohlwollend registrierten, dass ihre Erziehung fruchtete.

Doch plötzlich genoss es Leevke, eine Frau zu sein. Sie wollte Jean-Pierre gefallen, stand öfter vor dem Spiegel und probierte verschiedene Frisuren aus. Auch achtete sie mehr auf ihre Kleidung, selbst wenn sie bei der Stallarbeit war.

Sie wunderte sich, dass ihr die Arbeit in der Landwirtschaft plötzlich Spaß machte, denn sie genoss jede Minute mit Jean-Pierre. Das Melken richteten beide grundsätzlich so ein, dass sie sich dabei oft verliebt in die Augen blicken und mit den Lippen Küsse andeuten konnten. Während Leevke früher das Melken als

lästige Pflicht empfunden hatte, die erledigt werden musste, hatte er ihr vermittelt, wie dankbar sie den Kühen sein mussten, dass sie ihnen so ein wertvolles Nahrungsmittel lieferten. Darauf bedacht, die Kühe nicht zu erschrecken, nahm er sich jedes Mal bedächtig den dreibeinigen Melkschemel und einen Zinkeimer, sprach mit ruhiger Stimme mit der Kuh, bevor er sie molk, als wollte er sie um Erlaubnis fragen. Er strich ihr dabei sanft über den Rücken, setzte sich ohne hastige Bewegung hin, wischte ihr behutsam mit einem Lappen die Zitzen sauber und begann erst danach mit dem Melken, während der Eimer fest zwischen seinen Füßen klemmte. Ab und zu sang er dazu französische Lieder und lehnte gern seine Stirn an den Bauch der Kuh. Fasziniert betrachtete Leevke seine Vorgehensweise. Ihr Vater wirkte beim Melken immer etwas hektisch und wollte möglichst rasch fertig werden, und ihr Bruder Onno ging recht ruppig mit den Tieren um, schrie und schlug sie sogar, wenn sie ihn beim Melken behinderten.
Leevke bewunderte Jean-Pierres liebevolle Art und den Respekt, den er den Tieren entgegenbrachte, und mit der Zeit tat sie es ihm gleich. Den Kühen schien diese Behandlung zu gefallen. Es kam nur noch selten vor, dass eine Kuh scheute und gegen den Eimer trat. Nur die Kühe, die erstmalig kalbten, benahmen sich am Anfang noch störrisch, bis sie sich nach Tagen an das Melken gewöhnt hatten.
Leevke mochte diese Zeit und die Ruhe, die von dem gleichförmigen Geräusch begleitet wurde, das entstand, wenn die Milch in einem bestimmten Rhythmus

in den Eimer lief. Diese Stunden gehörten allein ihnen und beide genossen sie in vollen Zügen.

Emden, im März 1940 – Das namenlose Baby

Drei Tage und Nächte lebten sie wie ein Liebespaar, dann tauchte Okka wieder auf. Leevke war gerade auf dem Land, um eine schadhafte Stelle an der Umzäunung zu reparieren, als ein Pferdegespann auf den Hof fuhr. Kurz darauf stieg ihre Mutter vom Wagen und ihr Opa reichte ihr einen Korb. Leevke glaubte, aus der Richtung Schreie eines Babys zu hören. Eilig fuhr sie mit dem Fahrrad nach Hause, aber ihr Opa war bereits wieder fort. Sie traf die Mutter in der Küche an. Erschöpft sah sie aus. Ihre Augen waren gerötet, als hätte sie geweint. Leevke wusste sofort, was das zu bedeuten hatte. Ihre Tante war tot! Auf ihren fragenden Blick hin wurde ihr Verdacht lediglich durch ein Nicken der Mutter bestätigt, Worte waren nicht nötig, zumal sich Leevke mit dem Babygeschrei nicht geirrt hatte. Es kam eindeutig aus dem Korb.

Erst allmählich wurde das ganze Drama offenbar. Die Geburt hatte sich lange hingezogen. Nach Stunden war ihre Tante bewusstlos geworden und bald darauf gestorben. Die Hebamme konnte das Kind noch im letzten Moment lebend aus dem Mutterleib holen. Auch der Hausarzt war noch erschienen, aber für Fenna kam jede Hilfe zu spät. Ihr Mann Otto war beim Anblick seiner toten Frau erstarrt. Okka wollte ihm tröstend das Baby in den Arm legen, aber er hatte sich geweigert, dieses hilflose Geschöpf auch nur anzusehen und war aus dem Haus gestürmt. Später fanden sie ihn leblos in der Scheune. Er hatte sich mit einem Strick an einem Balken erhängt.

»Wenn ich das geahnt hätte«, schluchzte Okka, »wäre ich ihm hinterhergelaufen, aber ich war wie gelähmt, hatte ich doch vor wenigen Minuten meine liebe Fenna verloren, und dann war da noch dieses Baby, um das ich mich kümmern musste. Wie du dir sicher denken kannst, war dein Opa auch keine Hilfe. Er regte sich so auf, dass ich befürchten musste, er würde einen Herzinfarkt bekommen!«
Starr vor Entsetzen hatte Leevke ihr zugehört, die Schilderungen wie in einem Film vor ihrem geistigen Auge gesehen. Was für ein Elend! Am liebsten hätte sie ihre Mutter umarmt, aber sie hatte das Gefühl, auf dem Stuhl festzukleben.

Leevke tat dieses kleine Wesen unendlich leid. Erst ein paar Tage auf der Welt war es bereits eine Vollwaise. Das Baby lag in seinem Körbchen in einer Küchenecke. Meistens wimmerte es leise vor sich hin, als wüsste es um sein trauriges Schicksal.
Leevkes Tage waren angefüllt mit Arbeit, ob im Stall oder auf den Feldern, daher hatte sie zu ihrem Leidwesen kaum Zeit für das Baby. Wenn es laut schrie, verzog ihre Mutter unwillig das Gesicht und sagte matt: »Ich muss mich jetzt um das Kind kümmern!« Es klang wie eine lästige Pflicht. Sie versorgte es zwar mit dem Nötigsten, wickelte es und gab ihm verdünnte Kuhmilch, aber in der übrigen Zeit beachtete sie es nicht, als hätte es Schuld an Fennas Tod. Seine Geburt war weder beim Standesamt angezeigt worden, noch hatte es einen Namen.
Leevke konnte mit der Situation kaum umgehen. Hatte ihre Mutter sie im Babyalter auch so lieblos

behandelt? Kam es daher, weil es ›nur‹ ein Mädchen war? Wieder keimte Eifersucht in ihr auf, denn bei Onno hatte es diese Reserviertheit seitens ihrer Mutter nie gegeben.

Leevke nahm sich vor, sich zumindest in den Abendstunden mehr um das kleine Mädchen zu kümmern, ihr möglichst viel Liebe zu schenken und damit das nötige Vertrauen mitzugeben. Wenn alle Tiere im Stall endlich versorgt waren, nahm sie das Baby aus dem Körbchen und wiegte es in ihren Armen, ließ es körperliche Nähe spüren. Intuitiv wusste Leevke, dass dies für die Entwicklung des Kindes ebenso wichtig war wie das Versorgen mit Nahrung und sauberer Kleidung.

Auch Jean-Pierre konnte erstaunlich gut mit dem Baby umgehen. Wenn es bei ihm war, hörte es sofort auf zu schreien. Später würde er sicher ein liebevoller Vater für seine Kinder werden. Leevke erschrak und bekam eine Gänsehaut. In ihr regte sich erneut das schlechte Gewissen und ihr wurde übel bei dem Gedanken, womöglich schwanger zu sein. Nein, versuchte sie sich zu beruhigen, das durfte nicht sein! Es war sicher nur die neue Situation mit dem Baby im Haus, die diese Ängste schürten.

»Na, mein Kleines«, Leevke sah das Baby liebevoll an, »ich weiß, du vermisst deine Mama!« Sie wandte sich ihrer Mutter zu, die es wieder einmal vermied, es zu beachten. »Mutter, es hat noch keinen Namen! Das geht doch nicht so weiter, und seine Geburt muss auch noch im Rathaus gemeldet werden.« Ihre Stimme klang vorwurfsvoll.

Okka räusperte sich: »Ich weiß nicht, ob wir es behalten können. Mir wird das alles zu viel. Dein Vater, dein

Bruder, ich weiß nicht, ob wir sie je wiedersehen werden!«
Leevke erschrak. »Mutter, sag das nie wieder! Ich will so etwas nicht hören! Wir müssen fest daran glauben, dass sie wiederkommen. Aber ... was soll aus dem Baby werden? Es kann doch nichts dafür, dass ...« Sie sprach nicht aus, was beide dachten.
»Es gibt da ein Heim für Mütter, die ...«, Okka rang nach Worten, »also die haben ihrer Familie Schande bereitet, und dann ...« Sie stockte, als müsse sie sich erst überwinden, weiterzureden. »Jedenfalls die Babys von diesen«, sie hüstelte verlegen, »gefallenen Mädchen kommen in gute Familien.«
Leevke wurde zornig. ›Gefallene Mädchen‹, wenn sie das schon hörte. Waren sie tot? So wie die gefallenen Soldaten? Anscheinend verhielt es sich so, dass diese Mädchen, unter welchen Umständen sie auch von Männern geschwängert wurden, für ihre Familien quasi ›gestorben‹ waren. Wie war es nur möglich, dass hauptsächlich die Mädchen die Leidtragenden waren und geächtet wurden, selbst wenn Männer ihnen Gewalt angetan hatten? Welch Ungerechtigkeit! Männer, die sich mit mehreren Frauen einließen, wurden scherzhaft als ›Schürzenjäger‹ oder ›Weiberhelden‹ bezeichnet, sogar hinter vorgehaltener Hand bewundert. Ein derartiges Verhalten von Frauen wäre undenkbar. Sie wurden dann sofort als liederliche Personen oder gar als Huren abgestempelt.
»Mutter, das ist nicht dein Ernst! Du willst das Baby in ein Kinderheim stecken, wo es dann von irgendwelchen ...«, sie holte tief Luft und stieß sie geräuschvoll

aus, »fremden Menschen adoptiert wird? Und die in der Partei sind, werden mit Sicherheit besonders bevorzugt, also könnte sie in eine Nazi-Familie geraten. Nein, Mutter, das werde ich niemals zulassen! Und sie heißt Fenna!«, schob sie trotzig hinterher. »Wenn sie schon keine Eltern mehr hat, ist es wenigstens der Name der Mutter, der ihr noch bleibt!« Bei dem Namen zuckte Okka zusammen, doch dann nickte sie nur müde.
Leevke fiel ein, dass Mütter mit vielen Kindern vom Führer mit einem Orden geehrt wurden: für vier Kinder gab es einen kreuzförmigen Orden mit Hakenkreuz in Bronze, bei sechs Kindern einen silbernen und ab acht einen in Gold. Leevke fand es entsetzlich, dass die Frauen nur auf die Mutterrolle reduziert wurden, als wären sie lediglich Gebärmaschinen. Diesen Orden, im Volksmund als ›Mutterkreuz‹ bekannt, trugen die Mütter mit Stolz, als blendeten sie dabei aus, dass der Führer auf viele männliche Nachkommen hoffte, um sie später als Soldaten auszubilden. Der Gedanke, dass gerade die überzeugten Nazis diese Kinder gern adoptierten, war gar nicht so abwegig, sofern bei ihnen eine ›arische‹ Herkunft nachgewiesen werden konnte.

Ein paar Tage später musste die Mutter erneut fort, um sich um die Beerdigung ihrer Schwägerin und ihres Schwagers zu kümmern. Das Baby brachte sie zu einer alten Witwe aus der Nachbarschaft. Leevke missfiel es, dass ihre Mutter sie ohne zu zögern in fremde Hände gab. Sie hätte sich gern um die Kleine gekümmert, auch wenn es ihre Arbeit kaum zuließ.

Am nächsten Tag kehrte ihre Mutter bereits wieder heim. War sie bislang in ihrer Trauer verhaftet gewesen, bemerkte Leevke jetzt eine gewisse Härte in ihrem Blick. Die Atmosphäre bei ihren gemeinsamen Mahlzeiten war angespannt. Okka begegnete Jean-Pierre nahezu feindselig. Auch hatte Leevke das Gefühl, dass ihre Mutter sie mit Argwohn beäugte, als würde mit großen Lettern ›ich liebe Jean-Pierre‹ auf ihrer Stirn geschrieben stehen. Nach wie vor versuchte sie, ihre Gefühle vor ihrer Mutter zu verbergen, aber das war kaum mehr möglich. Ihre Veränderung war selbst für ihre Stammkunden unschwer erkennbar.
So war Leevke auch nicht überrascht, als ihre Mutter sie plötzlich in ihrer Kammer aufsuchte und geradewegs in einem unmissverständlichen, scharfen Ton fragte: »Ist während meiner Abwesenheit etwas geschehen, was ich wissen sollte?«
Leevke sah, dass ihre Mutter sie wütend taxierte, und ihr schwante nichts Gutes. Sie musste auf der Hut sein, um sich nichts anmerken zu lassen.
»Was meinst du?«, fragte sie bemüht unschuldig. »Alles war wie immer, lediglich das Essen ist mir öfter angebrannt, du weißt, ich bin eine miserable Köchin. Dafür hat Jean-Pierre schöne Speisen aus seiner Heimat gekocht. Wir haben gemeinsam die Kühe bestens versorgt, ich habe mich um unsere Kunden gekümmert. Es gab keine Probleme. Wie du siehst …«
Sie wurde jäh unterbrochen. »Halt«, ihre Mutter hob drohend ihre Hand, »du weißt doch, was ich meine. Du hast dich doch nicht in den Franzosen verliebt?«

Leevke errötete vor Scham. Mit so einer direkten Konfrontation hatte sie nicht gerechnet.
Für Okka war dies Antwort genug. »Hab ich's mir doch gedacht!«, stieß sie wütend hervor. »Diese verdammten Franzosen, den jungen Mädchen hier den Kopf zu verdrehen. Ich werde dafür sorgen, dass er gleich morgen unser Haus verlässt!«
»Nein, Mutter, das geht nicht, wir brauchen ihn!«, stammelte Leevke entsetzt. Sie war außer sich bei dem Gedanken, sie könnte ihn verlieren. Weinerlich kamen ihre Worte: »Ich schaff die Arbeit doch nicht allein! Und seitdem Fenna da ist, hast du im Haus mehr als genug zu tun. Ich verspreche dir, ich werde mich von ihm fernhalten. Außerdem kann er nichts dafür, dass ich mich in ihn verliebt habe. Er hat mir nichts angetan«, stammelte sie.
Jetzt war es Okka, die errötete. Sie hatte sich selbst in eine prekäre Situation gebracht. Aber sie wusste, dass sie handeln musste, bevor ihr Kind der Familie Schande bereiten würde. Auf Okkas Stirn bildete sich eine Zornesfalte und ihre Augen wirkten kalt, als sie wutschnaubend entgegnete: »Ich werde ihn nicht länger in deiner Nähe dulden! Es war ein Fehler, dass ich ihn wie ein Familienmitglied aufgenommen habe. Als hätte ich es nicht geahnt! Er kann sich in Zukunft wieder bei Trudi einmieten oder sich in der Scheune einen Schlafplatz einrichten! Ich werde versuchen, umgehend einen Ersatz für ihn zu bekommen. Soll er doch dahin gehen, wo er hergekommen ist!«
Aber so weit sollte es nicht kommen ...

Norddeich, im April 2000 – Britta

»Mama!«, hörte Britta, doch sie glaubte zu träumen. Vor ihrem Bett stand Finn, der ihr mit seiner kleinen Hand ins Gesicht patschte. Es war für sie noch immer ungewohnt und zugleich faszinierend, wenn er sein erstes Wort, Mama, zu ihr sagte.
»Hey, du kleiner Ausreißer, bist du wieder über dein Gitterbett geklettert? Komm zu Mama!« Sie hob einladend die Bettdecke, und er krabbelte zu ihr ins Bett, kuschelte sich eng an sie und schlief sofort ein. Sie genoss es, seine Nähe zu spüren, hörte auf seine gleichmäßigen Atemzüge. Es war für sie als alleinerziehende Mutter nicht leicht, die ganze Verantwortung zu tragen und die nötige Zeit aufzubringen, um für den Lebensunterhalt genügend Bilder zu malen und zu verkaufen.
Sie betrachtete liebevoll ihren kleinen Finn, der ihr so viel Freude bereitete. Er war das Wunderbarste, das ihr je passiert war. Seufzend nahm sie ihr Handy vom Nachttisch und sah, dass es bereits acht Uhr war. Es war Zeit, aufzustehen und zu duschen. Sie musste rechtzeitig bei ihrer Oma sein, ansonsten würde die bereits alles vom Vorabend aufgeräumt haben.
Ganz leise zog sie die Vorhänge auf und genoss wie jeden Morgen zuerst den Blick auf das Meer. Das Wetter war schön, der Himmel nicht düster und verhangen wie am Vortag, sondern zartblau mit ein paar weißen Wölkchen. Für die Küstenregion war es ungewöhnlich windstill, die Nordseewellen rollten nur träge an den Strand.

Eine Stunde später ging sie mit Finn hinunter in das Erdgeschoss. Ihre Oma saß im Morgenmantel in der Küche, ihr Haar war noch ungekämmt und sie wirkte uralt und gebrechlich.

»Moin, Oma, na, hast du alles gut überstanden?«, fragte Britta im Plauderton.

»Ach, Kind, hat deine Mutter dich abends nicht mehr angerufen?«

»Nö, es ist gestern sicher auch spät geworden. Weshalb fragst du?« Britta bekam ein ungutes Gefühl.

»Bitte, Britta, nimm dir eine Tasse Tee und setz dich zu mir! Wir müssen reden, und wenn du danach nichts mehr mit mir zu tun haben willst, dann weiß ich auch nicht, was aus mir werden soll.«

Britta wurde hellhörig. So ernst hatte sie ihre Oma nur bei der Beerdigung ihres Opas gesehen.

Und so begann Leevke schonungslos ihre ganze Geschichte zu erzählen. Britta hörte ihr, anders als ihre Mutter und Tante, bis zum Schluss zu.

Emden, im März 1940 – Der Abschied

Jean-Pierre war nervös. Er war unfreiwillig Zeuge des Gesprächs geworden, obendrein war er besorgt um seine Familie. Am Vortag hatte er von seiner Mutter einen Brief erhalten. Darin teilte sie ihm in knappen Worten mit, dass sein Vater schwer erkrankt sei und dass er möglichst umgehend zurückkommen müsse.
Jean-Pierre erinnerte sich an die letzten Worte seines Vaters. Er hatte sich damals geschworen, nie mehr einen Fuß in sein Elternhaus zu setzen, auch wenn er seine Familie vermisste. Womöglich könnte seine Schwester ein heimliches Treffen, zumindest mit seiner Mutter, arrangieren. Aber unversehens kam es anders. Sein Vater, so hatte er in dem Brief erfahren, war seit Wochen ans Bett gefesselt, und es gab wenig Hoffnung auf Heilung. Sein starker Vater – und jetzt das! Sollte er ihn sterben lassen ohne ein Wort der Versöhnung? Könnte er, Jean-Pierre, das mit seinem Gewissen vereinbaren? Und dann seine maman! Wie hilflos musste sie sich jetzt fühlen? Sein Vater hatte stets sämtliche finanziellen Belange geregelt.
Das Schicksal hatte erneut die Weichen gestellt. Er musste handeln. Auch wurde er in diesem Haus nicht länger geduldet, die Worte von Frau Ekhoff waren unmissverständlich gewesen. Er musste, nein, er wollte zurück, daran ging kein Weg vorbei.
Während des Melkens wirkten Leevke und Jean-Pierre bedrückt. Anders als sonst sprachen sie kaum ein Wort miteinander. Nach dem Frühstück, das sie ebenso schweigsam eingenommen hatten, wollte Okka ihn

zurückhalten, um ihn zur Rede zu stellen. Doch Jean-Pierre war derjenige, der sie um eine Unterredung bat. Okka nahm an, dass er ihr Gespräch mit Leevke am gestrigen Abend belauscht hatte. Zu ihrer Überraschung holte er einen zerknitterten Brief aus seiner Hosentasche und teilte ihr mit knappen Worten den Inhalt mit. »Excusez-moi, glauben Sie mir, ich muss gehen. Meine maman …«

Okka unterbrach ihn: »Das ist doch klar, dass du gehen musst. Ich bin die Letzte, die dich daran hindert. Dein Platz ist jetzt an der Seite deiner Mutter! Wir werden rasch eine andere Hilfe bekommen, ein bäuerlicher Betrieb ist in diesen Kriegszeiten wichtiger denn je!«

Okka war erleichtert, dass sie ihn ohne Probleme loswurde. *Nicht auszudenken, wenn er und Leevke ein Liebespaar geworden wären*, dachte sie. Gleichzeitig beschlich sie ein ungutes Gefühl, welches sie aber rigoros zu verdrängen versuchte.

Jetzt galt es zu handeln, damit sie umgehend eine neue Hilfskraft bekamen. Ihr Weg führte direkt zu Piet de Beer – ihre Allzweckwaffe.

Emden, im März 1940 – Das Versprechen

Leevke war während der Unterredung kreidebleich geworden. Sie wollte protestieren, sagen: *Nein, du darfst mich nicht verlassen,* aber kein Wort kam über ihre Lippen. Auch war er im Betrieb unersetzlich geworden. Wie sollten sie die ganze Arbeit ohne ihn schaffen? Ihre Mutter hatte sich fast vollständig aus dem landwirtschaftlichen Betrieb zurückgezogen, lediglich ihre Kunden bediente sie noch. Ihr fiel es bereits schwer, den Haushalt zu führen und sich um Fenna zu kümmern.
Doch was Leevke noch mehr zu schaffen machte: Was sollte aus ihrer Liebe werden? Im Stillen hatte sie gehofft, dass Jean-Pierre für immer bei ihr bliebe. Es war egoistisch von ihr, aber wie sollte sie ohne ihn weiterleben? Mit jeder Faser ihres Körpers fühlte sie sich zu ihm hingezogen. Würde er jemals wiederkommen, wenn er erstmal in Frankreich war? Er müsste die Stelle seines Vaters einnehmen und wäre somit unabkömmlich. Könnte sie ihm irgendwann folgen? Nein, das war ebenso unmöglich. Sie wurde hier dringender gebraucht als je zuvor. Entmutigt stand sie auf und verließ die Küche. Sie musste raus, sie brauchte frische Luft, ihr war, als schnürte sich ihre Kehle zu. Auch sollte niemand ihre Tränen sehen.
Sie stand an der Pferdekoppel, ihr Gesicht war tränennass. Ein Geräusch hinter ihr ließ sie aufhorchen. Es konnte nur Jean-Pierre sein. Sie nahm seinen angenehmen Geruch wahr, einer Mischung aus Rasierwasser und Heu.

Jetzt stand er ganz nah bei ihr und umschlang sie sogleich mit seinen Armen. Ihre Gefühle waren ambivalent. Einerseits genoss sie seine Nähe, und doch wollte sie ihn wütend von sich stoßen, den Mann, der beabsichtigte, sie zu verlassen. Gut, dass ihre Mutter, die unmittelbar nach dem Gespräch das Haus verlassen hatte, sie nicht beobachten konnte. Sie hoffte, dass Opa Beer mit seinen zahlreichen Kontakten ihnen eine andere Hilfskraft beschaffen konnte, aber eigentlich wollte sie das alles gar nicht: Sie wollte nur Jean-Pierre. Er war ihr Fels in der Brandung. Ohne ihn würde ihr Leben wieder mühsam und trist werden. Nur mit seiner Liebe ließ sich diese schwere Zeit ertragen.
Leevke löste sich abrupt aus seiner Umarmung, drehte sich zu ihm um und funkelte ihn mit ihren großen Augen erbost an. Ihre Traurigkeit hatte sich schlagartig in Wut verwandelt und sie wollte ihn anschreien, da sah sie, dass auch seine Augen von Tränen verschleiert waren.
»Leev ...ke«, er sprach ihren Namen gedehnt und zärtlich aus, und ihre Wut war spontan verpufft. Er umfasste ihr Gesicht mit seinen Händen und küsste ihren Mund, so zärtlich, dann stürmisch. »Mon cherie, ich kann ohne dich nicht leben. Hörst du? Wir gehören zusammen – für immer und ewig!«
»Und wie soll das gehen? Du weißt, ich kann hier unmöglich fort. Meine Eltern sind auf mich angewiesen. Wie könnten wir zusammen sein, wenn uns doch so eine große Entfernung trennt, du in einem ganz anderen, fremden Land lebst?«

»Kommt Zeit, kommt Rat, wie meine deutsche Großmutter sagte, oder: Wo ein Wille ist, ist auch ein Weg!«

»Ach, hör doch auf! Das sind doch nur Floskeln. Wenn nicht dieser verdammte Krieg wäre und dieser blöde Diktator ...!« Wütend kickte sie einen Stein fort.

»Ich kann warten, mon amour!« Mit seiner besänftigenden Stimme versuchte er, ihr Hoffnung zu machen und tatsächlich wurden ihre harten Gesichtszüge weicher und ein kleines Lächeln war auf ihrem Gesicht zu erkennen. »Na siehst du, es wird alles gut! Uns beide kann niemand trennen!«

»Das klingt wie ein Schlager«, witzelte Leevke und wischte sich mit dem Handrücken die letzten Tränen von den Wangen. Ihre Traurigkeit war verflogen. Wieder war da dieser für Jean-Pierre so typische, schelmische Gesichtsausdruck. Sie machte sich liebend gern über ihn lustig, wobei sie stets darauf bedacht war, ihn nicht zu kränken.

»Na, also, jetzt lächelst du wieder! Vertrau mir, ich werde auf dich warten, mon amour. Bis dahin schreibe ich dir täglich, zumindest sooft es meine Zeit erlaubt«, räumte er ein. »Und denken werde ich sowieso nur an dich, egal, womit ich mich gerade beschäftige.«

Emden, im März 1940 – Keine Nachricht

Seit Jean-Pierres Abreise waren einige Wochen vergangen, in denen Leevke keine Nachricht von ihm erhalten hatte. Seit er sie verlassen musste, waren ihre Tage ausgefüllt mit Arbeit, und doch dachte sie ständig an ihn und hatte die Befürchtung, dass ihm etwas zugestoßen sein könnte.

Es war wirklich viel zu tun, doch hatte ihnen die Behörde umgehend einen polnischen Zwangsarbeiter zugeteilt. Er hieß Pawel, war Anfang vierzig, von kleiner Statur, dafür sehr breit, was ihm eine quadratische Körperform verlieh. Er gab sich verschlossen und mürrisch. Wie weit er die deutsche Sprache beherrschte, blieb sowohl Leevke als auch Okka ein Rätsel. Sie fanden keinen Zugang zu ihm. Manchmal hatten sie das Gefühl, dass er nur vorgab, sie nicht zu verstehen. Wenn Leevke mit ihm sprach, vermied er es grundsätzlich, ihr direkt in die Augen zu sehen, was sie äußerst beunruhigend fand. Wenn sie ihm Arbeit auftrug, erledigte er diese widerwillig und ließ es dabei oft an der nötigen Sorgfalt fehlen, danach verschwand er wieder und war so manches Mal unauffindbar. Sie hätte ihn bei der Behörde melden müssen, aber sie empfand auch Mitleid für ihn.

Auf die Tätigkeiten, die täglich anfielen, musste sie ihn stets aufs Neue hinweisen, was ihr äußerst unangenehm war. Wie die meisten Männer schien er es nicht gewohnt zu sein, von einer Frau, obendrein einer Deutschen, Anweisungen zu erhalten und jedes Mal verfinsterte sich sein Blick.

Leevke und Okka behandelten ihn so gut, wie es ihnen möglich war. *Im Gegensatz zu anderen Zwangsarbeitern,* dachte Leevke, *hat er es noch gut bei uns getroffen.* Sie dachte an die bedauernswerten Zwangsarbeiter in Emden, die von morgens bis abends den Schutt von den zerstörten Häusern wegräumen mussten oder die dazu verpflichtet waren, für die deutsche Bevölkerung Bunker zu bauen.
Mit Jean-Pierre war ihr alles im Betrieb leichtgefallen. Er hatte alle anfallenden Arbeiten sofort gesehen und erledigt. Pawel hingegen musste sie ständig dazu auffordern. In diesem Moment fiel ihr auf, wie ungerecht ihr Vergleich war. Jean-Pierre war freiwillig ins Land gekommen, um hier zu arbeiten. Das machte einen enormen Unterschied.
Leevke hatte bisweilen Verständnis für Pawel und vermochte sich nicht in seine Lage zu versetzen. Die Deutschen hatten sein Land überfallen und eingenommen. Er und unzählige seiner Landsmänner und Frauen wurden zwangsweise verschleppt und mussten im Land ihrer Feinde arbeiten, also für diejenigen, die sie von ihren Familien getrennt oder diese womöglich getötet hatten.

Für die Unterbringung ihres Zwangsarbeiters gab es strikte Anweisungen. Okka wurde es strengstens untersagt, Pawel in ihrem Wohnhaus zu beherbergen. Er sollte sich vielmehr einen Platz im Stall oder in der Scheune einrichten. Da sie darüber hinaus verpflichtet war, ihren polnischen Arbeiter nachts einzuschließen und sie dazu kaum Möglichkeiten hatte, blieb ihr nur

der kleine Vorraum, der zu ihrem Vorratskeller führte. Dieser Raum, eher ein Gang, war kahl und hatte nur ein kleines, vergittertes Stallfenster. Es war dort selbst im Sommer eisig kalt, daher gab Okka ihm ein paar Decken und eine Matratze. Doch sie unterließen es, die Tür des Nachts zu verriegeln. Sie wollten unter den gegebenen Umständen möglichst gut mit ihm auskommen.
Während die Bauern auf den größten Höfen ihren Zwangsarbeitern nur wenig, dazu minderwertiges Essen gaben, bekam Pawel das gleiche Essen wie sie, und sie knauserten auch nicht mit den Portionen. Gern hätten sie ihn an ihren Küchentisch gebeten, vielleicht hätte sich dann ihr Verhältnis zu ihm sogar entspannt, aber das konnten sie im Hinblick auf ihre Kundschaft nicht riskieren. Man wusste nie, wer sich dieser Tage als Denunziant entpuppte.

In Leevke rangen die unterschiedlichsten Gefühle miteinander, wenn sie an Jean-Pierre dachte. Manchmal überwog die Trauer, ein anderes Mal spürte sie nur Wut und Fassungslosigkeit. Es war unvorstellbar, dass sie sich so in ihm getäuscht hatte. Diese große Liebe – hatte sie sich da nur etwas vorgemacht? Gab es sie überhaupt? Vielleicht hatte sie zu viele Liebesfilme gesehen, die ihr die Wirklichkeit verklärten.
Auch hatte sie ein schlechtes Gewissen gegenüber Thilo, das ihr zunehmend schlaflose Nächte bereitete. Sie hatte ihn betrogen, während er an der französischen Grenze um sein Leben bangte und sich nach ihr, seiner Verlobten, sehnte. Sie war stets zu allen Men-

schen ehrlich gewesen. Sollte sie jetzt zu diesen verlogenen Biestern gehören, die sich vergnügten, während ihre Männer das Vaterland verteidigten? Wie leicht wurde man doch vom Opfer zum Täter! Unfassbar!

Emden, im März 1940 – Briefgeheimnis

Okka hielt täglich Ausschau nach dem Postboten. Sie hoffte, Feldpost von Enno zu erhalten, vielleicht sogar von Onno. Von beiden hatte sie schon lange nichts mehr gehört.

Leider hatte Enno früher selten Gelegenheit gehabt, Briefe zu schreiben, daher war er entsprechend ungeübt, und wenn er sich doch einmal dazu überwand, dann waren sie äußerst kurz. Auch war es ihm sicher nicht erlaubt, über seine Einsätze zu berichten. Und Onno – ja, der war schon immer schreibfaul gewesen. Außerdem herrschte seit dem verpatzten Weihnachtsfest zwischen ihnen Funkstille.

Heute überreichte ihr der Postbote tatsächlich einen Brief. Zu ihrer Enttäuschung kam er jedoch aus Frankreich, von Jean-Pierre und war an Leevke adressiert. Wütend stopfte Okka den Brief in die Seitentasche ihrer Schürze, damit Leevke ihn nicht sah. Zuerst wollte sie in Ruhe darüber nachdenken, ob sie ihr den Brief überhaupt aushändigen sollte. Am besten, sie würde ihn gleich im Ofen verbrennen.

Es dauerte nicht lange, da hatte sie einen Entschluss gefasst. Es galt, Leevke zu beschützen. Sie musste wissen, was er ihr geschrieben hatte, bevor sie ihr den Brief übergab. Dass die beiden ein Liebespaar waren, wusste sie intuitiv und doch sträubte sie sich nach wie vor, diesen Gedanken zuzulassen. Ihr Magen krampfte sich schmerzhaft zusammen.

Aber wie sollte sie es Leevke erklären, dass sie den Brief geöffnet hatte? Und wenn sie ihn über den Wasserkessel mit dem heißen Wasserdampf hielt und ihn vorsichtig öffnete? Dann könnte sie ihn Leevke noch geben, ohne dass diese misstrauisch wurde. Einer plötzlichen Eingebung folgend nahm sie jedoch eine Gabel aus der Küchenschublade und schlitzte den Brief mit dem äußersten Zinken auf. Zuerst gelang es ihr nicht, die unleserliche Handschrift zu entziffern, aber als sie sich daran gewöhnt hatte, stockte ihr der Atem. Bereits die Anrede ›Mon Cherie‹ verhieß nichts Gutes. Okka war entsetzt, denn es war eindeutig ein Liebesbrief. Ihr zitterten die Knie, als sie mit ihren schlimmsten Befürchtungen konfrontiert wurde. Sie hatte die ersten Sätze gelesen, als sie draußen ein Geräusch vernahm. Mit dem Schürhaken entfernte sie rasch die Eisenringe vom Herd und warf den Brief ins Feuer, bevor Leevke in der Küchentür erschien.

»Was ist mit dir, Mutter, du bist so blass?«

»Ich weiß nicht, alles tut mir weh, womöglich bekomme ich eine Erkältung. Am besten, ich lege mich gleich hin.« Ihre Worte klangen so matt, dass Leevke keinen Verdacht schöpfte.

Okka brauchte Zeit für sich, sie musste nachdenken. Sie spürte, wie die Wut sich ihrer Gedanken bemächtigte. *Dieses Biest hat mich belogen*, dachte sie, *ohne auch nur mit der Wimper zu zucken. Von wegen, „es ist nichts passiert!“* Sie musste sich endlich der Realität stellen. Vor ihrem inneren Auge malte sie sich Schreckensszenarien aus: Leevke, mit einem dicken Bauch, wie sie von Soldaten abgeführt wird. In einer kahlen Gefängniszelle würde sie ihr Kind kriegen und ihr dieses

womöglich sofort weggenommen werden, wenn sie es nicht gar töten würden.
Was würde Enno dazu sagen? Und Thilo? Unter diesen Umständen würde er sie niemals heiraten. Ein gefallenes Mädchen war sie dann. Und was würden die Leute sagen, zumal ihre liebe Kundschaft? Die Kunden würden fernbleiben, wenn das bekannt wurde. Wahrscheinlich würden die Behörden ihnen den Betrieb wegnehmen und sie davonjagen. Eine Schande war das! Dieser verdammte Franzose, sie hatte ihn wie einen Sohn behandelt und jetzt das! Würde man auch sie noch einsperren, sie als Kupplerin bezichtigen und verurteilen? Oder würde man sie gleich erschießen? Je länger sie darüber nachdachte, desto panischer wurde sie.
Sie nahm ein Foto von Enno in die Hand. »Was soll ich nur tun?«, murmelte sie, »du bist weit weg und hier geht alles drunter und drüber. Du wüsstest bestimmt eine Lösung und würdest hier Ordnung schaffen. Ich kann nicht mehr!« Wie hypnotisiert starrte sie auf das Bild, als hoffte sie auf eine Antwort. Doch es half nichts, sie musste eine Entscheidung treffen. Über diese Sache konnte sie mit niemandem reden, außer mit Leevke. Das war nun unvermeidbar. Sie trug die Schuld an diesem Unglück. Okka grübelte stundenlang, bis sie vor Erschöpfung einschlief.
Als sie am Morgen aufwachte, hatte sie sich beruhigt. Sie schüttelte verwundert ihren Kopf. Wie hatte sie sich derart in ihre Wut hineinsteigern können. Es war gut möglich, dass ihre Tochter gar nicht schwanger war. Sie nahm sich vor, Leevke genauestens in Augenschein

zu nehmen. Sie kannte sich aus, sie wusste manchmal eher von einer Schwangerschaft als die werdende Mutter.

Emden, im März 1940 – Der Streit

Es gab Tage, die waren wie verhext. Leevke hatte verschlafen und nur mit Mühe kam sie aus dem Bett. Es war kalt in ihrem Zimmer. In der Nacht hatte es gestürmt und stark geregnet. Ihre Mutter, die jeden Morgen als Erstes den Herd anfeuerte, lag anscheinend noch im Bett. So versuchte Leevke selbst, das Feuer im Ofen zu entfachen, aber das Holz war feucht und sie schaffte es nicht. Nach dem dritten Versuch gab sie auf, weil die Tiere dringend gefüttert und gemolken werden mussten. Im Stall war es zugig und kalt. Sie rief nach Pawel, doch der ließ sich erst nach einigen Rufen blicken und schien wie üblich schlechter Laune zu sein. Die Kühe waren widerspenstig und Leevke fluchte mehrmals laut vor sich hin. Sie hoffte, dass ihre Mutter zwischenzeitlich aufgestanden war und sich um den Herd gekümmert hatte, damit sie sich später beim Frühstück in der Küche aufwärmen konnte.

Als sie zwei Stunden später die Küche betrat, prasselte im Herd bereits ein ordentliches Feuer und es war angenehm warm. Beide Frauen nahmen schweigend das Frühstück ein. Danach gaben sie auch Pawel reichlich zu essen und noch ein paar Anweisungen für den Tag. Auch Leevke wollte ihrem Tagwerk nachgehen, aber sie wurde barsch von ihrer Mutter zurückgehalten. »Was war mit dem Franzosen?«, fragte sie unvermittelt. »Ich will jetzt keine Lügen mehr hören!«

Leevke fühlte sich in die Enge getrieben. Sie spürte eine ungeheure Wut in sich aufkeimen. Gleichzeitig wusste sie, dass ihre Wut gefährlich war. Sie befürchtete wie so oft Dinge zu sagen, die sie anschließend bereuen würde. Aber heute schien sich alles gegen sie verschworen zu haben und sie ignorierte ihr inneres Warnsignal. »Was willst du hören, Mutter?«, entgegnete sie scharf.

»Ihr wart ein Liebespaar, stimmt's?«

Leevke spürte, wie ihr das Blut in die Wangen schoss. Hätte Okka noch den geringsten Zweifel gehabt, spätestens jetzt wurde es offensichtlich.

»So ein Blödsinn«, entgegnete Leevke matt. »Wie kommst du darauf?«

»Ich hätte es wissen müssen!«, schnaufte Okka. »Diese Franzosen ... als hätte man mich nicht vorher gewarnt. Ich kann mir gut vorstellen, dass der Schönling in Frankreich eine Frau geschwängert hat und aus dem Grund sein Land verlassen musste.«

Leevke war fassungslos. »Mutter, was redest du da? Du mochtest ihn doch auch!«

»Es stand alles in dem Brief!«

»Was für ein Brief?«, wunderte sich Leevke. Okka gab ihr keine Antwort, daher versuchte Leevke es erneut: »Du hast einen Brief erhalten, in dem stand, dass Jean-Pierre sein Land verlassen musste?«

Ihre Mutter schaute ebenso verständnislos. »Nein, er war an dich adressiert. Zu deinem eigenen Schutz habe ich ihn geöffnet und jetzt kannst du aufhören zu lügen. Ihr wart ein Liebespaar, so viel habe ich verstanden, auch wenn die Handschrift miserabel war!« Sie schnaufte hörbar und keifte weiter: »Womit habe ich das nur verdient, dass du mich so hintergehst? Ich wollte immer nur das Beste für dich! Weißt du, was dir blüht, wenn herauskommt, dass du dich mit einem Franzosen eingelassen hast?«

Leevke war verlegen und wütend zugleich. Jean-Pierre hatte ihr also doch einen Brief geschrieben, den ihre Mutter nicht nur geöffnet, sondern ihr auch noch vorenthalten hatte.

»Mutter, gib mir sofort den Brief!«, schrie Leevke.

»Ich habe ihn nicht mehr.«

»Was soll das heißen? Hast du ihn der Gestapo übergeben, oder was?« Leevke war außer sich vor Wut.

»Kind, so redest du nicht mit deiner Mutter! Ich habe das Corpus Delikti selbstverständlich gleich hier im Ofen verbrannt, was denkst du denn? Wenn der in falsche Hände geraten wäre!«

»Das verzeihe ich dir nie, solange ich lebe!« Leevke rannte in ihr Zimmer und warf sich auf ihr Bett. *Er hat mich nicht vergessen und mir einen Brief geschrieben,* dachte sie. *Aber wie lange ist das her? Er liebt mich, aber Mutter ..., jetzt weiß sie Bescheid.* Es war unfassbar! Was hatte er ihr nur geschrieben? Sie konnte ihre Mutter mitnichten danach fragen und hegte obendrein Zweifel daran, dass sie ihr den Inhalt wahrheitsgemäß wiedergeben würde. Aber eines war gewiss: In dem Brief musste etwas von seiner Liebe zu ihr gestanden haben, das war an der Reaktion der Mutter klar erkennbar. Es gab nur einen Ausweg: Sie musste zu ihm! Sollte ihre Mutter doch sehen, wie sie zurechtkam. Sie würde zu Jean-Pierre fahren und dann könnten sie zusammen in ein Land gehen, wo es keinen Krieg und keine Nazis gab. Wie hieß es doch in dem Film, den sie erst kürzlich

gesehen hatte? *Liebe findet ihren Weg.* Den Weg würde sie jetzt gehen, zusammen mit Jean-Pierre.
Sie warf schnell ein paar Kleider in ihren alten Schulrucksack, schlug ihr Sparschwein kaputt, in dem sich in den letzten Jahren einiges von ihren Geburtstagsfeiern und der Konfirmation angesammelt hatte. Sie öffnete ihr Fenster und stieg hinaus. Hoffentlich fuhr heute noch ein Zug nach Frankreich. Kurz überlegte sie, ob sie ihrer Mutter eine Notiz schreiben sollte. Schnell verwarf sie den Gedanken. Ihre Mutter würde auch so die richtigen Schlüsse ziehen. Und sie würde es nicht wagen, ihr Verschwinden der Polizei zu melden, sondern sich irgendeine Ausrede für ihre Verwandten und Nachbarn einfallen lassen. Sie würde alles dafür tun, damit niemand erfuhr, welch große Schande ihre Tochter ihr bereitet hatte.

Norddeich, im April 2000 – Brittas große Liebe

Nach langer Zeit dachte Britta wieder an Michael – ihre erste große Liebe, die später zu der größten Enttäuschung ihres Lebens wurde. Er war ihr Dozent in der Abendschule gewesen. Bei ihm hatte sie die Landschaftsmalerei gelernt und sich sofort unsterblich in ihn verliebt. Dass er verheiratet war und eine Tochter hatte, die so alt war wie sie, störte sie nicht im Geringsten, zumal er ihr bereits in ihrer ersten gemeinsamen Nacht versichert hatte, dass seine Ehe nur noch auf dem Papier bestünde und er die Scheidung bereits eingereicht hätte. Die Zeit mit ihm war unglaublich schön gewesen. Sie hatten zusammen Reisen unternommen, nach Mauritius, Teneriffa, Langeoog, und sich in den Nächten geliebt, am liebsten am Strand, begleitet vom Rauschen der Wellen. Er hatte ihr die gemeinsame Zukunft in den schönsten Farben ausgemalt. Brittas Glück war vollkommen, als sie spürte, dass sie von ihm ein Kind erwartete. Was dann folgte, glich einem Albtraum.

Als sie Michael freudestrahlend von ihrer Schwangerschaft erzählte, erkannte sie sein wahres Gesicht. Seine Frage »Hast du bereits einen Termin für die Abtreibung?« hallte in ihr nach. Er hatte in ihr nur seine Geliebte gesehen. Von einer Scheidung war nicht mehr die Rede. Sie wusste nicht, auf wen sie wütender war, auf ihn oder auf sich selbst.

Es war alles so klischeehaft! Wie viele Frauen waren auf Versprechungen verheirateter Männer bereits hereingefallen? All das wusste sie schon vorher, und auch

ihre beste Freundin hatte mit Warnungen nicht gespart. Aber Britta war überzeugt gewesen, dass es bei ihr anders war. Liebe machte scheinbar doch blind.
Einige Monate später, als sie sich auf der Straße begegneten, er in Begleitung seiner Frau, und ihre Schwangerschaft sich bereits deutlich unter ihrem Kleid abzeichnete, war tags darauf ein äußerst geschäftsmäßiger Brief bei ihr eingegangen. In diesem bot er ihr eine beachtliche Geldsumme unter der Bedingung an, dass sie danach auf jegliche Forderung verzichtete und nie mehr Kontakt mit ihm aufnehmen dürfe. Zudem dürfe ihr Kind auf keinen Fall erfahren, wer sein Erzeuger sei. Dieser Brief traf sie mitten ins Herz. Er wollte sich von ihr freikaufen und jegliche Verantwortung für sein Kind ablehnen. Gemessen an der gebotenen Summe würde er sie damit zu einer ›Edelnutte‹ degradieren und ihr Kind als Ware betrachten, die einen bestimmten Wert hatte. Sie würde eher betteln gehen, als sich darauf einzulassen.
Aus dem ersten Impuls heraus wollte sie den Brief in tausend Fetzen zerreißen, doch dann besann sie sich eines Besseren. Sie steckte das Schreiben in einen neuen Umschlag, adressierte ihn an seine Frau und marschierte damit zur Post. Dort änderte sie spontan ihren Plan, denn sie wollte sicher gehen, dass die Adressatin den Brief auch erhielt.
Michaels Frau wirkte irritiert, als sie ihr den Brief überreichte. Sie war sehr freundlich und bat sie sogar ins Haus. Britta lehnte ab und entfernte sich rasch. Ihr kamen erhebliche Gewissensbisse der Frau gegenüber, aber jetzt gab es kein Zurück mehr. Später war sie von

der Richtigkeit ihres Handels überzeugt. Seine Frau hatte ein Recht darauf zu erfahren, mit welchem skrupellosen Mann sie verheiratet war. Nur so bekam sie die Chance, ihre Konsequenzen daraus zu ziehen.
Tatsächlich ging Brittas Plan auf. Seine Frau stand eines Tages vor ihrer Tür und bat um ein Gespräch. Sie hatte ihren Mann in der Zwischenzeit zur Rede gestellt, ihn geschickt ausgefragt und bei der Gelegenheit erfahren, dass er sie seit Jahren auch noch mit anderen Frauen betrogen hatte. Außerdem erfuhr Britta, dass er nie die Absicht gehabt hatte, sich scheiden zu lassen. Es war seine Frau, die jetzt die Scheidung beantragte. Zum Abschied überreichte sie Britta einen kleinen Koffer, der voller Geldscheine war. Nach Auskunft der Frau war es exakt die Summe, die Michael ihr damals in Aussicht gestellt hatte.
»Bitte«, sagte sie, »nehmen Sie das Geld. Wenn mein Mann sich derart feige aus der Affäre zieht, haha, lustig dieses Wortspiel, nicht wahr? – dann soll er wenigstens für die Kosten aufkommen, die ein Kind verursacht. Auch wenn es Ihr Stolz verbietet, das Geld anzunehmen, was ich gut verstehen könnte, legen Sie es für Ihr Kind an!«
Dieser Argumentation konnte Britta nichts entgegensetzen und sie bedankte sich für die großherzige Geste der betrogenen Frau.

Britta betrachtete liebevoll ihren kleinen Finn und lächelte. Sie spürte, dass sämtlicher Groll gegenüber Michael verflogen war. Ihm hatte sie es zu verdanken, dass sie diesen kleinen Engel bekommen hatte. Es

stimmte, er hatte sich aus der Affäre gezogen, doch war er der größte Verlierer: Er hatte nicht die geringste Ahnung, was ihm dadurch entging.
Ihr Baby hatte so vieles in ihr ausgelöst: eine große Zuneigung, einen Beschützerinstinkt, eine Weichheit und Stärke zugleich, aber vor allem eine tiefe Liebe, die ein Band entstehen ließ, das kein anderer je durchtrennen könnte.
Ihr Urgroßvater soll früher einmal gesagt haben, dass jedes Kind eine Million wert sei, eine Summe, die in der damaligen Zeit für ihn unvorstellbar war. Ihre Mutter war von diesem Ausspruch fasziniert gewesen, denn damit hatte er – auf seine plumpe Weise – seine größte Wertschätzung zum Ausdruck bringen wollen. Und sie gab ihm recht. Ihr Finn war ein unermesslicher Schatz.

Emden, im März 1940 – Reise nach Frankreich

Leevke hatte Glück. Ein ehemaliger Schulfreund arbeitete bei der Bahn, und so war es für sie kein Problem, eine Bahnkarte zu erwerben. Der schien zwar verwundert, dass sie in diesen unruhigen Zeiten nach Frankreich reisen wollte, aber da sich bereits viele Menschen vor dem Fahrkartenschalter drängelten, hatte er keine Möglichkeit, mit ihr zu reden. Das kam ihr sehr gelegen. Es würde eine beschwerliche Reise durch die Niederlande und Belgien werden. Auf der Zugfahrt von annähernd elf Stunden müsste sie mehrmals umsteigen, aber es war ihr egal. Am Ende würde sie bei Jean-Pierre sein und könnte mit ihm Pläne für die gemeinsame Zukunft schmieden.

Der Zug ließ nicht lange auf sich warten. Zu ihrer Erleichterung saß ein junges, französisches Paar in ihrem Abteil, das ebenso wie sie nach Frankreich wollte. Da sie nach wie vor kaum die Sprache beherrschte, würde sie beim Umsteigen hinter ihnen herlaufen, damit sie in den richtigen Zug einstieg.

Mit der Zeit begann die Frau, sich erst leise, bald lauter mit ihrem Mann zu streiten. Obwohl Leevke nur einzelne Wortfetzen verstand, ging es offensichtlich um eine andere Frau. Sie gestikulierten dabei heftig, eine Eigenart vieler Franzosen, die ihr bereits bei Jean-Pierre aufgefallen war. Anfangs hatte es sie irritiert, später amüsiert, dass seine Hände beim Sprechen ununterbrochen in Bewegung waren, als bräuchte er sie, um die Worte entsprechend zu formen.

Leevke kramte aus ihrer Handtasche ein kleines Büchlein hervor und versuchte, darin zu lesen. Ihre Gedanken schweiften immer wieder ab, was jedoch nicht an dem Paar lag, das mittlerweile verstummt war. Leevke beschlich eine böse Vorahnung: Es sah so aus, als ob dieser Tag unter keinem guten Stern stand. Alles war bisher schiefgegangen, auch diese übereilte Reise könnte vielleicht ein Fehler sein.

Die harschen Worte ihrer Mutter, die vermutete, dass Jean-Pierre das Land wegen einer anderen Frau verlassen musste, hatte sie für unsinnig gehalten. Doch jetzt schienen diese Worte sich wie Gift in ihrem Körper auszubreiten. Es war eigenartig, dass er nie etwas von sich preisgegeben hatte. Bei seinem Aussehen hatte es in seinem Leben mit Sicherheit auch andere Frauen gegeben. Entschlossen schlug sie ihr Buch zu. Sie versuchte, sich von den düsteren Gedanken zu lösen. Sie wusste: Sie liebte ihn über alles und er hatte ihre Liebe erwidert. Sie waren Seelenverwandte.

Doch schon wieder begann sie zu grübeln. Was erwartete sie in Frankreich? Würde er sich über ihr Kommen freuen oder war der Zeitpunkt denkbar ungünstig? Und da war noch etwas, was sie bisher verdrängt hatte: Ihre ›Tage‹ waren ausgeblieben. Konnte es etwa sein, dass...? Nein, das durfte nicht sein. Und, wenn sie doch ...? Wie würde er darauf reagieren? Er hatte sich so liebevoll um Fenna gekümmert und eines Tages würde er sicher der beste Papa der Welt sein – aber nicht jetzt! Sie müssten sich in der Fremde ein neues Leben aufbauen. Aber wo sollten sie leben? *Ach, er ist so selbstsicher und stark,* dachte sie, *er wird schon eine neue Heimat für uns finden! Entscheidend ist, dass wir erst einmal zusammen sind. Unsere gemeinsame Zukunft wird einfach herrlich sein!*

Bei diesen Gedanken huschte ein Lächeln über ihr Gesicht und sie fiel in einen leichten Schlaf, aus dem sie nur kurze Zeit später unsanft geweckt wurde. Es war der Schaffner, ein älterer Mann mit einem grauen Bart, der sie an ihren Vater erinnerte. Er nahm seine Hand von ihrem Arm. »Mademoiselle, Endstation!« Sie hatte Jean-Pierres Heimatort erreicht.

Leevke stieg aus, stellte ihren Rucksack neben sich auf den Bahnsteig und studierte den Ortsplan. Der Schaffner kam erneut auf sie zu und sah sie fragend an. Sie nutzte die Chance, nahm einen Zettel aus ihrer Manteltasche und deutete auf die Adresse, die ihr Jean-Pierre gegeben hatte.

»Ah, qui!«, sagte er und begann, ihr den Weg in seiner Muttersprache zu erklären. Als sie verständnislos die Arme hob, fuhr er mit dem Zeigefinger über die Karte. Die Straße lag am Ortsrand, direkt am Strand. Vage erinnerte sie sich daran, dass Jean-Pierre einmal angedeutet hatte, ihr Haus sei fünf Gehminuten vom Strand entfernt.

»Merci!« Mit einem dankbaren Lächeln verabschiedete sie sich von dem hilfsbereiten Schaffner und marschierte los. Jetzt war sie nur noch eine Viertelstunde von ihrem Schatz entfernt! Bald könnte sie ihn in die Arme schließen, so hoffte sie zumindest.

Das Haus war leicht auszumachen. Es wirkte etwas heruntergekommen, der Garten verwildert. Ein kleines verwittertes Schild wies darauf hin, dass sich in dem Haus ein Bistro befand. Das musste sein Elternhaus sein!

Die Gaststube war düster. Nach dem Eintreten brauchte sie einen Moment, damit sich ihre Augen an die Dunkelheit gewöhnten. Eine füllige Frau stand hinter der Theke, ihr üppiger Busen nur spärlich bedeckt. Sie war stark geschminkt und ihre Mutter hätte die Dame sicher als ›vulgär‹ bezeichnet. Leevke kannte solche Frauen lediglich aus den Kinofilmen. *Diese Frau kann unmöglich Jean-Pierres Mutter sein,* dachte sie. Leevke suchte sich einen Platz nahe am Fenster. Die übrigen Tische waren zu dieser frühen Abendstunde noch leer.

Die Frau kam mit behäbigen Schritten näher. Leevke sah auf die fleckige Karte, die vor ihr auf dem Tisch lag und sagte zögernd: »Café au Lait, s' il vous plaît.« Dabei schaute sie die Bedienung nur kurz an, bevor sie ihren Blick wieder senkte.

»Ah, Allemagne«, entgegnete diese, die sofort Leevkes Herkunft erkannt hatte. »Soll ich Ihnen die Abendkarte bringen?«, fragte sie in deutscher Sprache mit französischem Akzent. Erst jetzt spürte Leevke, wie hungrig sie war und bestellte sich ein Käsebaguette. Während des Essens dachte sie angestrengt über ihre nächsten Schritte nach. Wie sollte sie der Frau den Grund ihrer Reise erklären? Als hätte diese ihre Unsicherheit gespürt, kam sie wieder näher. »Suchen Sie ein Zimmer für die Nacht?«, fragte sie und deutete auf Leevkes Rucksack.

»Nein, ich, ähm, ich suche Jean-Pierre Dubois. Der wohnt doch hier, oder?«

Die Gesichtszüge der Frau verhärteten sich. »Mein Sohn ist – nicht da, er ist beschäftigt, pardon, eine Familienangelegenheit«, entgegnete sie schroff und wandte sich rasch ab.
Leevke spürte die Feindseligkeit, die plötzlich von der Frau ausging. Ganz offensichtlich war sie nicht gewillt, ihr weitere Auskünfte zu geben. Rasch beendete sie ihr Mahl, legte einen Geldschein auf den Tisch und verließ beinahe fluchtartig das Bistro. Sie würde sich zuerst ein Hotelzimmer suchen und dann in Ruhe darüber nachdenken, wie sie weiter vorgehen sollte. Gedanklich abwesend stieß sie auf der Straße fast mit einem Mann zusammen, der mit seinem Hund vom Strand kam.
»Pardon«, stammelte sie verlegen, und setzte hinzu: »Je cherche Jean-Pierre Dubois!« Der Angesprochene sah sie missbilligend an, zuckte mit den Schultern und deutete mit seinem Kopf zum Strand. »Merci!«, erwiderte sie erleichtert. Sie spürte überdeutlich, dass sie in diesem Land nicht willkommen war. Ein ungutes Gefühl beschlich sie.
Nach einigen Minuten erreichte sie den Strand. Die Abenddämmerung setzte bereits ein und doch erkannte sie ihn sofort. Er war nicht allein. Zärtlich umarmte er eine junge Frau und strich ihr sanft über die Wange. Dann küsste er sie.
Leevke war fassungslos und ihre Augen wurden feucht. Durch einen Tränenschleier sah sie, was sich vor ihren Augen abspielte. Die Frau war groß und schlank, eine Figur wie ein Mannequin. Ihr langes, schwarzes Haar wehte im Wind. Wie ein Traumpaar aus einem Film wirkten die beiden. Als sich Jean-Pierre endlich von ihr

löste, ging er in eine gebückte Haltung und breitete die Arme aus. Ein kleines Kind kam auf ihn zugerannt und umschlang ihn. Er nahm es hoch über seinen Kopf und wirbelte es herum. Der kleine Junge oder das kleine Mädchen, das konnte Leevke in der Dämmerung nicht genau erkennen, juchzte vor Vergnügen. Es hatte schulterlange, schwarze Locken. Die stolze Haltung des Kindes, das dunkle Haar, für Leevke gab es keinen Zweifel mehr: Es war sein Kind!

Leevke hatte das Gefühl, ihre Knie würden versagen, doch sie zwang sich, diesen unglückseligen Ort zu verlassen. Noch einmal richtete sie ihren Blick auf Jean-Pierre, der mit Frau und Kind Richtung Meer lief und somit den Abstand zwischen ihnen vergrößerte. Sein Entfernen hatte für sie symbolischen Charakter.

Wie konnte sie nur so dumm gewesen sein? Ihre Mutter hatte recht gehabt! Er hatte nur mit ihr gespielt und sich mit ihr die Zeit vertrieben. Sie war eine Lückenbüßerin gewesen für seine einsamen Nächte. Hatte er an seine schöne Frau gedacht, während er mit ihr schlief? War er deshalb im Umgang mit dem Baby so geübt gewesen, weil er bereits ein eigenes hatte? Umso erstaunlicher war es, dass er nach Deutschland gegangen war. Vermutlich hatten sie sich getrennt und jetzt ganz offensichtlich wieder versöhnt. Sie musste fort, damit er ihre Tränen nicht sah.

Der Weg, den sie vor einer Stunde noch in freudiger Erwartung gegangen war, schien ihr unendlich lang. Bei einer Weggabelung entschied sie sich für die falsche Richtung, verirrte sich und machte lange Umwege, bis sie endlich den Bahnhof erreichte. Sie war

klatschnass von der Anstrengung, aber auch vom Regen, der unbemerkt auf sie niedergeprasselt war.
Der Bahnhof war verwaist. Nur einmal am Tag, um sechs Uhr morgens, fuhr ein Zug in Richtung Heimat. Sie verlor sich in Raum und Zeit. Bald wurde es dunkel und der Wind frischte auf. Sie begann zu frösteln und hätte sich ein Hotelzimmer suchen müssen, aber sie war zu ausgelaugt, zu traurig. Keiner der Franzosen sollte sie in so einem beklagenswerten Zustand sehen. Sie war nichts als eine Jammergestalt. Sie fühlte sich furchtbar gedemütigt und das war sicher nur der Anfang. Sie fürchtete sich vor der Schmach, die sie in ihrem Elternhaus erwartete. Ihre Mutter würde nicht mit Vorwürfen sparen und sie hätte nichts entgegenzusetzen.

Emden, Mitte April 1940 – Der Antrag

Thilo saß im Zug Richtung Emden. Er hatte bei seinem Kompaniechef Urlaub beantragt, um seine Verlobte in der Heimat zu ehelichen. Mit einem Augenzwinkern hatte ihm der Offizier eine Woche genehmigt. Blieb nur die Frage, ob Leevke bereits im Alter von zwanzig Jahren heiraten wollte. Je näher er seinem Zielort kam, desto unsicherer wurde er. Sie wirkte so frei und ungebunden, auch wusste er von ihrem damaligen Wunsch, einmal Lehrerin zu werden, der sich jedoch zu ihrem Bedauern zerschlagen hatte. Seines Wissens waren alle Lehrerinnen unverheiratet. Aber jetzt war sie eine Bäuerin, und wie ihm schien, eine recht gute, das hatte sogar seine Mutter lobend erwähnt. Außerdem hatte sie sich vor vier Monaten auf eine Verlobung mit ihm eingelassen. Seine Mutter hatte zwar Vorbehalte gegenüber Leevke, da sie sich lieber mit Menschen aus der gehobenen Schicht umgab und hoffte, dass ihr Sohn in diesen Kreisen eine passende Frau finden würde, aber wenn sie erst verheiratet waren, würden sich die Frauen schon zusammenraufen, daran hegte er keinen Zweifel. Nach dem Krieg galt es, den Hof auf Vordermann zu bringen, das würde ohnehin alle zusammenschweißen. Er hoffte inständig, dass sie ihm das ›Ja-Wort‹ geben würde. Der Krieg könnte sich noch lange hinziehen. Thilo beneidete seine Kameraden, wenn sie von ihren Frauen und Kindern sprachen und Fotos herumzeigten. Das wünschte er sich auch, dann könnte er sich in die Zukunft träumen, während er im Niemands-

land stand und gezwungen war, seine Heimat zu verteidigen.
In Emden angekommen, ging er geradewegs zu Leevke und verabredete sich gleich mit ihr für denselben Abend. Er lud sie dieses Mal nicht zum Tanzen ein, sondern ging zielstrebig mit ihr zu seinem Elternhaus. Leevke hingegen ging nur zögerlich mit.
»Keine Sorge, wir sind heute Abend ungestört. Meine Eltern besuchen Verwandte in Larrelt«, beruhigte er sie.
Er führte sie in die ›Best Kamer‹, wie das größere der beiden Wohnzimmer auf den ostfriesischen Bauernhöfen genannt wurde. Es wurde nur zu besonderen Anlässen betreten, zu Geburtstagen oder zum Weihnachtsfest. Auch Verstorbene wurden in diesem Raum aufgebahrt. In der übrigen Zeit blieb es verschlossen. Leevke mochte dieses Zimmer nicht. Mit seinen moosgrünen Tapeten, den dunklen Vorhängen und den dicken Perserteppichen wirkte es düster und kalt. Es war überladen mit schweren Eichenmöbeln, die vollgestellt waren mit einer Vielzahl von Ziergegenständen wie Krügen, Vasen und anderen Dingen aus Silber, Messing und Zinn. Ein großer, schwerer Kronleuchter hing viel zu tief über dem wuchtigen, dunklen Marmortisch, der wie ein Grabstein wirkte. Das grelle Licht reichte lediglich bis zu der klobigen schwarzen Ledergarnitur, während die großen Wohnzimmerschränke und Vitrinen, die ganze Wände ausfüllten, im Dunkeln lagen. Das Zimmer wirkte leblos und gediegen wie ein Museum.
Ein Zittern ging durch Leevkes Körper. »Was ist«, fragte Thilo, »ist dir kalt?«

»Nein, alles in Ordnung«, entgegnete Leevke. Eine junge Magd trat ein und servierte ihnen Tee und Gebäck. Dazu stellte sie eine Flasche Champagner und zwei Gläser auf den Tisch.

»Nanu«, staunte Leevke, »hat man dich befördert? Bist du jetzt etwa ein General geworden oder sowas Ähnliches?«

Thilo verzog sein Gesicht. »Bitte, lass uns heute nicht über den verdammten Krieg sprechen. Ich habe Urlaub!«

Mit einem lauten Knall sprang der Korken von der Flasche und er schenkte ihnen zwei Gläser ein. Leevke nippte vorsichtig an dieser Kostbarkeit, aber Thilo leerte das Glas in einem Zug, als wollte er sich Mut antrinken. Das zweite Glas leerte er ebenso zügig, während Leevke den Champagner genoss. Nie zuvor hatte sie Edleres getrunken und wollte es voll auskosten. Thilo schien verlegen zu sein. Leevke sah ihn fragend an.

»Leevke«, begann er, »wir sind doch jetzt verlobt und da dachte ich mir …« Er sprach nicht weiter und strich sich nervös mit der Hand durchs Haar.

Er räusperte sich. »Meine liebe Leevke«, sagte er ungewohnt ernst, »ich weiß, es kommt überraschend, aber willst du meine Frau werden?«

Leevke stockte der Atem. Sie wusste nicht, was sie entgegnen sollte. Tausend Gedanken rasten durch ihren Kopf.

Thilo sprang auf, sein Gesicht war vor Scham rot angelaufen. »Entschuldige«, versuchte er zu erklären, »wieder habe ich dich damit überfallen. Du weißt, der Krieg

– ich muss bald fort – und ...« Er hob bedauernd die Schultern.
Leevke war auch aufgesprungen und legte ihren Zeigefinger auf seinen Mund. Dann küsste sie ihn sanft. »Ist dies Antwort genug?«
Jetzt war es Thilo, der überrascht war, doch war er sich unsicher, ob sie ihn richtig verstanden hatte. »Ich meine sofort, solange ich hier bin, also in den nächsten sechs Tagen möchte ich dich heiraten. Wenn es dir recht ist, ähm, also wenn du meinen Antrag annimmst, werde ich gleich morgen bei deinem Vater«, er stockte, »nein, bei deiner Mutter um deine Hand anhalten.«
Leevke konnte ihr Glück kaum fassen. »Ja, ich will!« Sie umarmte ihn stürmisch und wuschelte ihm durchs Haar. Komm!«, rief sie übermutig und zog ihn mit sich zur Tür. »Am besten, du erledigst es gleich. Das bleibt dir nicht erspart.« Sie prustete los, weil sie wusste, sie würde ihrer Mutter damit den größten Gefallen tun. Doch dann blieb sie unverwandt stehen. »Moment, was ist mit deinen Eltern? Ich vermute, sie wünschen sich eine reiche Bauerntochter.«
»Klar, meine Mutter wünscht sich für mich mindestens eine ›dicke‹ Bauerntochter mit tausend Hektar Land«, witzelte er und überspielte damit seine Unsicherheit, bevor er wieder ernst wurde. »Sei unbesorgt, sie hat in der Beziehung sowieso nichts zu sagen und meinem Vater habe ich meine Absicht, dich jetzt schon zu heiraten, bereits mitgeteilt. Er ist einverstanden und auch recht angetan davon, wie souverän du euren Hof führst.«

Emden, Mitte April 1940 – Die Kriegstrauung

Leevke lag am Abend in ihrem Bett und war überglücklich. In einigen Tagen war sie eine verheiratete Frau. Und Jean-Pierre – der konnte ihr gestohlen bleiben! Würde er eines Tages zurückkehren, könnte sie ihm stolz ihren Ehering präsentieren, dann war sie nicht mehr das Mauerblümchen, welches von ihrem Geliebten sitzengelassen wurde – sie war dann eine rechtmäßige Ehefrau! Bei dem Gedanken an Jean-Pierre spürte sie einen Stich in der Herzgegend. Das musste endlich aufhören. Sie gehörte zu Thilo, solange sie denken konnte. Und wenn sie schwanger war …? Nein, sie verbot sich den Gedanken. Thilo war ihr Mann und später der Vater ihrer Kinder. Kinder? Sie dachte an Fenna. *Was soll nur aus dem bedauernswerten Geschöpf werden? Ach, verschieben wir's auf morgen!*

So leicht, wie es sich die jungen Leute vorstellten, wurde es dann doch nicht. Sie waren beide erst 20 Jahre alt und noch nicht volljährig, daher benötigten sie die Vollmacht der Eltern. Wie erwartet, sträubte sich Thilos Mutter gegen die Heirat. Ihre Beweggründe, sie seien noch zu jung, sollten doch die politische Entwicklung in Ruhe abwarten und sich nicht zu solchen Kurzschlusshandlungen hinreißen lassen, war leicht zu durchschauen. Sie hätte auch direkt sagen können, dass ihr die Wahl ihres Sohnes missfiel.
Leevke hatte noch ein ganz anderes Problem: Ihre Mutter drängte darauf, Fenna loszuwerden. Sie wollte sie in ein Heim stecken, aber das war für Leevke

undenkbar. Es gab nur eine Möglichkeit, das zu verhindern: Sie musste Thilo dazu überreden, Fenna zu adoptieren – gleich bei der Eheschließung. Nach einigem Zögern willigte er auch ein. Zunächst sah es so aus, als ob die Hürden unüberwindbar waren, weil Fennas Geburt noch nicht einmal bei der Behörde registriert war – sie offiziell also gar nicht existierte. Letztendlich konnte sich Leevke allen Widerständen zum Trotz durchsetzen.

Die kirchliche Trauung fand im engsten Familienkreis statt, nur Leevkes Mutter, Thilos Eltern und die kleine Fenna waren anwesend. Leevkes Vater war leider an der Front und es wäre ihm auch unmöglich gewesen, rechtzeitig zu der übereilten Hochzeit heimzukehren, sofern man ihm überhaupt zu diesem Anlass Urlaub gewährt hätte.

Nach der kirchlichen Trauung wurde Fenna getauft. Die anschließende Feier fand in Thilos Elternhaus statt. Es wurde eine schlichte Feier. Elisabeth ließ unverblümt durchblicken, dass ihr die Heirat alles andere als genehm war. Okka sah das mit Sorge, doch das Brautpaar war so glücklich und schien die Giftpfeile, die Elisabeth in ihre Richtung abschoss, gar nicht zu bemerken.

Drei Tage waren den Eheleuten vergönnt, dann mussten sie sich voneinander trennen. Thilo musste zurück an die französische Grenze.

In den nächsten Wochen und Monaten konnten sie sich nur Briefe schreiben. Sie tauschten zwar liebevolle, aber eher belanglose Briefe aus, und das aus ganz unterschiedlichen Gründen: Thilo litt im Krieg entsetzlich und durfte ohnehin keine militärischen Einzelheiten preisgeben; Leevkes schlimmste Befürchtung hatte sich bewahrheitet: Sie war schwanger.

Bad Zwischenahn, im April 2000 – Britta

Britta war an einem Sonntagmorgen zusammen mit Finn auf dem Weg nach Bad Zwischenahn mit der Absicht, ihre Eltern zu besuchen. Dabei verfolgte sie einen Plan: Ihr war es ein großes Bedürfnis, ihre Oma und Mutter miteinander zu versöhnen. Ihre Oma befand sich seit ihrem Geburtstag in einem beklagenswerten Zustand. Das musste ein Ende haben! Ihre Oma hatte ihr die damaligen Umstände detailliert beschrieben, und sie verstand sie nur zu gut. Vermutlich hätte sie in Leevkes Situation genauso gehandelt. Daher musste es ihr einfach gelingen, ihre Mutter nicht nur zu besänftigen, sondern dafür zu sorgen, dass sie endlich die ganze Wahrheit erfuhr. Nur so war eine Versöhnung möglich.

Eineinhalb Stunden später stand sie mit Finn und einer großen Brötchentüte vor dem Haus der Eltern. Die Begrüßung fiel herzlich aus. Die Temperaturen waren angenehm warm und so konnten sie das Frühstück auf der Terrasse einnehmen. Sie plauderten über allgemeine Themen, dabei entging Britta nicht, dass ihre Mutter schweigsamer war als sonst und sie ab und zu verstohlen ansah. Zum Glück war es Finn, der für Ablenkung sorgte. Er kreischte jedes Mal vor Vergnügen, wenn er einen Schmetterling auf den zahlreichen Blumen entdeckte, dabei wanderte er von Schoß zu Schoß und ließ sich von seinen Großeltern verwöhnen. Nach dem Frühstück machte Thierry den Vorschlag, mit Finn zum Zwischenahner Meer zu gehen. Britta war es nur recht, konnte sie sich doch in Ruhe mit ihrer Mutter

aussprechen. Sie verlor keine Zeit: »Oma geht es nicht gut. Ich möchte, dass du sie möglichst bald besuchst!«
»Das kannst du nicht von mir verlangen!«, presste ihre Mutter hervor. »Du weißt nicht, wie es ist, wenn dir plötzlich der Boden unter den Füßen weggerissen wird, wenn du nicht mehr weißt, wer du bist!« Ihre Worte klangen wütend, doch in ihrem Gesicht sah Britta eine unendliche Traurigkeit. »Ich gehe davon aus, dass sie auch dir diese Lügen über meinen Vater erzählt hat?«
Britta nickte unwillkürlich, doch kamen ihr Zweifel, ob sie ihre Mutter richtig verstanden hatte. Sie versuchte, wahrheitsgemäß genau das wiederzugeben, was ihre Oma ihr erzählt hatte. Zuerst spürte sie den Unwillen ihrer Mutter, ihr noch länger zuzuhören, doch bald wandelte sich ihre Abwehr in Erstaunen.
Thierry und Finn waren längst zurückgekehrt. Brittas Vater hatte lange genug zugehört, um sich ein eigenes Bild zu verschaffen. Auch er ermutigte Jutta, sich baldmöglichst mit ihrer Mutter auszusprechen. »Denk dir doch nur, Jutta«, sagte er leicht amüsiert, »du hast dich für mich entschieden – einen Franzosen, dabei hättest du jeden anderen Mann haben können, aber du wolltest mich. Vielleicht lag es an deinem französischen Blut? Und waren deine Vorfahren nicht auch Franzosen, diese ›Hugos‹?« Damit schaffte er es, dass Jutta erstmals an diesem Tag lächelte.
»Lasst gut sein«, sagte sie, »gebt mir bitte etwas Zeit, um das alles zu verarbeiten! Ich werde bald sechzig – ergo hatte meine Mutter mehrere Jahrzehnte Zeit, mir meine wahre Herkunft mitzuteilen, daher müsst ihr es

mir nachsehen, dass ich nicht gleich zu ihr gehen kann!«

Zum Abschied nahm Jutta ihre Tochter länger als sonst in den Arm. Worte waren nicht nötig.

Britta war mehr als zufrieden mit ihrer Mission. Sie hatte alles gegeben, um Oma Leevke zu rehabilitieren, den Rest mussten die beiden unter sich ausmachen. Nur eins hatte sie ihrer Mutter verschwiegen: Sie würde nach Frankreich reisen, um ihren Opa Jean-Pierre zu suchen, womöglich hätte ihre Mutter versucht, es ihr auszureden. Britta wollte ihre Oma sogar dazu überreden, mit ihr nach Frankreich zu reisen, damit sie auf andere Gedanken kam. Hoffentlich lebte dieser Jean-Pierre noch, und die beiden könnten sich nach so langer Zeit wiedersehen. Für ihre Oma wäre es sicherlich gut, endlich mit der Vergangenheit abschließen zu können.

Aber zuerst einmal wollte sie gleich zu ihrer Oma gehen, damit ein kleiner Hoffnungsschimmer ihren grauen Alltag erhellte. Ob es zu voreilig war? Nein, ihre Mutter hatte sich beim Abschied versöhnlicher gegeben. Außerdem war da noch ihr Vater, der ihre Mutter, falls nötig, zu einem Treffen mit Leevke drängen würde.

Emden, im Juni 1940 – Der Brief

Leevke zog ihre Arbeitsschuhe aus und schlüpfte in ihre bequemen Pantoffeln. Bevor sie die Küche betrat, wusch sie sich gründlich in der Waschkammer. Der Tag war anstrengend gewesen. Sie hatten die Heuernte zusammen mit vielen Hilfskräften eingefahren. Ihren Nachbarn war nicht entgangen, wie sie und ihre Mutter sich tagtäglich abmühten und boten bereitwillig ihre Hilfe an. Ihr Schwiegervater hatte bereits vor Tagen ihre Wiese von seinem Knecht mähen lassen. Im Gegensatz zu ihnen verfügte er über eine moderne Mähmaschine, die von zwei Pferden gezogen wurde. Auch wollte er ihnen zwei Hilfskräfte zur Verfügung stellen, aber erst, wenn seine eigene Ernte erledigt war. Okka hatte jedoch ein Gespür dafür, wenn das Wetter umschlug. An solchen Tagen taten ihr die Gelenke besonders weh, und so entschlossen sich die beiden Frauen, auf keinen Fall länger zu warten.
Es war eine schweißtreibende Arbeit gewesen, zumal das Thermometer in der Mittagszeit auf 30 Grad stieg. Leevke war noch immer überwältigt von der Hilfsbereitschaft ihrer Nachbarn, zumeist Frauen und alte Männer, die trotz des schwülwarmen Wetters tatkräftig mit anpackten. Es war mühsam, das trockene, lose Heu mit den Forken auf den Ackerwagen zu befördern und es so zu schichten, dass der Wagen möglichst voll beladen werden konnte und unterwegs nichts von der Fracht verloren ging. Leevke war hauptsächlich damit beschäftigt gewesen, die vollen Heuwagen mit den beiden Ackergäulen nach Hause zu fahren. In der Scheune

warteten bereits fleißige Helfer darauf, darunter ein paar Jungen von der HJ, die Wagen zu entladen. Zwischenzeitlich mussten Leevke und Pawel die Kühe melken, und Okka war vollends damit ausgelastet, alle Hilfskräfte mit belegten Broten, Kuchen, Obst und Getränken zu versorgen und sich nebenbei um die Kundschaft und Fenna zu kümmern. Ein Wagen stand noch vollbeladen in der Scheune, den wollten sie am nächsten Tag abladen.

Leevke war stolz auf sich. Erstmalig hatten sie die Heuernte ohne ihren Vater und Onno geschafft. Die Qualität war gut und das Heu würde bis zum Frühjahr reichen. Schon als Kind hatte sie in der heißen Jahreszeit bei der Heuernte helfen müssen. Sie war neidisch auf ihre Schulfreundinnen gewesen, die ins Schwimmbad gingen, während sie zusammen mit den Eltern und Onno das gemähte Gras zum Trocknen auseinander harkten, es tagelang wendeten, und wenn es getrocknet war, wieder zu Schwaden zusammenbrachten. Ihr Vater hatte das richtige Gespür für die einzelnen Schritte gehabt, dabei die Wetterlage genau im Blick, doch dieses Mal war sie die treibende Kraft gewesen und mit dem Ergebnis mehr als zufrieden.

Ihre Mutter hatte wieder einmal mit ihrer Wetterprognose recht behalten. Nachdem Leevke den letzten Heuwagen in die Scheune gefahren hatte, gab es ein heftiges Gewitter und kurz darauf hörte sie, wie ein starker Regen auf das Dach trommelte und gegen die Fensterscheiben peitschte. Müde schlich sie in die Küche. Augenblicklich sah sie den Brief, der auf ihrem Platz lag. Neugierig betrachtete sie den Umschlag, auf dem mit krakeliger Schrift ihr Name und ihre Adresse stand. Er war mit einer fremden Briefmarke beklebt. Sie drehte ihn um und sah ›seinen‹ Namen mit der bekannten Adresse in Frankreich. Ihr Herz schlug schneller. Ein Brief von Jean-Pierre! Doch nahm sie auch wahr, dass der Umschlag ein paar kleine Risse aufwies, als hätte ihn jemand geöffnet und leidlich wieder zugeklebt.

Sie spürte eine Enge in ihrem Hals. Ihre Mutter stand von ihr abgewandt am Herd und bereitete das Abendessen, obwohl es spät geworden war und Leevke kaum noch Appetit verspürte. Seit Wochen litt sie an Übelkeit. Sie sog geräuschvoll die Luft ein, hob resigniert die Schultern und fragte müde: »Mutter, hast du wieder meinen Brief geöffnet?«

Okka drehte sich abrupt zu ihr um und funkelte sie böse an. Ihr Gesicht war wutverzerrt: »Was erlaubst du dir? Du hast es gerade nötig, mein Frollein! Und wenn schon, das wäre mein gutes Recht. Und nein, habe ich nicht. Das war vermutlich ein Beamter bei der Post. Immerhin kommt der Brief aus Feindesland!« Sie wandte sich rasch zum Herd, denn die Zwiebeln verbreiteten bereits einen scharfen Geruch. Leevke rannte schnell vor die Haustür und übergab sich. Im nächsten Moment waren ihre Kleider bereits vom Regen durchnässt, doch nach der unerträglichen Hitze des Tages empfand sie die Abkühlung als angenehm. Mit dem Brunnenwasser spülte sie ihren Mund aus. Sie ging zurück in die Küche und nahm den Brief mit in ihre Kammer. Einen Moment überlegte sie, ihn ungelesen in die Herdklappe zu stecken und zu verbrennen. Aber am

Herd stand ihre Mutter und den Triumph wollte sie ihr nicht gönnen. Sie wechselte rasch ihre Kleider. In ihrem Kopf arbeitete es fieberhaft. Was hatte er geschrieben? Würde er ihr beichten, dass er Frau und Kind hatte oder gab es erneut nur Lügen?
Schweigend saß sie wenig später mit ihrer Mutter am Küchentisch. Leevke war der Appetit gründlich vergangen. Sie rührte das Essen nicht an, trank nur etwas Tee, dabei vermied sie es, ihre Mutter anzusehen. Hatte sie sie zu Unrecht beschuldigt? Aber jetzt war es zu spät. Ein Wort, einmal ausgesprochen, konnte man nie wieder zurücknehmen. Leevke befürchtete, dass ihre Mutter sich wieder tagelang in Schweigen hüllen würde, bis sie, Leevke, sich dazu überwand, sich bei ihr zu entschuldigen. Das geschah auch in Situationen, wenn sie sich im Recht glaubte. Für Leevke war dieses Schweigen, das wie ein dichter Nebel durchs Haus waberte, kaum zu ertragen. Die einzigen Geräusche in der Küche waren das Scharren der Gabel in der Bratpfanne oder das Pusten und Schlürfen ihrer Mutter, weil sie ihren Tee wieder einmal viel zu heiß trank. Wie die meisten Ostfriesen war sie süchtig danach, aber bald würde es keinen Tee mehr geben, denn die Lebensmittel wurden streng rationiert. Auch nach der Mahlzeit schwiegen beide verbissen, nur aus dem Ofen war ab und an ein Knacken zu hören.
Okka stand auf, schenkte sich noch eine Tasse Tee ein, packte ihr Strickzeug und ging damit wortlos in die Upkamer [eine Stube in einem Gulfhof, die wegen des darunterliegenden Kellers etwas höher liegt als die anderen Räume im Wohnhaus]. Dieses Zimmer war ge-

mütlich eingerichtet. Der runde, dunkle Tisch mit den gedrechselten Beinen, die gepolsterten Stühle sowie eine Vitrine mit dem zierlichen chinesischen Porzellan stammte aus dem Nachlass ihrer Eltern. Wenn Okka ungestört sein wollte, zog sie sich dorthin zurück.
Leevke brachte das schmutzige Geschirr zum Spülstein und wusch es ab, bevor sie ihre Kammer aufsuchte. Früher hatte sie abends stets einen Rundgang durch Stall und Scheune gemacht, aber seit Pawel in der kleinen Kammer neben dem Stall hauste, unterließ sie es. Außerdem zählte es zu seinen Aufgaben, vor dem Zubettgehen nach dem Rechten zu sehen und die Stalltür und das Scheunentor zu schließen. Er war ihr nicht geheuer und daher vermied sie es nach Möglichkeit auch, des Nachts das Klo am Ende des Kuhstalls aufzusuchen. Zwar stand unter ihrem Bett ein Nachttopf, den sie jedoch nur ungern benutzte.
Unschlüssig drehte sie den Brief in ihren Händen. Wozu noch öffnen? Es war sowieso bereits alles zu spät. Jean-Pierre hatte ihr die größte Enttäuschung ihres bisherigen Lebens beschert, jetzt war sie höchstwahrscheinlich von ihm schwanger und mit einem anderen verheiratet. Er hatte ihr Leben in ein Chaos gestürzt. Thilo schätzte ihre Ehrlichkeit seit jeher, aber sie war mit einer Lüge in die Ehe gegangen, obwohl sie bis zu dem Zeitpunkt nur eine Ahnung, jedoch keine Gewissheit über ihre Schwangerschaft hatte. Diese Lüge würde weite Kreise ziehen, wie eine Schneeflocke könnte sie sich bald zu einer Lawine entwickeln und sie eines Tages erdrücken. Ärgerlich über ihre dramatischen Gedanken schüttelte sie heftig ihren Kopf. Nein,

sie ließ sich nicht unterkriegen und würde tapfer kämpfen, für ihre Ehe und für ihr ungeborenes Kind. Was Tapferkeit bedeutete, dass bewiesen ihr täglich Thilo und ihr Vater, die ihren Kriegsdienst verabscheuten und sich dennoch ihrer Verantwortung stellten.

Den ersten Impuls, den Brief zu zerfetzen, unterdrückte sie. Ganz rational dachte sie daran, dass sie anschließend die ganzen Papierschnipsel doch aufsammeln würde, und dazu fehlte ihr nach diesem harten Tag die Kraft. Mit einer jähen Bewegung schleuderte sie den Brief von sich fort, als hätte sie sich an ihm die Finger verbrannt, aber er segelte direkt vor ihr zu Boden.

Sie legte sich mit ihren Kleidern aufs Bett und starrte gegen die Zimmerdecke. Erinnerungen stiegen in ihr hoch. Ihr erstes Mal, als sie mit Jean-Pierre hier in ihrem Bett gelegen hatte, sein zärtlicher Mund, seine rauen und doch sanften Hände.

Stundenlang blieb sie wach, der Brief kreiste unentwegt in ihren Gedanken. Es half nichts, sie musste ihn lesen, um sich zu vergewissern, was er beinhaltete.

Es war bereits stockfinster geworden. Schwerfällig erhob sie sich, zündete die kleine Laterne neben ihrem Bett an und langte mit zittrigen Händen nach dem Brief, der nun halb geöffnet war. Sie hielt einen Moment inne, sah ihre Mutter vor sich, wie diese am Herd stand und den Brief über die Öffnung des dampfenden Teekessels hielt.

Auf dem Briefpapier waren nur wenige, recht unleserliche Zeilen zu sehen. Entweder hatte er eine miserable Handschrift oder die Sätze in großer Eile geschrieben.

Liebe Leevke,
ich muss Dir leider mitteilen, dass ich nicht mehr zu Euch zurückkehren kann!
Wie Du weißt, führt ihr jetzt auch Krieg gegen uns, nachdem ihr in die Niederlande, Belgien und Luxemburg einmarschiert seid! Ich werde nicht feige zusehen, wie mein geliebtes Vaterland von den Nazis zerstört wird und kämpfen bis zum Sieg. Daher kann ich mein Versprechen nicht einhalten und ich weiß nicht, wann wir uns wiedersehen.
Lebe wohl!
Dein Jean-Pierre

Als hätte ihr jemand in die Magengrube geboxt, sank Leevke zu Boden. Der Brief fiel aus ihrer kraftlosen Hand und landete unter ihrem Bett.
Das ist alles? Sie war außer sich vor Wut. *Zuerst redet er von ewiger Liebe, verspricht mir wiederzukommen, verschweigt mir Frau und Kind, und als wäre das nicht alles schon schlimm genug – jetzt dieser kühle Brief! Kein liebes Wort, keine Erklärung, keine Entschuldigung. So als hätte er sich nichts zu Schulden kommen lassen, versteckte sich hinter dem Krieg! Was hat er geschrieben? »Ihr führt jetzt einen Krieg gegen uns!« Was habe ich mit dem verdammten Krieg zu tun? Jean-Pierre muss doch wissen, wie ich dazu stehe, oder nicht?*
Auch wenn er ihre Meinung zu den Nazis, zum ›Führer‹ kannte – sie hatten es vermieden, über den Krieg zu sprechen. Als Frankreich dem Deutschen Reich den Krieg erklärte, war es ihr erst recht nicht mehr möglich gewesen, mit ihm über die dramatischen Ereignisse zu sprechen. Sie wollte auf keinen Fall das Gefühl der

Freundschaft, das rasch in Liebe umgeschlagen war, zerstören, ein Gefühl, dass sie bis dahin noch nicht gekannt hatte und sich auch nie hätte erträumen können. Zwischen Deutschland und Frankreich herrschte nun Krieg. Würden sich eines Tages ihr Mann und Jean-Pierre gegenüberstehen und womöglich aufeinander schießen? Dieser Gedanke war so entsetzlich, dass sie ihr Gesicht in das Kissen vergrub. Leevke weinte und weinte, bis ihre Augen von den salzigen Tränen brannten.

Sie legte ihre Hände auf den Bauch, eine Geste, die sie bereits als Kind angenehm und tröstlich empfunden hatte, aber diesmal fühlte es sich anders an. Schnell nahm sie ihre Hände wieder fort und legte sie auf die Bettdecke, als hätte sie jemand bei einer unzüchtigen Handlung ertappt. Scham und Schuldgefühle gegenüber Thilo waren ihre täglichen Begleiter. Sie hatte ihn belogen und betrogen, ihren besten Freund, der seit Kurzem ihr Ehemann war.

»Aus Feindesland« hatte ihre Mutter gesagt. Wuchs da ein kleiner ›Feind‹ in ihrem Bauch heran? Bei diesem abstrusen Gedanken musste sie unwillkürlich unter Tränen lächeln und legte ihre Hände erneut auf den Bauch. Nein, dieses Baby war so unschuldig, egal wer sein Kindsvater war. Dass sie sich mit einem französischen Fremdarbeiter eingelassen hatte, was in den Augen der Nazis einem Verbrechen gleichkam, entsprang lediglich deren rassistischen Ideologie. Vor dem Krieg wäre es kein Problem gewesen. Leevke hatte einen Entschluss gefasst: Für dieses Baby, welches sie in einem Moment der bedingungslosen Liebe empfangen hatte – zumindest hatte es sich für sie so angefühlt – würde sie alles tun! Sie würde wie eine Löwenmutter dafür kämpfen, wenn es nötig war lügen, stehlen, betrügen, ja egal was – diesem Kind würde sie all ihre Liebe schenken. Außerdem hatte sie sich vorgenommen, Thilo eine gute Ehefrau zu sein und sie war sich jetzt sicher, dass sie ihn über alles liebte. Aber eine bedingungslose Liebe konnte es nur werden, wenn sie sich absolut vertrauten und dazu zählte, dass sie ihm die Wahrheit sagte. Das war sie sich – und vor allem – ihm schuldig.

Das Kapitel ›Jean-Pierre‹ musste sie abschließen. Sie nahm Briefpapier, Feder und Tintenfass und schrieb einen kurzen Brief an ihn. Mit nüchternen Worten setzte sie ihn über ihre Vermählung mit Thilo in Kenntnis. Der Brief endete ebenfalls mit den Worten ›Lebe wohl‹.

Entschlossen und mit neuem Mut sprang sie aus dem Bett, ging zur Waschschüssel und wusch sich schnell die Tränen aus dem Gesicht.

Emden, Juni bis Dezember 1940 – Der Krieg tobt

Piet saß am Abend schweigsam in der Küche. Er wirkte, wie auch beide Frauen, seit Wochen bedrückt. Gespräche kamen nur mühsam zustande. Nach der Ostfront wurde nun auch an der Westfront gekämpft. Im April eroberte die Wehrmacht Dänemark und Norwegen, im Mai und Juni wurden die Niederlande, Belgien, Luxemburg und Frankreich innerhalb nur weniger Wochen überrannt. Ein Ende des Krieges war nicht abzusehen und Hoffnungslosigkeit machte sich bei ihnen breit.

Die Ungewissheit und die ständige Angst um ihre Lieben legten sich wie eine schwere Last auf ihre Gemüter. Piet räusperte sich und er sagte mit tränenerstickter Stimme: »Rotterdam, meine Geburtsstadt, soll bei dem ›Blitzkrieg‹, wie die Nazis es nennen, zerstört worden sein. Es soll nahezu 800 Tote gegeben haben. In Rotterdam leben noch einige Cousinen, Cousins und Freunde von mir.«

Schweigend tranken sie ihren Tee, jeder hing seinen Gedanken nach. Leevke dachte an die Jubelstimmung, mit der sie täglich aus den Volksempfängern beschallt wurden und die sich auf viele Deutsche übertrug. Stets gab es Erfolgsmeldungen von der siegreichen Wehrmacht, die angeblich jedes Land im Handstreich einnahm. Es war vom Heldentum der Soldaten die Rede, von unbesiegbaren Panzern und von erfolgreichen Einsätzen der Sturzkampfbomber, kurz Stukas genannt. In der Wochenschau konnte man verfolgen, wie das Deutsche Reich sich wie ein gefräßiges Monster

durch Europa biss und sich dabei allmählich vergrößerte.
»In den besetzten Ländern«, fuhr Piet fort, »beginnt ein Beutezug ohne Gleichen. Alles, was die Wehrmacht für den Krieg benötigt, ob Rohstoffe, Benzin, Metalle, Gold oder Devisen, wird beschlagnahmt und nach Deutschland transportiert. Auch das meiste an Lebensmitteln wird zu uns geschafft. Den Befehlshabern scheint es völlig egal zu sein, dass die Menschen dort verhungern werden. Es gilt das Recht des Stärkeren.«
»Opa Beer«, fragte Leevke verzweifelt, »du glaubst auch nicht mehr, dass der Krieg bald endet, oder?«
Er wusste nicht, was er ihr antworten sollte. Für ihn stand außer Frage, dass dem Österreicher die Erfolge zu Kopf gestiegen waren und er ab jetzt nicht mehr zu bremsen war, daher wich er ihrer Frage geschickt aus mit den Worten: »Die Hoffnung stirbt zuletzt!«
Für Leevke war es Antwort genug. Sie hatte auch noch ganz andere Probleme. Ihre Schwangerschaft würde bald für jeden sichtbar sein. Der Arzt hatte den ungefähren Geburtstermin errechnet, und sie musste kein Rechengenie sein, um zu wissen, dass sie tatsächlich von Jean-Pierre schwanger geworden war und nicht von ihrem Ehemann.
Wie gern hätte sie Thilo die Wahrheit gesagt, aber das war ganz unmöglich. Er kämpfte an der Westfront und war seit ihrer Heirat nicht mehr zu Hause gewesen. Wenn sie es ihm beichten würde, dann müsste sie es ihm schon persönlich sagen. Auf keinen Fall konnte sie es ihm in einem Brief mitteilen.

Dann war da noch ihre Mutter, die ihr zu verstehen gegeben hatte, dass es doch ein Segen sei, dass sie nun als ›verheiratete‹ Frau in guter Hoffnung war und dass es an der Zeit sei, es Thilo mitzuteilen, dazu den Schwiegereltern, bevor diese es von anderen erfuhren und womöglich misstrauisch wurden. Sie hatte es in einem unmissverständlich scharfen Ton gesagt. Für Leevke war diese Botschaft klar: Ihre Mutter wusste Bescheid, wer der Erzeuger war und würde keinen Skandal dulden.
Schweren Herzens teilte sie Thilo ihre Schwangerschaft mit. Anschließend suchte sie ihre Schwiegermutter auf. Diese hatte es mit einem undefinierbaren Gesichtsausdruck zur Kenntnis genommen und sie zum Abschied ermahnt, kurz vor der Niederkunft etwas vorsichtiger bei der Arbeit zu sein.
In dem nächsten Feldpostbrief, den Leevke von Thilo erhielt, schrieb er von seiner grenzenlosen Liebe zu ihr und dass sie ihm mit ihrer Nachricht eine große Freude bereitet hätte.

Leevke sorgte sich ständig um Thilo und hoffte, dass er bald wohlbehalten zu ihr zurückkehren würde, gleichzeitig sah sie dieser Begegnung mit gemischten Gefühlen entgegen. Gesundheitlich ging es ihr schlecht. Sie wurde monatelang von Übelkeit geplagt, sodass sie kaum an Gewicht zunahm.
Doch Thilo blieb während der gesamten Zeit ihrer Schwangerschaft an der Front. Im November war es dann so weit – Leevke bekam unter unsäglichen Schmerzen ihr Baby: Jutta. Das Mädchen war klein und wog knapp fünf Pfund. Okka erzählte allen Leuten,

voran den Schwiegereltern, dass das Baby viel zu früh das Licht der Welt erblickt hätte und dass sein gesamter Körper bei der Geburt noch mit einer dicken ›Käseschmiere‹ überzogen war, damit keiner die ›Frühgeburt‹ anzweifelte. Die Hebamme hätte widersprechen können, aber sie galt als absolut verschwiegen und wurde dazu noch großzügig entlohnt.

Zum Weihnachtsfest kam Thilo endlich nach Hause. Er wirkte niedergeschlagen und mutlos, was sich jedoch änderte, als er Leevke zusammen mit dem Baby sah. Er umschloss beide mit seinen Armen und weinte vor Glück. »Ach Leevke«, schluchzte er, »ich kann diesen grauenhaften Krieg nur erdulden, weil ich weiß, dass es in meiner Heimat zwei Menschen gibt, die ich über alles liebe – wofür es sich lohnt zu leben. Ihr beide seid mein Rettungsanker, ohne den ich hoffnungslos untergehen würde!«

Leevke brachte es nicht übers Herz, ihm ihre Lüge zu beichten. Sie musste das Gespräch verschieben. Doch beim nächsten Fronturlaub war Thilo in einer noch schlechteren Verfassung und erneut kam es nicht zur Aussprache.

Emden, im Sommer 1941 – Hiobsbotschaften

Jedes neue Jahr barg für Leevke die Hoffnung, dass sich alles zum Besseren wenden würde. Das Gefühl war ähnlich wie das in ihren Kindertagen, als sie ungeduldig auf das Christkind gewartet hatte und darauf gespannt war, welche Gaben es für sie bereithielt.
Auch wenn die Vorzeichen in diesen Zeiten kaum schlechter hätten sein können, ließ sie sich ihren Optimismus nicht nehmen, selbst wenn die Menschen in ihrer Umgebung ihre Haltung für naiv hielten.
Ihre Mutter und auch Opa Beer hingegen hatten vollkommen resigniert. Beide hatten den 1. Weltkrieg erlebt, der sich auch über Jahre hinzog. Aber ihre Mutlosigkeit erzeugte bei Leevke Widerstand: Sie durfte sich nicht mitreißen lassen, ihre Kinder brauchten ein stabiles Umfeld. Außerdem mussten Jutta und Fenna sie nur anschauen, und im nächsten Moment war Leevke tatsächlich optimistisch gestimmt. Sie waren für sie eine ungeheure, nie versiegende Kraftquelle, aus der sie jedes Mal gestärkt hervorging und die ihr half, alle Widrigkeiten, die das Leben für sie bereithielt, zu überstehen. Ebenso wollte sie ihren Kindern Kraft und Zuversicht geben.
Jutta entwickelte sich prächtig und schenkte ihr ein Lächeln, sobald sie sie aus der Wiege nahm. Fenna krabbelte munter durch die Gegend und erkundete wissbegierig ihre neue Welt. Leider musste sie in ihrem Entdeckertrieb gebremst werden, damit sie sich nicht in Gefahr brachte.

L. Paolo

Als Opa Beer Leevke eines Tages mit einem Laufstall überraschte, registrierte Fenna augenblicklich, dass sie ihrer Freiheit beraubt war und schrie wie am Spieß. Erst als Leevke auch Jutta in den Laufstall legte, beruhigte sie sich sogleich. Sie liebte ihre kleine Schwester abgöttisch. Mit der Zeit entwickelten die beiden sogar eine Art Sprache, die den Erwachsenen fremd blieb.
Hatte Leevke sich früher auf Opa Beers Besuche gefreut, weil er so interessante, teils lustige Geschichten erzählen konnte, hatte er seit Monaten ausschließlich Hiobsbotschaften parat. Sie konnte und wollte sie nicht mehr hören. Den Volksempfänger schaltete sie nur noch selten ein, denn die Berichte über die Wehrmacht, die scheinbar mit fliegenden Fahnen in die Länder hineinspazierte und diese angeblich ohne Gegenwehr einnahm, machte sie furchtbar wütend. Von dem unsäglichen Leid, das sich über Europa ausbreitete, den vielen Toten, Verstümmelten, Kriegsgefangenen oder Vertriebenen auf beiden Seiten war nie die Rede. Dafür wurden die deutschen Soldaten wortreich als Helden glorifiziert.
Leevke, Okka und Opa Beer sahen das Ganze aus einem anderen Blickwinkel. Sie waren entsetzt über das Ausmaß der Brutalität, mit der die Wehrmacht in den besetzten Ländern vorging.
Der Krieg hatte eine Dimension erreicht, die sie alle nicht für möglich gehalten hätten. Die Kämpfe an der Ost- und Westfront, an denen bereits so viele Länder beteiligt waren, war für Leevke bereits unfassbar gewesen, aber spätestens bei der Entsendung deutscher Soldaten nach Nordafrika und als kurz darauf zusätzlich

der Balkanfeldzug begann, ließ auch sie vollends verzweifeln.
Doch der Wahnsinn nahm kein Ende. Der Diktator wähnte sich weiterhin auf der Höhe seiner Macht. Die Wehrmacht überfiel die Sowjetunion. Es hieß, das Deutsche Reich müsse neuen Lebensraum schaffen. Künftig könnten Millionen Deutsche in den besetzten Gebieten angesiedelt werden – ohne Rücksicht auf die Bevölkerung.
»Jetzt fehlt noch die USA«, unkte Piet, »ihr kennt doch das vermaledeite Soldatenlied, das mit der Weltherrschaft, welches ich nicht wiederholen möchte. Ich habe es von Anfang an gesagt, der Österreicher ist größenwahnsinnig!«
»Da stimme ich dir zu«, sagte Leevke resigniert, »aber Amerika – nein, wie soll das gehen? Es ist ein so großes Land und viel zu weit von uns entfernt. Eine Kriegserklärung gegenüber den Vereinigten Staaten wäre der reinste Irrsinn!«
»Denkt an meine Worte!«, sagte Piet mit sorgenvoller Miene.

Bremen, im April 2000 – Fenna

Fenna hatte die Nacht nach dem Geburtstag ihrer Mutter wie in Trance verbracht. Gleich nachdem sie heimgekehrt war, hatte sie sich per Mail in der Schule krankgemeldet. »Wir haben dich adoptiert.« Dieser Satz von ihrer Mutter hallte wie ein Echo in ihrem Kopf wider. Ihr ganzes Leben kam ihr wie eine einzige Lüge vor. War ihre Mutter dement? Von ihrer ehrenamtlichen Tätigkeit im Altenheim wusste Fenna, dass Menschen mit beginnender Demenz ihre Vergesslichkeit überspielten. *Aber nein, nicht meine Mutter!* Entsetzt hielt sie einen Moment inne. *Ich sollte sie besser ›Leevke‹ nennen. Mutter, ähm Leevke, hat sich doch prächtig mit ihren Gästen unterhalten, war aufmerksam, konnte sich an kleinste Details von früher erinnern und war durchaus am derzeitigen politischen Geschehen interessiert. Und dass sie so boshaft ist und mir eine Lüge aufgetischt hat, das traue ich ihr nicht zu. Aber wer sind dann meine Eltern? Lebten sie noch? Haben sie mich im Krieg zurückgelassen und sind geflohen? Bin ich eine Jüdin und meine Eltern im KZ umgekommen? Oder stamme ich womöglich von überzeugten Nazis ab? Das wäre ein Albtraum!* Jede ihrer Fragen warf neue auf. Sie ging zu ihrer Hausbar, schenkte sich einen Cognac ein und stürzte ihn hinunter.

Was bin ich doch für ein Hitzkopf, dachte sie kopfschüttelnd und schenkte sich noch einen Cognac ein. *Wäre ich doch noch länger bei Mutter, ähm … bei Leevke geblieben, verdammt!* Wieder trank sie einen Cognac. Der Alkohol zeigte schnell seine Wirkung, denn sie hatte noch nicht gefrühstückt. Sie musste sofort mit ihrer

Mutter reden, aber sie hatte absolut keine Lust, zu ihr zu fahren. Also griff sie nach dem Telefonhörer, starrte unschlüssig auf die Tastatur, konnte sich aber letztlich nicht dazu überwinden, die Kurzwahl zu drücken.
Nein, sie musste zu ihr fahren und ihr bei dem Gespräch direkt in die Augen sehen, um zu erkennen, ob sie diesmal die Wahrheit sagte. Es blieb ihr wohl nichts anderes übrig, als erneut nach Norddeich zu fahren.
Sie schnappte sich die Autoschlüssel und wollte augenblicklich ihre Wohnung verlassen, da fiel ihr ein, dass sie nicht mehr ganz nüchtern war. Unverrichteter Dinge musste sie ihr Vorhaben für heute abbrechen.

Am nächsten Morgen, nach einer weiteren durchwachten Nacht, war sie startklar für ihre Fahrt nach Norddeich. Sie wollte zwar erst am Nachmittag zum Tee zu ihrer Mutter gehen, dennoch entschied sie sich, schon jetzt Richtung Norddeich zu starten. An der Nordseeküste war es meistens windig und Fenna liebte diese frische Brise, die vom Meer herüberwehte. Sie würde zuerst ihr Auto in der Nähe vom Fährhafen abstellen und dann die Seeluft genießen. Ein Spaziergang am Deich mit dem Blick auf die Nordsee hatte ihr so manches Mal geholfen, einen klaren Kopf zu bekommen, und den brauchte sie auch dieses Mal, um sich für die Aussprache mit ihrer Mutter zu wappnen.

Emden, 1942/1943 – Und noch immer herrscht Krieg ...

Apathie oder Verzweiflung – das waren die beiden Stimmungslagen, die sich wie ein Leichentuch über das Deutsche Reich legten und es zu ersticken drohten. Alle sehnten sich nach einem normalen Leben zurück, besonders die Soldaten an der Front.

Auch Leevke und die Menschen in ihrer unmittelbaren Umgebung waren kriegsmüde geworden. Die Tages- und Nachtangriffe der Alliierten prägten ihr derzeitiges Leben. Bald war es fast zur täglichen Routine geworden, den Luftschutzbunker aufzusuchen. Sie und ihre Mutter hatten dort ihre Stammplätze, waren Teil einer Schicksalsgemeinschaft geworden, die jedes Mal von einer vagen Hoffnung bestimmt war, auch dieses Mal verschont zu bleiben. Auch die Kinder gewöhnten sich allmählich an den Bunker. Sie spielten so lange ungezwungen miteinander, bis die erste Bombe fiel. Dann suchten sie blitzschnell Schutz bei ihren Müttern. Während der Bombardements sahen alle voller Angst dem drohenden Unheil entgegen. Was würden sie vorfinden, wenn sie den Bunker verließen? Wen hatte es diesmal getroffen?

Leevke sorgte sich um alles, woran ihr Herz hing, sei es die Familie, Freunde, Tiere und nicht zuletzt um ihr trautes Heim. Sie mochte es sich gar nicht vorstellen, wie es den Menschen erging, die obdachlos wurden und alles verloren. Einmal sah sie eine Frau mit ihren acht teils noch kleinen Kindern, die ausgebombt waren und verzweifelt eine Unterkunft suchten. Doch überall,

wo sie hinkamen, wurden sie fortgeschickt. Keiner konnte oder wollte die Frau mit ihrer großen Kinderschar aufnehmen. Die Familie musste tagelang im Bunker ausharren, bis sie und viele andere Ausgebombte aus der Stadt evakuiert wurden.
Auch Piet de Beer, der nach wie vor allabendlich zu ihnen in die Küche kam, wirkte apathisch. Sein ehemals freundliches Gesicht hatte einen verhärmten Ausdruck angenommen. Er resümierte: »Die Anführer des Nationalsozialismus sind unersättlich, aber dennoch dürften die Ressourcen nahezu verbraucht sein, spätestens nachdem die Wehrmacht in Stalingrad kapitulieren musste. Die grauenhafte Schlacht um Verdun im Weltkrieg bleibt unvergessen – und in diesem Krieg ist es Stalingrad mit Hunderttausenden von Toten. Dass sich die Geschichte so schnell wiederholen würde, hätte ich mir nicht im Traum vorstellen können. Als ob die Menschheit nicht imstande ist, dazuzulernen. Die Rote Armee hat nun ihr Gebiet zurückerobert. An allen Fronten befinden sich die Deutschen auf dem Rückzug. Selbst Verbündete wie Italien richten sich jetzt gegen Deutschland und die Alliierten haben bereits viele unserer Großstädte zerstört, in Hamburg sollen in einer Nacht Tausende ums Leben gekommen sein. Der Österreicher hat die Büchse der Pandora geöffnet!« Er schnaufte hörbar.

Okka hatte ihm schweigend zugehört. Ihre Gesichtszüge verhärteten sich, als sie sprach: »Und was macht Goebbels in dieser Situation? Er hat den ›totalen Krieg‹ ausgerufen und schwafelt noch von einem ›Endsieg‹.

Pah, er weiß es doch besser als jeder andere, dass sie auf breiter Front verloren haben und beißt jetzt um sich wie ein tollwütiges Tier. Kürzlich haben sie noch die letzten nicht kämpfenden Männer und Kinder mobilisiert, – alle von 16 bis 60 Jahren für den sogenannten ›Volkssturm‹, so sagen sie. Auch Paul, der kleine Sohn von meiner Schwester, gerade erst 16 geworden, wird jetzt eingezogen. Er bekommt nicht mal eine Uniform, nur eine Armbinde, damit man ihn überhaupt als Soldat erkennt. Jungs, fast noch Kinder und alte Männer. Was meinst du dazu, Piet?«

Dieser schüttelte nur traurig den Kopf und dachte sich seinen Teil. Er wusste, dass diese Jungs, kaum ausgebildet und nur spärlich bewaffnet, für diesen sinnlosen Krieg geopfert wurden. Viele Jugendliche waren bereits getötet worden, andere hatten sich sofort aufgrund der Übermacht der Gegner ergeben und gerieten in Kriegsgefangenschaft. Piet wusste auch, dass viele Kriegsgefangene Minen räumen mussten. Bei jedem Schritt lauerte der Tod. Unwillkürlich stieß er einen tiefen Seufzer aus. Worte waren diesbezüglich genug gewechselt.

Nun mischte sich auch Leevke ein: »Und die Wehrmacht spricht noch von einer neuen Wunderwaffe, die eine Kriegswende herbeiführen soll.«

»Ja«, grummelte Piet, »die V-Waffe, wobei das ›V‹ für Vergeltung steht. Die wird auch nichts mehr ausrichten können. Wenn du entdeckst, dass du ein totes Pferd reitest, solltest du absteigen!« Opa Beer wusste, dass sich bei den deutschen Soldaten mittlerweile panische Angst breitmachte, dass die ›bolschewistischen Untermenschen‹, wie sie in den Hasskampagnen der Nazis bezeichnet wurden, sich für das grausame Wüten ihrer Besetzer rächen könnten. Auch das behielt er für sich, um die beiden Frauen nicht noch mehr zu ängstigen.

Emden, im Januar 1944 – Die Ukrainer

Okka hörte die gezierte Stimme von Ottilie Bolte, die wie üblich am Abend ihr Kännchen mit Milch abholen wollte: »Schuhu, ist jemand zu Hause?« Sie ging in die Milchkammer, wo sie bereits erwartet wurde. Mit einem knappen »Moin« wurde sie von Okka begrüßt, dann legte die Bolte wie üblich mit ihrer gehässigen Stimme los. »Haben Sie es schon gehört, Frau Ekhoff? Diese fünf dreckigen Russen von der Wolthuser Straße haben Schnaps gestohlen. Betrunken herumgetorkelt sind sie, statt den Schutt wegzuräumen. Sie sollen gesungen und getanzt haben, dieses faule Pack. Aber jetzt soll dafür gesorgt werden, dass sie ihre gerechte Strafe bekommen!«

Okka erschrak. ›Ihre Jungs‹, wie sie und viele Nachbarn sie nannten, sollten verhaftet worden sein? Diese armen halbverhungerten Burschen, vielleicht nicht älter als Onno und Leevke? Mechanisch reichte sie ihrer Nachbarin die Milchkanne und grummelte: »Es sind Ukrainer!«

»Ist doch egal, ob Russen oder Ukrainer«, keifte die Bolte, »das sind doch alles Untermenschen. Was ist los, Frau Ekhoff, ist Ihnen nicht gut, Sie sind ja ganz blass geworden? Sie werden doch wohl kein Mitleid mit denen haben? Was denken Sie denn, was Ihr Mann und Ihr Sohn in Russland machen? Glauben Sie, die sitzen in den Schützengräben und schießen auf Spatzen?« Ihr Gesicht mit dem falschen Lächeln verzerrte sich für einen Moment zu einer hässlichen Fratze.

Das ist ihr wahres Gesicht, dachte Okka.

»Haben Sie noch einen schönen Weißkohl für mich? Ich will meinem Mann heute Abend etwas Ordentliches kochen, nach so einem furchtbaren Tag!«
Okka gab ihr keine Antwort. Fieberhaft überlegte sie, was mit den bedauernswerten Jungs geschehen würde. Bekämen sie noch weniger zu essen als vorher? Sie würden sie doch wohl nicht erschießen?
»Was ist, Frau Ekhoff, bekomme ich jetzt meinen Weißkohl, oder nicht?«
Schlagartig wurde Okka wütend, so wütend wie noch nie in ihrem Leben. Sie musste etwas tun. Sie entriss der Bolte die Milchkanne, nahm den Deckel ab und warf beides mit solcher Wucht gegen die Wand, dass die Milch nur so herausspritzte. »Da haben Sie Ihre Milch!«, schrie sie, »und wissen Sie was? Besorgen Sie sich in Zukunft ihre Milch woanders!«
»Das wird ein Nachspiel haben!«, entgegnete diese ebenso laut und rauschte erhobenen Hauptes davon.

Gut, dass Leevke die abscheulichen Worte der Bolte nicht gehört hat, dachte Okka. Ihre Tochter war seit geraumer Zeit unterwegs, um den Kunden, die alt und gebrechlich waren, die Milch und das bestellte Gemüse zu liefern.
Okka wankte in die Küche, setzte sich auf einen Stuhl, vergrub ihr Gesicht in den Händen und weinte bitterlich. Sie dachte an Onno und Enno, die an der Ostfront kämpften. Wie ging es ihnen? Lebten sie noch? Waren sie in Gefangenschaft geraten und drohte ihnen dasselbe Schicksal wie den Zwangsarbeitern hier? Sie dachte an den Tag zurück, als sie ihren Onno das erste

Mal in den Armen gehalten hatte. Er war bei der Geburt so zart gewesen und jetzt war aus ihm ein kräftiger Bursche geworden. Sein Bild, auf dem er mit einer Uniform zu sehen war, stand auf einer Kommode in ihrem Schlafzimmer. Dass er auf Menschen schießen könnte, war für sie einmal unvorstellbar gewesen. Doch ließ sie der Gedanke nicht mehr los. Und wenn er dem Feind gegenüberstand und nicht fähig war, zu schießen, dann würde der ...

Die Bolte hatte bei ihr einen wunden Punkt getroffen, denn sie war nicht diejenige, die den Gedanken in ihren Kopf gepflanzt hatte, sondern Enno: »Mach endlich die Augen auf, Okka, dein süßer kleiner Junge ist jetzt ein überzeugter Nazi!«

Dieser Satz hatte sie bis ins Mark erschüttert. »Bist du von allen guten Geistern verlassen?«, hatte sie gebrüllt. Dann folgte ein Streit, wie es ihn noch nie, während ihrer mehr als zwanzigjährigen Ehe gegeben hatte. Sie war so unsäglich wütend auf ihn. Tagelang hatte sie kein Wort mit ihm gesprochen. Aus ihrer Sicht gab es auch nichts mehr zu reden. Enno jedoch hatte dieses Schweigen bald nicht mehr ausgehalten und sich bei ihr entschuldigt. Es tue ihm leid, er wäre zu weit gegangen.

»Ich habe nachgedacht. Onno trägt keine Schuld. Er ist ein Opfer dieser Verbrecher, dieser Nationalsozialisten. In der Schule und bei der HJ wurde er derart manipuliert – es ist kein Wunder, dass er sich verändert hat. Ganz geschickt haben die Lumpen sich an unsere Kinder herangemacht, um später willige Gehilfen für ihren dreckigen Krieg zu haben. Ich hätte ihm öfter sagen sollen, wie stolz ich auf ihn bin. Die Anerkennung hat er leider von den falschen Leuten bekommen. Glaub mir, Okka, ich gebe mir die größte Schuld daran und das raubt mir so manche Nacht den Schlaf. Ich gebe es zu, ich war enttäuscht von seinen schulischen Leistungen. Er kann gut mit unseren Tieren umgehen und er ist auch fleißig, aber wenn er unseren Betrieb eines Tages übernehmen soll, braucht er Verhandlungsgeschick und müsste auch gut mit Zahlen umgehen können. Aber dass er nicht die Weisheit gepachtet hat, dafür kann er ja nichts. Irgendwann wird dieser Spuk mit den Nazis vorbei sein und dann bekommst du deinen lieben Jungen zurück, Okka. Ich befürchte nur, dass er bald auf brutale Weise erfahren muss, was es heißt, auf Menschen schießen zu müssen, und nicht wie bisher auf Pappkameraden, wie bei der HJ!«

Okka war sprachlos. So einen langen Monolog hatte Enno noch nie gehalten. Im Allgemeinen war er wortkarg, und über seine Gefühle sprach er erst recht nicht. In der Beziehung waren sie sich ähnlich, doch das war ihr gar nicht bewusst. Wie sehr hätte sie sich gewünscht, dass er ihr ein einziges Mal ›Ich liebe dich‹ ins Ohr geflüstert hätte. Aber sie wusste, so ein Satz würde nie über seine Lippen kommen, um so erstaunter war sie daher, dass er ihr nun einen kurzen Einblick in seine Gefühlswelt gegeben hatte. Ihr wurde schlagartig bewusst, dass er sich mit großen Schuldgefühlen plagte, und sie konnte ihm letztendlich verzeihen. Auch sie hatte genügend Zeit gehabt, über seine harschen Worte nachzudenken. Leider gab sie ihm im Stillen recht. Onnos Begeisterung für die HJ, die alles mit einschloss, was die Nationalsozialisten verkörperten, hatte sie nicht wahrhaben wollen, und doch war es eine Tatsache.

Nein, nein, nein! Sie verbot sich selbst, weiter zu grübeln. *Meinem Jungen geht es gut und die Jungs von der Wolthuser Straße kommen mit einer Ermahnung davon.* Alles andere wollte sie sich gar nicht vorstellen. Sie musste sich ablenken und das ging am besten, wenn sie sich mit Arbeit beschäftigte. Da sie nicht alle Eier an ihre Kundschaft verkauft hatte, sollte es heute zum Abendessen Pfannkuchen geben. Sie wusste, dass sie Leevke damit eine Freude bereiten könnte.

Okkas frommer Wunsch sollte sich nicht erfüllen. Bald kam die grausame Wahrheit ans Licht: Man hatte die jungen Männer zuerst eine Woche lang in einen Zugwaggon gesperrt. Seit ihrer Verhaftung hatte man sie hungern lassen, bevor man sie ohne Gerichtsprozess in Wolthusen an der Ziegelei erhängt hatte. Wie ein Lauffeuer hatte sich die Nachricht im Ort herumgesprochen.

Piet erschien wie jeden Abend. Seine und Okkas Augen trafen sich zu einem traurigen Dialog. Keiner sprach ein Wort. Okka begleitete ihn in die Milchkammer, füllte ihm stumm sein Milchkännchen und streckte den Arm mit einer müden Bewegung Richtung Küche aus, um ihm seine übliche Tasse Tee nicht vorzuenthalten. Er schüttelte nur traurig den Kopf. Noch einmal sahen sie sich schweigend an. So ging es etliche Wochen. Es war ihre Art, Trauer und Entsetzen auszudrücken, bis Piet eines Abends wieder seinen Stammplatz in der

Küche am warmen Ofen einnahm, sich seine Pfeife stopfte und seinen Tee bekam. Das Leben musste weitergehen, Tag für Tag, trotz Krieg und Trauer. Sie hatten keine Wahl.

Okka sprach nie mit ihrer Tochter über das furchtbare Verbrechen, doch hatte auch Leevke davon gehört. Sie verbarg ihre große Trauer ihrerseits vor der Mutter, um sie nicht mehr als nötig zu belasten. Beide Frauen waren darum bemüht, das unsagbare Grauen, das sich ihrer Gedanken bemächtigte, zu verbergen.

Leevke hatte ›ihre‹ Jungs‹ gern gemocht. Wie alt waren sie gewesen? Ihre tiefliegenden Augen, die hohlwangigen Gesichter, die blasse Haut, das von Staub bedeckte, scheinbar graue Haar, die gebeugte Haltung – von Weitem wirkten sie wie alte Männer, doch das täuschte. Aus unmittelbarer Nähe sah sie bei jedem ein glattes, jugendliches Gesicht. In der ersten Zeit hatten sie noch freundlich gegrüßt, wenn sie an ihnen vorbeigelaufen war. Später umgab sie eine Melancholie, als hätten sie allen Mut verloren. Vielleicht ahnten sie, dass sie nie in die Heimat zu ihren Liebsten zurückkehren würden. Leevke bedauerte diese jungen Menschen, die in einem fremden Land waren, weder die Sprache noch die Mentalität der Menschen verstanden. Dann waren sie einfach festgenommen worden, hatten keinerlei Rechte mehr und waren ihren Peinigern auf Gedeih und Verderb ausgeliefert.

Und jetzt sollten sie tot sein? Erhängt, weil sie in den Trümmern Schnaps gefunden und davon etwas getrunken hatten? Weil sie gesungen und getanzt hatten? So ein Verbrechen direkt vor ihrer Haustür? Der Krieg

tobte zwar seit Jahren in Emden, die Bombardements häuften sich, es gab Tote und Verletzte, aber der Tod dieser jungen Ukrainer war so ungerecht und brutal, dass sie künftig nie mehr unbeschwert über die Wolthuser Straße gehen konnte, ohne an dieses Verbrechen zu denken.
Sie bekam es mit der Angst zu tun. So eine Tat konnte nicht ungesühnt bleiben. Was wäre, wenn sie eines Tages alle dran glauben müssten?

Emden, im Februar 1944 – Trübe Aussichten

Die vergangenen drei Winter waren hart gewesen. Solche extremen Minustemperaturen hatte es in Deutschland noch nie gegeben, als würde selbst die Natur darum flehen, endlich mit dem Wahnsinn des Krieges aufzuhören.

Doch sobald die schwärzlichen Schneereste in den Rinnsteinen geschmolzen waren, zog der Frühling unaufhaltsam über das Land. Leevke liebte diese Zeit, wenn die Natur erwachte und die ersten wärmenden Strahlen alles zum Wachsen brachten.

Die beiden Magnolien vor ihrem Haus entfalteten ihre weiße Blütenpracht und die bislang winterkahlen Bäume zeigten ihre ersten lindgrünen Blätter. Der Frühling war ihre Zeit. Sie hatte das Gefühl, dass auch sie aus einem Winterschlaf erwachte.

Doch in diesem Jahr war alles anders. Eine ungeheure Schwere hatte sie erfasst und schien sie in die Knie zu zwingen. Sie lebte wie in einem ständigen Nebel und es fiel ihr schwer, am Morgen aus dem Bett zu steigen. Ihre Mutter wurde mit der Zeit immer dünner und musste bei der Hausarbeit viele Pausen einlegen. Ihr alter Hausarzt hob bedauernd die Arme. Bis auf ihr Rheuma konnte er keine andere Erkrankung feststellen. »Wir leben in einer schlimmen Zeit«, sagte er zu Leevke. »Wenn der Krieg vorbei ist und die Männer heimkehren, dann wird alles besser. Deine Mutter muss sich mehr schonen!«

Wie viele Menschen erlebten diesen Frühling nicht mehr? Sie dachte an die Tafeln mit den Listen der

Gefallenen, die überall aufgestellt waren. Wie sich Frauen und Kinder jeden Freitag davor drängten, die einen stumm vor Schmerz oder denselben laut herausschreiend, die anderen vor Erleichterung weinend; wie sie selbst Woche für Woche Namen von Schulfreunden, Bekannten, Nachbarn entdeckte. Es gab so viele tote Soldaten und dazu getötete Zivilisten, die zynisch als ›Kollateralschaden‹ bezeichnet wurden, und so viele, die durch Krankheit oder Unterernährung starben. Leevke kamen wieder die ermordeten Ukrainer in den Sinn, die irgendwo verscharrt worden waren. Sie lehnte sich mit dem Rücken an eine knorrige Eiche. Ein Weinkrampf bemächtigte sich ihres Körpers, und sie konnte nicht mehr aufhören zu weinen. Sie sank auf die Knie und ihre Hände krallten sich in die schwarze Erde, als suchte sie dort einen Halt. Die Liebe zu ihrer Heimat, mit der sie tief verwurzelt war, hatte einen Riss bekommen.

Sie wusste nicht, wie lange sie so verharrt hatte. Ihre Hände, ihr ganzer Körper fühlte sich bereits taub an vor Kälte. Kraftlos erhob sie sich und wankte in die Milchkammer, um sich Gesicht und Hände zu waschen. Niemand sollte ihr verweintes Gesicht sehen. Sie musste stark sein für die Menschen und Tiere, die ihr anvertraut waren. Dennoch konnte sie heute ihre große Traurigkeit vor ihrer Mutter nicht verbergen, aber diese schwieg wie üblich.

Piet wirkte ebenso traurig, als er am Abend zu ihnen kam. Er sprach so leise, dass die beiden Frauen Mühe hatten, seinen Äußerungen zu folgen. »Die armen Menschen in den von uns besetzten Ländern haben kaum noch Lebensmittel, weil das meiste davon konfisziert wird. Sie bekommen weder Fleisch noch Gemüse zu essen. Sie leben meistens von Wasser und Brot. Stellt euch das mal vor! Auch die Kinder. Was das bedeutet, brauche ich euch nicht zu sagen. In Holland und Belgien fallen die Menschen auf den Straßen vor Hunger tot um. Abgesehen von vielen Menschen in den Großstädten geht es uns noch gut, und dass nur, weil andere hungern müssen. Bei dem Gedanken bleibt mir das Essen im Hals stecken. Und die Juden …« Piets Stimme brach und er räusperte sich ein paar Mal, bevor er weitersprechen konnte. »Es reicht den NS-Schergen noch nicht, sie aus unserem Land zu vertreiben. Aus allen besetzten Gebieten werden sie Richtung Polen abtransportiert. Man braucht nicht viel Fantasie, um zu wissen, was dort mit ihnen geschieht. Es heißt, sie kommen in Arbeitslager, aber der Österreicher redet von der ›Vernichtung der jüdischen Rasse‹!«

Seine Stimme wurde plötzlich laut: »Die Nazis wüten ohne Unterlass. Jetzt sind sie am Füsilieren!«

»Was bedeutet das?«, fragte Leevke und sah ihn verwundert an.

»Ha, das klingt doch süß oder was meinst du? Klingt nach Füßeln von Verliebten.« Er schnaubte. »Ein Bekannter von mir, ein Schwede, hat davon gesprochen. Dieser Begriff klingt harmloser, als wenn es heißt, sie stellen die Menschen, die angeblich Kriegsverbrechen begangen haben, an die Wand und knallen sie ab. Kriegsverbrechen, ha, deutsche Soldaten erschießen jetzt ihre eigenen Landsleute, wenn so ein armer Teufel lediglich Lebensmittel auf dem Schwarzmarkt organisiert hat, damit seine Kinder nicht verhungern. Immer öfter kommt es zu Erschießungen. Kann man sich das vorstellen? Immer mehr Deutsche denunzieren sich gegenseitig und sorgen dafür, dass sie wegen Nichtigkeiten ins KZ gesteckt werden, wo sie schuften müssen bis zum Umfallen, wenn sie nicht gleich ›füsiliert‹ werden.« Er lachte bitter. Eine Träne lief dabei langsam über sein zerfurchtes Gesicht und verfing sich in seinem Bart.

Leevke dachte über seine Worte nach. *Krieg, Krieg, Krieg – überall herrscht Krieg. Die ganze Welt ist aus den Fugen geraten. In so vielen Ländern wird gekämpft. Die Menschheit lernt nichts dazu. Sie tränkt die Erde weiterhin mit Blut, Schweiß und Tränen.*

Sie waren jetzt im fünften Kriegsjahr. Leevke dachte an Silvester zurück. Wieder hatte sie sich an die Hoffnung geklammert, dass im neuen Jahr der Krieg zu Ende sei. Wie viele Kriegswaffen gab es denn noch? Viele Fabriken sollten bereits von feindlichen Bombern, manche sogar von den eigenen Leuten zerstört worden sein. Und die Soldaten? Wollte der Wahnsinnige bis zum letzten Mann kämpfen, bis jeder Soldat den ›Heldentod‹ fand? Sie wünschte sich insgeheim seinen Tod, aber sie verbot sich, dass jemals auszusprechen.

Einige Monate später wurde auf Hitler ein Attentat verübt, welches jedoch zum Bedauern vieler misslang. Es hätte das Ende des Krieges, des Tötens und der Nationalsozialisten bedeutet. Nach dem Scheitern wurde der Krieg unvermindert fortgesetzt und mit ihm die Vernichtung von unzähligen Ressourcen, Tieren, Menschen.

Emden, im Sommer 1944 – Tiefflieger über Emden

Es war ein lauer Sommerabend. Leevke nutzte die angenehmen Temperaturen, um mit ihren Kindern zu ihren Ländereien zu fahren. Dabei wollte sie überprüfen, ob noch alle Rinder vollzählig auf der Weide standen und ihre Wassertränken in Ordnung waren. Vorne im Fahrradkorb saß die kleine Jutta, hinten auf dem Gepäckträger in einem zweiten Fahrradkorb Fenna.
Sie überholten ein kleines Mädchen, das mit seinem Puppenwagen unterwegs war. Daneben lief ein größerer Junge, vermutlich ihr Bruder, der sein Fahrrad schob.
Leevke hörte zuerst ein entferntes Brummen am Himmel, bevor sie erkannte, dass es ein Tiefflieger war. Sie schrie auf, holte Fenna und Jutta aus den Körbchen und warf sich mit ihren Mädchen in den Straßengraben, in dem zum Glück wenig Wasser war.
Sie schaute zurück und sah in einiger Entfernung die beiden Kinder, die noch auf der Straße liefen. »Los«, schrie sie, »in den Graben und verdeckt eure Gesichter!« Das Mädchen deutete auf ihren Puppenwagen, doch der Junge zog es geistesgegenwärtig in den Graben. Im nächsten Moment hörte Leevke die Schüsse. Eine Kugel traf auf das Metall des Fahrrads, andere schlugen ganz in ihrer Nähe auf.
Eine gefühlte Ewigkeit verharrten sie so. Als der Luftangriff längst vorbei war, wagte Leevke sich zusammen mit ihren Kindern aus dem Graben. Jutta und Fenna weinten und Leevke versuchte, sie zu beruhigen.

Ängstlich spähte sie dabei zu der Stelle, wo der Puppenwagen stand. Sie war ratlos. Sie wollte ihre Kinder so schnell wie möglich nach Hause in Sicherheit bringen, aber sie konnte die anderen Kinder auch nicht ihrem Schicksal überlassen. Waren sie verletzt oder gar tot? Was würde sie vorfinden? Wie konnte sie Jutta und Fenna vor so einem Anblick bewahren? Ihr Fahrrad war unbeschadet und so setzte sie ihre Kinder wieder in die Fahrradkörbe.
Zögerlich lief sie zu der Stelle, an der sie die Kinder vermutete, noch unschlüssig über ihre nächsten Schritte. Zu ihrer Erleichterung kamen der Junge und das Mädchen wieder zum Vorschein. »Seid ihr verletzt?«, fragte Leevke, die mittlerweile bei ihnen angekommen war. Der Junge schüttelte den Kopf, das Mädchen wirkte wie erstarrt. »Schau mal«, sagte Leevke und blickte in den Puppenwagen, »deiner Puppe geht es gut!« Sie sah ein Einschussloch im Verdeck des Wagens und ihr lief ein kalter Schauer über den Rücken.
Das Mädchen schien sich ein wenig zu beruhigen. »Wo wohnt ihr denn? Ich werde euch nach Hause begleiten!« Der Junge schüttelte den Kopf und zeigte auf eine Frau, die auf sie zustürmte. Ganz offensichtlich war es die Mutter der beiden, die sie gleich darauf in ihre Arme schloss und so drückte, dass diese empört aufschrien. Über das Gesicht der Mutter rannen Tränen. Schwankend kam sie auf Leevke zu und schluchzte: »Danke, du hast meinen Kindern das Leben gerettet! Ich habe den Tiefflieger gesehen, aber ich war nicht fähig, zu meinen Kindern zu laufen, weil mir schwarz vor Augen wurde. Als ich endlich wieder etwas sehen

konnte, schien es mir, als würde ich einen Engel sehen. Die Sonne ließ dein Haar golden erscheinen, da wusste ich, dass alles gut wird!«
Leevke lachte verlegen. Die Frau stand scheinbar noch unter Schock. Am liebsten wäre sie sofort mit ihren Kindern heimgefahren, aber sie begleitete die drei noch bis zu ihrem Haus.
Später erzählte sie ihrer Mutter von dem Vorfall. Diese war ebenso erschüttert: »Das kann doch nicht wahr sein! Das kann doch alles nicht wahr sein!«, wiederholte sie mehrmals und schüttelte traurig den Kopf, »jetzt schießen sie schon auf unschuldige Kinder! Das ist doch ein Verbrechen!«
Leevke zitterte plötzlich am ganzen Körper. Hatte sie in den letzten Stunden einfach nur funktioniert, wurde ihr plötzlich bewusst, dass sie alle wie durch ein Wunder überlebt hatten.

Emden, 6. September 1944 – Am Vormittag

Leevke war früh am Morgen mit Pferd und Wagen Richtung Westerhusen unterwegs, um ihren Großvater zu besuchen. Seit dem tragischen Tod von Tante Fenna und Onkel Otto lebte er allein auf dem Hof. Eine junge Frau, bereits Kriegswitwe, kümmerte sich um seinen Haushalt. Leevke und ihre Mutter hatten ihn monatelang nicht mehr besucht und hofften, dass es ihm gut ging.

Es war ein schöner warmer Spätsommertag und Leevke genoss die Fahrt aus der Stadt, weg von den bleischweren Gedanken, der permanenten Angst um ihren Mann, um den Vater und Bruder, weg von dem ganzen Elend um sie herum, weg von jungen Frauen, die durch diesen sinnlosen Krieg zu Witwen geworden waren und deren Kinder zu Halbwaisen. Fast täglich gab es nun Fliegeralarm. Dann galt es, Haus und Hof und alle darin befindlichen Tiere im Stich zu lassen – denn es ging in den Momenten um das nackte Überleben. Ein Rucksack mit den wichtigsten Papieren, Lebensmittelmarken, Essbesteck, Wertsachen, dazu der Handwagen für ihre Kinder, Leevke hatte stets alles griffbereit. Viele Male musste sie die Kleinen mitten in der Nacht aus einem tiefen Schlaf reißen, um mit ihnen Hals über Kopf zum Bunker zu laufen. Sie und ihre Mutter durften keine Zeit verlieren: Wenn der Bunkerwart die Stahltür geschlossen hatte, ließ er niemanden mehr hinein.

Alles war so trostlos, aber heute wollte sie den Tag genießen und die Ängste nach Möglichkeit ausblenden. Ihre Kinder entwickelten sich prächtig und machten ihr viel Freude. Ihre Entscheidung, Fenna gegen den Willen der Mutter vor der Unterbringung in einem Kinderheim zu retten und zu adoptieren, war die beste Entscheidung ihres Lebens gewesen. Da sie wenig Zeit für sie hatte – der Betrieb forderte ihren ganzen Einsatz – waren die Kinder miteinander beschäftigt. Sie wuchsen beinahe wie Zwillinge auf. Selbst ihre Mutter war mittlerweile von der Richtigkeit ihrer Entscheidung überzeugt.

Auch Leevkes Pferd Max schien gefallen an ihrem Ausflug zu haben und fiel in einen leichten Trab. Der Himmel war strahlend blau mit ein paar schneeweißen Wölkchen. Leevke hätte noch ewig so weiterfahren können, aber der Hof kam bereits in Sicht. Noch immer war sie fasziniert von der langen, mit mächtigen Bäumen gesäumten Auffahrt. Als Kind hatte sie sich vorgestellt, dass am Ende des Weges ein verwunschenes Schloss auf sie warten würde. Sie hatte sich jedes Mal gefreut, wenn sie zu Tante Fenna und Onkel Otto auf den Bauernhof durfte. Dort hatte sie ein eigenes Pferd gehabt, das Shetlandpony Blümchen. Sie hatte es so genannt, weil es gern Gänseblümchen fraß. Es war braun und hatte eine lange, blonde Mähne. In der Erinnerung versunken zog sich ein Lächeln über ihr Gesicht, das jedoch sofort erstarb, als sie ihren Großvater entdeckte, der ganz klein und zusammengesunken auf der Gartenbank direkt neben der Eingangstür kauerte. Vom Hufgeklapper aufgeschreckt hob er langsam seinen Kopf, stand schwerfällig auf, blieb dann aber bewegungslos stehen.

»Moin, Opa!« Leevke sprang vom Kutschbock und eilte auf ihn zu. Etwas stimmte hier nicht. Zur Begrüßung gab sie ihm die Hand. Er nickte ihr nur kurz zu und setzte sich ächzend wieder hin. »Geht's dir nicht gut?«, fragte sie, um die Stille zu durchbrechen, und setzte sich zu ihm. Er schüttelte traurig den Kopf. »Dein Herz?« Als Antwort erneut ein Kopfschütteln. Erst jetzt sah sie die dicke Träne, die langsam über sein stoppeliges Gesicht rann. Leevke wartete ungeduldig und voller Angst auf das, was er ihr mitteilen würde. Panik erfasste sie. Hoffentlich ging es nicht um ihren Vater. Sie überlegte, was sie tun könnte. Sollte sie ihrem Opa einen Tee zubereiten? Doch sie traute sich nicht, aufzustehen.

Er räusperte sich und sagte mit brüchiger, leiser Stimme: »Dein Onkel Tammo ist gefallen!« Kaum hatte er die Worte hervorgepresst, verbarg er sein Gesicht mit seinen großen, mit Altersflecken übersäten Händen.

Leevke wurde sich der Tragweite dieser Äußerung sofort bewusst. ›Dein Onkel Tammo ist gefallen‹, waren seine Worte und nicht ›mein Junge ist gefallen‹, denn das auszusprechen wäre für ihn sicherlich zu schmerzlich gewesen. *Mein Onkel Tammo,* dachte sie, *Opas ältester Sohn.* Er war von jeher unbestritten der Lieblingssohn ihres Opas. Er war so stolz auf ihn gewesen – er war seine große Hoffnung. Tammo gehörte zu den Ersten in Ostfriesland, die mit den neuesten Erfindungen für landwirtschaftliche Geräte handelten und damit die schweißtreibende Feldarbeit leichter machen würde. Als er von der Wehrmacht eingezogen wurde, dauerte es nicht lange, bis er auch dort Karriere machte. Ihr Vater mochte ihn nicht, bezeichnete seinen Bruder oft als ›Emporkömmling‹, da war es kein Wunder, dass auch Leevke ihn nicht mochte. Für ihren Opa war es entsetzlich. Nach seiner Tochter Fenna und seinem Schwiegersohn Otto hatte er jetzt auch noch seinen Ältesten verloren. Wie grausam dieser Krieg doch war! Leevke kannte inzwischen keine Familie mehr, die nicht einen geliebten Menschen in einem der beiden Kriege verloren hatte.

In diesem Moment überkam sie ein großes Mitgefühl mit ihrem Opa. Sie wollte ihn trösten, aber sie wusste nicht wie. Sie legte kurz ihre Hand auf seine Schulter, stand langsam auf und ging ins Haus, entschlossen, ihm nun einen Tee zu servieren. In der Küche traf sie auf die junge Haushaltshilfe ihres Opas, die bereits alles für den Nachmittagstee zubereitet und den Tisch mit Teegeschirr gedeckt hatte. »Moin«, sagte Leevke überrascht.

»Moin, ich bin Wilma und kümmere mich ein bisschen um Opa Ekhoff!«

»Und ich bin Leevke, seine Enkeltochter!«

»Hilfst du mir, die Sachen nach draußen zu tragen? Heute ist noch so ein schöner warmer Tag!« Mit ihrer Hand deutete Wilma auf das Teegeschirr.

Mit Leevkes Hilfe war der Tisch im Garten schnell gedeckt. Dabei erfuhr sie, dass ihr Opa erst vor zwei Tagen die Nachricht vom Tod seines Ältesten erfahren hatte. Seitdem war er kaum ansprechbar und weinte viel, was auch für Wilma schwer zu ertragen war. Sie war erst 22, hatte vor einem Jahr geheiratet und war nur kurze Zeit später Witwe geworden. »Gott sei Dank bin ich nicht gleich schwanger geworden«, sagte sie, »allerdings – mit einem Kind wäre mir etwas von meinem Karl geblieben. Doch in diesen unruhigen Zeiten weiß ich auch nicht, was besser gewesen wäre. Ich nehme mein Schicksal so an, wie es für mich vorgesehen ist. Was hilft es mir, wenn ich mich dagegen sträube?«

Leevke bewunderte diese Frau. Sie selbst hatte mehrfach mit ihrem Schicksal gehadert. Das Leben könnte um einiges leichter sein, wenn man alles so hinnehmen könnte, wie es kam. Doch als sie wieder neben ihrem Opa saß und seine tiefe Trauer spürte, wusste sie, dass das für sie Utopie war. Sie konnte sich nicht vorstellen, dass er je über den Verlust seiner Kinder hinwegkam.

Ihr Tag hatte so schön begonnen – und jetzt die Konfrontation mit diesem unsäglichen Leid. Bald verabschiedete sie sich, denn sie wollte rechtzeitig zurück sein. Auf dem Hof wartete viel Arbeit, aber vor allem brauchte sie ihre Kinder. Sie wollte sie ganz fest in ihre Arme schließen und sie am liebsten nicht mehr loslassen. Sie litt mit ihrem Opa, denn der Gedanke, je eins ihrer Kinder zu verlieren, war so unvorstellbar. Sie verbot sich, weiter darüber nachzudenken.

Aber der Tag war noch nicht zu Ende. An einem fernen Ort in Großbritannien warteten Soldaten auf ihren Einsatz. Ihre Flugzeuge wurden mit 580 Tonnen Bomben beladen.

Der Befehl an die kanadischen Besatzungen lautete: die Vernichtung von Emden ...

Norddeich, im April 2000 – Fenna

Leevke zeigte sich wenig überrascht, als Fenna vor ihrer Haustür stand. Die Begrüßung fiel recht steif aus. Leevke holte noch eine zweite Teetasse und einen Kuchenteller nebst Besteck, und bot ihr Kuchen an, der noch vom Geburtstag übriggeblieben war. Die übliche Teezeremonie begingen sie schweigend, erst als bereits die dritte Tasse Tee vor ihnen stand, begann Leevke: »Mein liebes Kind, es tut mir aufrichtig leid, wie das alles vorgestern abgelaufen ist. Ich wollte, ich könnte es rückgängig machen. Ich habe so lange mit mir gerungen, viel zu lange, um dir und deiner Schwester die Wahrheit zu sagen.«

Fenna schnaubte hörbar durch die Nase. »Bitte, rede nicht um den heißen Brei herum! Sag klipp und klar, was zu sagen ist! Ich bin schon groß.« Ihre Worte klangen tadelnd.

Leevke hatte eigentlich vorgehabt, weit auszuholen, doch Fenna hatte es ihr mit ihrer forschen Art ein wenig leichter gemacht. »Gut, dann mache ich es kurz: Deine Mutter war meine Tante Fenna, die Schwester meines Vaters. Sie ist leider bei deiner Geburt gestorben. Es war im Krieg, die Geburt hat viel zu lange gedauert, die Hebamme war recht alt und der Arzt kam viel zu spät. Hätte es diesen verdammten Krieg nicht gegeben, wäre bei deiner Geburt alles besser gelaufen, womöglich hätte deine Mutter überlebt. Das glaube ich zumindest, obwohl auch gesagt wurde, dass sie eigentlich nicht mehr schwanger werden durfte, nachdem ihr erstes Kind tot geboren wurde.«

»Und mein Vater?«, fragte Fenna, nun etwas verzagt. »Ich gehe davon aus, dass er im Krieg gefallen ist?«
Leevke nahm ihre Tasse in beide Hände und trank den Tee schlückchenweise aus. Sie wollte sich noch ein wenig Zeit verschaffen. Etwas später setzte sie die leere Tasse ab und schüttelte langsam den Kopf, dabei sah sie ihre Tochter mit traurigen Augen an. Wie gern hätte sie ihr die zweite, schreckliche Wahrheit erspart und bestätigt, dass er im Krieg gefallen sei. Doch sie hatte sich geschworen, allen konsequent die Wahrheit zu sagen. »Nein, so war es nicht«, begann sie. »Dein Vater, mein Onkel Otto, war ein ganz lieber und sensibler Mann, aber auch ziemlich unselbstständig. Deine Mutter war stark und resolut, da seid ihr euch recht ähnlich. Als meine Mutter, die bei der Geburt dabei war, ihm die traurige Mitteilung machen musste, dass seine Frau gestorben sei, wusste er keinen anderen Ausweg und hat sich umgebracht.«
Danach wurde es still im Zimmer. Leevke ließ ihrer Tochter Zeit, das soeben Gehörte zu verarbeiten. Sie stand auf und legte ihre Hand auf ihre Schulter, aber Fenna wehrte sie ab. Nach geraumer Zeit holte Leevke ein paar Fotos aus einer Schublade und legte sie vor Fenna auf den Tisch. »Schau mal, das sind deine Eltern bei ihrer Hochzeit. Und hier ist ein Babyfoto von dir. Das habe ich kurz nach deiner Adoption bei einem Fotografen machen lassen.«
Fenna räusperte sich, bevor sie traurig fragte: »Und wie kam es dazu, dass du mich adoptiert hast?«
Erneut entstand eine Pause. »Meine Mutter nahm dich mit zu uns. Ich war gleich in dich vernarrt und ich

wollte unbedingt verhindern, dass du in ein Waisenhaus kommst. Als mir Thilo einen Heiratsantrag gemacht hat, habe ich nur unter der Bedingung eingewilligt, dass er mit deiner Adoption einverstanden sei!«
Leevke lächelte. »Plötzlich war ich im Alter von zwanzig eine verheiratete Frau mit einem Baby und schwanger. Das wäre für mich ein Jahr zuvor noch absolut undenkbar gewesen!«
»Aber das verstehe ich nicht. Ich habe doch eine Geburtsurkunde, wo ihr als Eltern eingetragen seid.«
Leevke seufzte laut. »Wir wollten dich adoptieren, aber wegen der damaligen Umstände – du warst zu dem Zeitpunkt bereits eine Vollwaise – hat meine Mutter es versäumt, deine Geburt beim Rathaus registrieren zu lassen. Dein nächster Verwandter war mein Vater, also dein Onkel, aber der war im Krieg. Der Standesbeamte war mit dieser Situation überfordert und wollte uns ohne Geburtsurkunde keine Adoption bewilligen. Er musste sich zuerst mit seinen Kollegen und dem Bürgermeister beraten und wir sollten am nächsten Tag wiederkommen. Sie hatten zum Glück eine Lösung gefunden: Da deine Geburt zuerst gemeldet werden musste, schlug er uns vor, unsere Namen als Eltern einzutragen. Alles andere sei zu kompliziert und erfordere einen, wie er sagte, ›unverhältnismäßig hohen Verwaltungsaufwand‹, zumal du zwischenzeitlich doch noch in ein Heim hättest untergebracht werden müssen, was ich auf jeden Fall verhindern wollte. Und so wurdest du offiziell unsere leibliche Tochter!«
»Du hast mir erzählt, du seist von Vater schwanger geworden und ihr wolltet heiraten, aber dann sei der

Krieg dazwischengekommen und ihr hättet erst ein Jahr später heiraten können!«

»Was sollte ich denn machen? Du warst schon als Kind unglaublich wissbegierig und als du gesehen hast, dass unsere Heirat und deine Geburt nur ein paar Wochen auseinanderlagen, musste ich dir eine Erklärung geben. Mein liebes Kind, es tut mir unendlich leid, dass ich dir die Wahrheit verschwiegen habe, aber ich wollte, dass du eine unbeschwerte Kindheit hast!«

Fenna errötete und ihre Augen glänzten feucht. Sie räusperte sich mehrmals: »Mutter – oder soll ich jetzt Leevke sagen? – Ich möchte mich bei dir entschuldigen. Ich war nicht fair zu dir.«

»Alles gut. Ich bin froh, dass du nun die ganze Wahrheit kennst. Ich bin und bleibe deine Mutter, aber du kannst auch gern ›Leevke‹ zu mir sagen, wie du magst! Und ich liebe dich ebenso wie Jutta, und ich habe stets darauf geachtet, euch beide gleich zu behandeln, was gar nicht so schwer war – auch wenn ihr natürlich ganz unterschiedliche Charaktere habt!«

»Okay, du wirst aber verstehen, dass ich jetzt erst mal damit zurechtkommen muss!« Mit diesen Worten verabschiedete sie sich, wobei sie ihre Mutter dieses Mal kurz an sich drückte.

Leevke fühlte sich nach dem Gespräch erleichtert und glaubte, sich bald endgültig mit Fenna aussöhnen zu können. Aber was war mit Jutta? Leevke liebte sie so sehr, dass sie nicht wusste, wie sie ohne sie weiterleben sollte. Jedes Mal verspürte sie Schmerzen in der Brust, wenn sie an Jutta dachte. Sie hatte Angst, sie zu verlieren, doch eine leise Hoffnung trug sie noch in sich:

Wenn Jutta sie ebenso liebte, bestünde nicht doch eine Chance, dass sie ihr verzeihen könnte?

Emden, 6. September 1944 – Die Bombardierung

Leevke kam rechtzeitig zum Mittagessen zurück. Sie wollte ihrer Mutter von ihrem traurigen Besuch bei dem Opa erzählen, da fiel ihr auf, dass diese ganz grau im Gesicht war. Ihr schwante Böses. »Was ist mit dir? Bist du krank?« Ihre Mutter schüttelte bekümmert den Kopf. »Dein Rheuma?«, versuchte es Leevke erneut. Als Antwort folgte nur ein Kopfschütteln. »Was ist es dann?«

Ihre Mutter atmete hörbar aus. »Ich weiß es nicht. Ich kann es dir nicht sagen. Ich habe ein eigenartiges Gefühl, als wenn irgendwo eine Gefahr lauert.« Und nach einer kleinen Pause fuhr sie fort: »Mach dir keine Sorgen, meine Nerven spielen mal wieder verrückt! Dieser Krieg bringt mich noch um den Verstand. Wie war es denn bei Opa?«, begann sie schnell von sich abzulenken.

Leevke zögerte einen Moment, sie wollte ihre Mutter nicht noch zusätzlich belasten. Ihr Schweigen hatte jedoch etwas zu lang gedauert und ihre Mutter war bereits hellhörig: »Geht es Opa nicht gut? Sprich doch endlich!«

»Ich weiß es nicht. Krank kann man es auch nennen. Er hat kaum etwas gesagt. Onkel Tammo ist gefallen!«

»Was? Oh, nein, auch das noch! Du weißt, dein Vater und ich mögen ihn nicht besonders, *mochten* ihn nicht besonders«, berichtigte sie sich schnell, »aber das – wie furchtbar! Jetzt hat er Sohn und Tochter verloren und dein Vater seine beiden Geschwister!« Beide schwiegen bedrückt.

»Leevke, ich möchte, dass die Kühe heute eine Stunde eher gemolken werden!« Sie sagte es so eindringlich, dass Leevke sich nicht traute, sie nach ihren Beweggründen zu fragen. Auch gefiel ihr der Gedanke, denn dann hätte sie am Abend etwas mehr Zeit für ihre Kinder. Doch gleich darauf wurde ihr etwas mulmig zumute. Hatte ihre Mutter eine ihrer bösen Vorahnungen? Denn diese trafen meistens zu. Oder hatte sie lediglich gespürt, dass es Opa nicht gutging? Oder hatte sie vielleicht gespürt, dass Onkel Tammo gefallen war? Das könnte die Erklärung sein, denn eine weitere Hiobsbotschaft konnte sie nicht mehr ertragen.

Leevke war mit Pawel vom Melken zurückgekehrt und hatte die vollen Kannen mit seiner Hilfe in die Milchkammer gebracht, da hörte sie den Luftalarm. »Auch das noch«, schimpfte sie laut. Nun galt es, umgehend zu handeln. Sie eilte in die Wohnung, wo ihre Mutter bereits das Nötigste für die Kinder zusammenraffte. Leevke blieb keine Zeit mehr, sich zu waschen und umzuziehen. Sie setzte ihre Kinder in den mit Decken ausgelegten Karren und eilte zum Bunker. Jede Minute zählte. Pawel blieb im Haus, denn er durfte nicht mit in den Bunker. Sie wäre verpflichtet gewesen, ihn in seine Kammer einzuschließen, aber sie widersetzte sich dieser Verordnung, erst recht bei einem Bombenalarm. Es war schlimm genug, was er – schutzlos bei den zahlreichen Luftangriffen – durchleiden musste. Sie kannte es zur Genüge: Viele Luftangriffe hatten auch sie im Keller ihres Hauses verbracht. Nun gab es in der ganzen Stadt zahlreiche Bunker, damit die Bevölkerung bestmöglich geschützt war. Von Opa Beer wusste sie, dass die Haupteinflugschneisen der alliierten Bomberpulks nach Deutschland direkt an den kriegswichtigen Häfen, Werften und Eisenbahnschienen vorbeiführten. Emden war eine wichtige Hafenstadt und lag strategisch günstig. »Für die Royal Air Force«, hatte er einmal gesagt, »also für die Tommys, ist Emden aufgrund seiner Lage – am äußersten Nordweststrand Deutschlands – am nächsten, daher wird unsere Stadt so häufig überflogen.«

Leevke beschleunigte ihren Gang. Es war nicht auszudenken, was passierte, wenn der Bunkerwart sie nicht mehr hineinließ. Überall aus den Häusern kamen die Menschen geeilt, Kinder weinten oder schrien. Jeder kannte dieses furchterregende Geräusch, das seit Jahren zu ihrem Leben gehörte.
Wenn die Sirenen heulten, dann ging es um Leben und Tod, oder sie verloren womöglich ihr Hab und Gut. Viele Häuser waren bereits ausgebombt. Ihre ehemaligen Bewohner waren notdürftig bei Verwandten untergebracht und lebten dort auf viel zu engem Raum. Einige waren von der Stadt aufs Land geflohen und wiederum andere hausten in schäbigen Baracken.

Auch wenn der Gang zum Bunker längst zur Routine gehörte, war Leevkes Stimmung dieses Mal anders. Es lag etwas Bedrohliches in der Luft. Auch ihre Kinder verhielten sich ungewohnt still, ihre Augen schreckgeweitet. Nach einigen Minuten hatten sie den Hochbunker, der für ihren Stadtteil vorgesehen war, erreicht. Sie fanden diesmal einen Platz in der zweiten Etage, ihre Stammplätze waren bereits belegt. Die Menschen saßen dicht gedrängt auf ihren mitgebrachten Kissen und Decken. Die meisten kannte Leevke aus ihrer Nachbarschaft.

Kaum, dass sie sich eingefunden hatten, begann der Fliegeralarm. Jeden Moment würde der Bunkerwart die eiserne Tür verriegeln. Dann half den Menschen da draußen kein Betteln und Flehen mehr, die Tür blieb zu. Wer zu spät kam, musste sich dann in irgendeinem umliegenden Keller verstecken, auf die Gefahr hin, unter den Trümmern des Hauses elendig begraben zu werden.

Leevke kam wieder in den Sinn, wie ihre Mutter sich heute verhalten hatte. War es doch eine Vorahnung? Würden sie hier und heute, in diesem elenden Bunker, der für sie ohnehin wie eine überdimensionale Grabkammer aussah, ihr Leben verlieren? Würden ihre Kinder, drei und vier Jahre alt, hier umkommen, in diesem irrsinnigen Krieg? Sie sah zu ihrer Mutter, aber die hatte ihren Kopf gesenkt und hielt die Augen geschlossen.

Nachdem das markerschütternde Warnsignal verklungen war, breitete sich eine unheimliche Stille aus, als würden alle Anwesenden den Atem anhalten. Selbst die Kinder, die anfangs noch geschrien hatten, waren mittlerweile verstummt und wirkten verschreckt. Es herrschte eine gedrückte Stimmung, die das Atmen schwermachte. Ein Gefühl der Hilflosigkeit und Ohnmacht zeigte sich auf den Gesichtern. Das Warten begann, verbunden mit der Hoffnung, die Bomber

würden sie wieder einmal verschonen und vorbeifliegen. Doch plagten sie sich gleichzeitig mit Schuldgefühlen, denn wenn *sie* verschont blieben, bedeutete es, dass die Soldaten woanders ihre todbringende Fracht abladen und dort für Not und Elend sorgen würden.
Im Bunker verlor Leevke jegliches Zeitgefühl. Es hätten Stunden sein können, doch war keine Viertelstunde vergangen, als sie ein unheilvolles Geräusch, ein fernes Summen und Brummen hörte, das langsam anschwoll. Dann wurde das Geräusch von lauten Gewehrsalven übertönt. Opa Beer hatte sich zwischenzeitlich zu Leevke gesellt. Er half ihr mit den Kindern, nahm ihr Fenna ab und hüllte sie in eine Decke ein, sodass nur noch ihre Nasenspitze herausguckte. Wie zu erwarten ließ Fenna es sich gefallen, denn beide Kinder liebten ihren Opa Beer und kuschelten sich gern an ihn, wenn er abends zu ihnen in die Küche kam und sein Pfeifchen rauchte. Auch Leevke hatte als Kind gern auf seinem Schoß gesessen. Dankbar lächelte sie ihn an. Jetzt konnte sie sich besser um Jutta kümmern, die sie ebenso umsichtig in eine Decke hüllte, damit sie besser vor dem unerträglichen Lärm geschützt war, der stetig zunahm.
»Das sind unsere Soldaten in den Flakstellungen. Sie versuchen, die Bomber der Royal Air Force abzuschießen. Anscheinend sind viele im Anflug, das wird heute leider sehr ungemütlich!«, vermutete Opa Beer.
Er sollte recht behalten. Im nächsten Moment brach die Hölle los. Ein Pfeifen, ein Zischen, dann pausenlos das entsetzliche Geräusch von Detonationen. Es war ein ohrenbetäubender Lärm. Eine Bombe musste ganz

in ihrer Nähe explodiert sein, denn die dicken Betonwände wackelten.
»Mama«, rief ein kleiner Junge, »wenn die Wände so wackeln, gehen sie dann gleich kaputt?« Die Mutter hob verzweifelt die Schultern.
»Es ist gut, mein Junge«, mischte sich Opa Beer ein, »dass die so wackeln. Wären die Wände starr, dann würden sie brechen. Glaub mir, der Bunker ist so stabil gebaut worden, dass er den schlimmsten Bombenangriff übersteht. Uns kann nichts passieren. Emden ist die Stadt mit den meisten Bunkern, fast 200 sollen es sein, darin haben weit über 10.000 Menschen Platz. Keine Sorge, wir alle sind hier bestens geschützt!«
Der Junge schien beeindruckt und wirkte erleichtert. Ein Lächeln huschte über sein Gesicht, und ein Vertrauen zeigte sich, das nur Kindern möglich war. Auch die Menschen in ihrer Nachbarschaft nickten zur Bestätigung oder auch, um sich selbst Mut zu machen. Doch sie wurden auf eine harte Probe gestellt. Bombe um Bombe folgte. Kinder wimmerten und schrien, Frauen und alte Männer jammerten, viele flüsterten monoton ihre Gebete. Ein kleines Mädchen betete inbrünstig: »Ich bin klein, mein Herz ist rein, soll niemand drin wohnen, als Jesus allein.«
Alle im Bunker Gestrandeten registrierten die Einschläge in nächster Nähe. Die unheilvollen kurzen Pausen zwischen den Detonationen gab es bald nicht mehr. Sie hörten das Heulen und Krachen in einer Dauerschleife, alles zielte auf Vernichtung ab. Die Menschen befanden sich in einem Ausnahmezustand. Ihre Nerven lagen blank.

Leevke sah in Gedanken ihre geliebte Stadt vor sich, das schöne Rathaus aus der Renaissance mit dem ›Engelke up de Muer‹ [plattdeutsch, übersetzt: ›Engel auf der Mauer‹ – Wappen der Stadt Emden], die altehrwürdigen Patrizierhäuser, *ihr* Haus – nichts würde davon übrigbleiben. In den letzten Jahren war bereits so viel zerstört worden. Die feindlichen Bomber wollten jetzt scheinbar den Rest erledigen. Sie spürte, wie Jutta sie so fest umklammerte, dass sie kaum noch Luft bekam. Hilfesuchend sah sie zu ihrer Mutter, aber die starrte nach wie vor apathisch vor sich hin, als hätte sie mit ihrem Leben abgeschlossen. Der entsetzliche Lärm der Gewehrsalven, das ständige Pfeifen und Zischen wurde stetig lauter. Die Detonationen prallten mit einer ungeheuren Wucht auf, bisweilen so nah, dass die Bunkermauern sich noch mehr als sonst bewegten. Von der Decke rieselte der Putz und die Hindenburglichter flackerten. Es war der bisher schwerste Luftangriff, den sie je erlebt hatten.
Ein alter Mann jammerte: »Das ist das Ende! Das ist das Ende! Wir werden alle sterben!« Eine Frau schrie ihn an: »So halten Sie doch den Mund! Denken Sie an die armen Kinder!« Als hätte er sie nicht gehört, begann er erneut zu jammern.
Leevke sah sich die Menschen der Reihe nach an. Ihre Mutter saß unbeweglich da, neben ihr war eine Frau, die vor- und zurückwippte. Sie sah auch zu dem alten Mann, der sein Wehklagen mittlerweile eingestellt hatte und die Augen geschlossen hielt, sie sah eine Jugendliche mit einem starren Blick, wie eine alters-

schwache Greisin. Die Luft wurde zunehmend stickig. Es stank nach Schweiß und Exkrementen.
Leevke wunderte sich über sich selbst, denn sie empfand sich lediglich als Beobachterin und schaute zu. Sie schaute zu, als würde sie sich im Kino einen Film ansehen. Sie spürte keine Angst, sie empfand in diesem Moment nichts mehr. Das änderte sich aber schlagartig, als sie *ihn* hörte: Mitten im Raum stand ein kleiner Junge und bellte, bellte wie ein Hund. Aus seiner Stimme klang nichts Menschliches mehr.
Leevke bekam eine Gänsehaut. Sie hatte das Gefühl, als würde ihr das Blut in den Adern gefrieren. Zuerst spürte sie die Kälte in ihren Zehen, bevor sie langsam in ihre Beine hochkroch und sich von dort allmählich in ihrem ganzen Körper ausbreitete. Intuitiv nahm sie ihr Kind vom Schoß und setzte es neben sich auf die Bank. Sie hörte nichts mehr, als wären ihre Ohren mit einer dicken Watteschicht umgeben, sie sah nichts mehr, um sie herum verschwand alles in einen Nebel, bis totale Finsternis sie umgab. Leblos wie eine Puppe sank sie zu Boden.
Aus der Ferne hörte sie, dass jemand ihren Namen rief. Sie wurde geschüttelt und ihr wurde etwas eingeflößt. Über sich sah sie das besorgte Gesicht ihrer Mutter. Es dauerte eine Weile, bis sie ihre Umgebung wieder wahrnehmen konnte. Sie hörte ihre Kinder weinen. »Geht's wieder?«, fragte Opa Beer. Sie nickte. Der Bunker war mittlerweile fast menschenleer. Es wurde Zeit, dass sie hier rauskamen. Er half ihr auf und sagte: »Es ist vorbei!«

Einige Schwestern vom Roten Kreuz waren sofort zur Stelle und halfen ihnen, den Bunker zu verlassen. Draußen schlug ihnen eine sengende Hitze entgegen. Mit von der Hitze trockenen Augen starrten sie auf Ruinen, in denen geisterhaft die Flammen züngelten.
Der Anblick, der sich ihnen bot, war erschreckend. Richtung Innenstadt war nichts mehr zu erkennen außer einer riesigen Feuerwand. Der Himmel hatte sich von den Rauchwolken verdunkelt. Die Hitze und der Rauch machten ihnen das Atmen schwer. Der Hochbunker war unbeschadet geblieben. Wie ein Schutzwall markierte er die Grenze zwischen dem Zentrum und ihrem Stadtteil, welcher am Rande der Stadt lag und noch einigermaßen intakt schien. Jedoch auch hier hatten die Bomben Fensterscheiben zum Bersten gebracht oder auch ganze Häuser in brennende Ruinen verwandelt. Die Straße war übersät mit Trümmern, die ihnen den Heimweg erschwerten. Um sie herum wurde es erneut furchtbar laut. Aus verschiedenen Richtungen waren die Sirenen der Feuerwehrautos und Feueralarm von den Gebäuden zu hören.
Einige Feuerwehrleute waren bereits im Einsatz. Gegen den verheerenden Feuersturm in der Innenstadt schienen sie jedoch machtlos zu sein. Sie konnten lediglich dafür sorgen, dass sich das Feuer nicht weiter ausbreitete, schützten daher die Häuser, die noch intakt geblieben waren und löschten kleinere Brände. Andere suchten nach Verschütteten oder räumten die Straßen notdürftig frei. Je näher sie ihrer Straße kamen, desto mehr Häuser waren verschont geblieben, abgesehen von ein paar zersprungenen Fensterscheiben.

Sie hofften, dass auch ihr Haus unbeschadet war und hatten tatsächlich Glück: Weder das Wohnhaus noch Stall oder Scheune wiesen Schäden auf.
Als sie die Kinder ins Haus gebracht hatten, ging Leevke hinaus, um nach Pawel zu suchen, doch der blieb unauffindbar. Zuerst dachte sie, er wäre beim Bombenhagel ums Leben gekommen, doch dann bemerkte sie, dass aus seiner Unterkunft sein Rucksack und ein paar Decken fehlten, dazu vermisste ihre Mutter einen Laib Brot und ein paar Mettwürste. Er hatte sich ganz offensichtlich aus dem Staub gemacht. Vermutlich würde er sich in einer ländlichen Umgebung verstecken, in der Hoffnung, bei lieben Menschen Unterschlupf zu finden. Zurückkehren konnte er nicht, dann würde ihn die Gestapo sofort verhaften und anschließend töten, denn auf Flucht oder Diebstahl von Volkseigentum stand für Kriegsgefangene die Todesstrafe.
Leevke empfand Mitleid mit ihm, doch schnell musste sie sich um ihre eigenen Probleme kümmern. Von ihrer Mutter erfuhr sie, dass am kommenden Tag alle Frauen und Kinder die Stadt zu ihrem eigenen Schutz verlassen sollten. Sie hatte nicht die leiseste Ahnung, was sie machen sollte und ohne Pawel könnte sie ihre Arbeit allein nicht bewältigen.

Leevke hatte ihre Kinder ins Bett gebracht und ihnen noch ein Schlaflied vorgesungen. Nach der Aufregung waren sie vor Erschöpfung gleich eingeschlafen. Danach setzte sie sich zu ihrer Mutter an den Küchentisch. Schweigend tranken sie ihren Tee. Für das soeben Erlebte fanden sie keine Worte. Die Strapazen der letzten

Stunden waren ihnen deutlich anzusehen. Sie schienen jeglicher Kraft beraubt und um Jahre gealtert.

»Mutter, was sollen wir nur tun?« Stockend sprach Leevke weiter, Hoffnungslosigkeit schwang in ihren Worten mit. »Wir können doch nicht die Stadt verlassen? Was soll aus unserem Hof und den Tieren werden?«

Okka zuckte mit den Schultern. »Ich weiß es nicht, Leevke, aber eins ist gewiss: Dieses Mal sind wir mit dem Leben davongekommen. Das war ein großes Glück, das dürfen wir nicht ein zweites Mal aufs Spiel setzen. Wir müssen uns in Sicherheit bringen, zumindest die Kinder.«

Ihre Mutter hatte recht. Sie musste alles daransetzen, ihre Kinder zu beschützen. »Du könntest mit den Kindern die Stadt verlassen, aber ich kann und werde den Betrieb auf keinen Fall Fremden überlassen. Aber ohne Pawel schaffe ich es nicht!« Der Gedanke, die Schwiegereltern um Hilfe zu bitten, wäre naheliegend gewesen, erzeugte jedoch in ihr Unbehagen. Ihre Schwiegermutter in ihrer herrischen Art würde von ihr verlangen, zu ihnen auf den Hof zu ziehen und von da an würde diese alles bestimmen wollen, sicher auch über den Betrieb. Durch die Eheschließung mit Thilo, dem künftigen Hoferben, würde sie dort bald die Bäuerin sein, doch solange ihr Mann im Krieg war, wollte sie ihr Elternhaus nicht verlassen. Auch hätte sie ihre Mutter ungern allein auf dem Hof gelassen. Unbewohnt würden sich schnell Fremde darin breitmachen oder Plünderer könnten alles stehlen. Wäre doch nur ihr Vater hier! Der wüsste bestimmt Rat. Sie musste den elterlichen Hof führen, bis er und Onno aus dem Krieg heimkehrten. Sie konnte den beiden nicht ihre Lebensgrundlage entziehen. Sie war unendlich müde und hätte sich am liebsten ins Bett gelegt und ihren Kopf in ihr Kissen vergraben, doch sie musste eine Lösung finden. Und die kam unverhofft ...

Emden, 6. September 1944 – Obdachlos

Sie hörten ein Klopfen an der Küchentür und erschraken. Es war bereits nach zehn Uhr. In der ganzen Aufregung hatten sie anscheinend vergessen, die Außentüren zu schließen. Der unerwartete Gast war Piet, der die Tür langsam öffnete und zögernd stehenblieb. Hinter ihm kam eine Frau in den Vierzigern, seine Haushälterin Gerda, zum Vorschein. Beide wirkten erschöpft und traurig, Ihre Kleider waren mit Staub bedeckt. »Kommt doch rein und setzt euch!« Okka lächelte mitleidig.

Sie rührten sich nicht. Piet hatte seinen Hut abgesetzt und drehte ihn unentwegt in seinen Händen. Er schien nervös zu sein. »Ich will euch nicht stören, aber ...«, seine Stimme kippte und tatsächlich begann er zu schluchzen.

Erschrocken lief Leevke auf ihn zu, nahm seinen Arm und führte ihn zu seinem Lieblingsplatz am Ofen. Gleichzeitig forderte sie Gerda auf, sich ebenfalls zu setzen. Ihre Mutter holte zwei weitere Tassen für den späten Besuch und schenkte ihnen Tee ein. Piet hatte sich ein wenig gefasst und stammelte: »Ich habe alles verloren!« Er hob seine Arme zu einer hilflosen Geste.

»Du hast was?«, fragte Okka, als hätte sie ihn akustisch nicht verstanden.

»Mein Haus ist weg, alles ist weg, ich weiß nicht, wo ich hingehen soll!« Alle schwiegen betroffen. »Könnte ich, könnte Gerda – nur für eine Nacht?« Er brach ab.

»Klar«, sagte Leevke leichthin, »es ist gerade ein Zimmer frei geworden!«

Okka schnaufte entsetzt. »Leevke, was fällt dir ein?«
»Entschuldige, ich habe das nicht so gemeint! Das war unbeabsichtigt. Es tut mir leid!«, stammelte sie. Ihr blasses Gesicht war puterrot angelaufen.
Piet wirkte verwundert, denn er hatte nicht die geringste Ahnung, was sie derart in Verlegenheit gebracht hatte. Leevke biss sich verschämt auf die Unterlippe. Ihre Mutter sah sie strafend an. »Selbstverständlich könnt ihr bei uns übernachten. Ich werde dir«, sie sah Piet direkt an, »Onnos Bett beziehen, und du, Gerda, kannst in Leevkes Bett schlafen, Leevke schläft dann bei mir. Bist du damit einverstanden, Leevke?« Ihre Stimme klang drohend.
Leevke war es überhaupt nicht recht und sie überlegte, wie sie reagieren sollte, ohne zu viel preiszugeben. Sie wollte nicht erneut eine derart peinliche Situation hervorrufen. Doch war es ihr auch unangenehm, dass diese Frau, die sie kaum kannte, in ihrem Bett schlafen sollte. Das war *ihr* Bett, welches sie mit Jean-Pierre geteilt hatte.
Ihr langes Zögern blieb den Besuchern nicht verborgen. »Ich will keine Umstände machen«, mischte sich Gerda nun ein, »ich schlaf hier auf dem Küchensofa, wenn ihr nichts dagegen habt. Nur diese Nacht! Morgen fahre ich zu meiner Schwester nach Bunderhee.«
Leevke ignorierte den wütenden Blick ihrer Mutter: »Es tut mir leid, aber mein Bett ... Es ist so, dass die Kinder nach einer Bombennacht zu mir ins Bett krabbeln, und wenn da eine fremde Frau liegt ...!«
»Stimmt«, Okka schlug sich mit der Hand gegen die Stirn, »es tut mir leid, daran habe ich nicht gedacht!

Also gebe ich dir ein paar Decken und dann kannst du hier auf dem Sofa schlafen, Gerda. Morgen sehen wir weiter.«

Leevke fiel müde ins Bett, aber an Schlaf war nicht zu denken. Ihre Nerven waren überreizt. Sie hatte Angst, dass bald erneut Bombenalarm einsetzen könnte. Diese Todesangst im Bunker, ihre Stadt, die lichterloh brannte, Opa Beer, der sein gemütliches Heim verloren hatte, Pawel auf der Flucht, und sie mit einem Haufen Probleme und Arbeit, die sie nicht allein bewältigen konnte. Dann fielen ihr zu allem Übel noch das Jungvieh und die Kühe ein, die draußen auf der Weide waren. Lebten sie überhaupt noch? Waren sie bei der Bombardierung aus dem umzäunten Land ausgebrochen und liefen verunsichert umher? Furchtbare Bilder entstanden vor ihrem geistigen Auge: eine Weide voller toter Kühe, zerfetzte Leiber, Kälber, die sich in Panik im Stacheldraht verfangen hatten oder im Graben ertrunken waren. Im vergangenen Jahr waren im Petkumer Hammrich 60 Kühe von Bomben getötet worden. Ein dunkler Schatten, gleich einem riesigen Gespenst, bemächtigte sich ihrer Seele und hielt sie fest umklammert. Ihr Herz begann zu rasen. Sie konzentrierte sich auf ihren Atem, versuchte, durch tiefes Ein- und Ausatmen Ruhe zu finden, was ihr tatsächlich zu einem kurzen Schlaf verhalf.

Als die graue Morgendämmerung durchs Fenster kroch, stand sie wie gerädert auf. Für einen kurzen Moment hoffte sie, sie hätte die Bombardierung am vergangenen Abend nur geträumt, aber der Brandgeruch ließ sie schnell in die Wirklichkeit zurückkehren. Rasch

kleidete sie sich an und wollte sich durch die Küche davonschleichen, als sie eine Bewegung wahrnahm.
»Oh, entschuldige Gerda, ich wollte dich nicht wecken!«
»Ich kann sowieso nicht mehr schlafen, gestern Abend, die ganzen Bomben ... und dann die vielen Sirenen der Feuerwehr in der Nacht.«
»Bitte, lass uns später reden, ich muss jetzt dringend die Kühe melken, ich hoffe, sie sind alle da und leben noch.«
»Warte, Leevke, ich komme mit!«
»Das musst du nicht!«
»Doch, ich will es aber. Deine Mutter ist auch wach und hat mir vorhin das mit eurem Pawel erzählt. Ich helfe dir gern beim Melken! Ich kann das, mein Opa hat es mir beigebracht.«
Leevke sah sie dankbar an. »Gut, die Kühe sind außerhalb der Stadt. Du kannst mein Fahrrad haben und ich nehme Onnos.«
Draußen wurden sie sofort mit den schrecklichen Ereignissen konfrontiert. Die Innenstadt, wenige Kilometer von ihnen entfernt, brannte auch jetzt noch lichterloh. *Falls es eine Hölle gibt,* dachte Leevke, *dann wird sie so aussehen.* Dicke schwarze Rauchwolken verdunkelten noch immer den Himmel, die Luft war stickig vom Rauch. Es wurde ihnen schwer ums Herz. Es war ein furchtbares Unglück über Emden gekommen. Mit jedem Kilometer, den sie fuhren, entfernten sie sich weiter von der Stadt und die Luft wurde zunehmend besser.

Auf der Weide erlebte Leevke eine schöne Überraschung. Die Kühe grasten gleichmütig im Land, als wäre nichts geschehen. Auch das Jungvieh und die Kälber standen oder lagen auf der Weide und wiesen nicht die geringsten Verletzungen auf. Nur eines fiel gleich beim Melken auf: Die Kühe gaben weniger Milch als sonst, und das hatte nichts mit Gerda zu tun, die sich recht geschickt anstellte. Die Kühe mussten ebenso unter den Bombenabwürfen gelitten haben. Doch auch wenn das Melken nicht so ergiebig war, konnte Leevke ihr Glück kaum fassen. Die Angst um ihre Tiere, die sie so geplagt hatte, stellte sich als unbegründet heraus. Und sie war Gerda dankbar, dass sie mit ihr zusammen hierhergefahren war und ihr half.
Bereits um acht Uhr waren sie wieder heimgekehrt und konnten zusammen mit Okka und Opa Beer das Frühstück einnehmen, das sie sich nach der Arbeit redlich verdient hatten. Ihr Vater und Onno hatten es ebenso gehalten: zuerst kam das Tier, dann der Mensch. Sie schätzte, das war bei den meisten kleineren Höfen Tradition. Bei den Großbauern hingegen war es anders: Sie mussten sich gemeinhin nicht mit dem Melken abplagen, dafür hatten sie genügend Mägde und Knechte. Zwar waren die meisten Knechte im wehrpflichtigen Alter eingezogen worden, doch wurden sie durch Zwangsarbeiter oder Fremdarbeiter ersetzt.
Leevkes Hof war leider nicht allzu groß, daher stand ihr allenfalls nur ein Fremdarbeiter zu. Wenn sie nun aber eine neue Hilfe beantragen wollte, müsste sie Pawel anzeigen und das widerstrebte ihr total. Dann würden die ›Bluthunde‹ ihn suchen und umbringen. Sie wollte

ihm ein wenig Vorsprung geben, machte sich dadurch jedoch selbst strafbar. *Als ob ich nicht schon genug Probleme hätte,* dachte sie. *Wenn man mich einsperrt, kann ich weder etwas für meine Kinder tun noch für den Betrieb.* Was sollte sie nur machen? Leevke runzelte die Stirn und seufzte laut.
Piet bezog dies auf sich: »Leevke, mach dir keine Sorgen um uns. Ich werde heute noch klären, ob ich bei meinem Vetter in Rysum unterkommen kann. Und Gerda fährt so schnell wie möglich nach Bunderhee.«
Okka hatte bisher geschwiegen. »Ihr werdet euch wundern, aber ich habe bereits eine Lösung für uns alle!«
Erstaunt blickten sie zu ihr. Leevke verzog ihr Gesicht, da sie befürchtete, dass ihre Mutter wieder über ihren Kopf hinweg entscheiden würde. Als hätte sie mit einer Art siebtem Sinn Leevke bereits durchschaut, fuhr Okka vorsichtig fort: »Leevke, du weißt, dass Frauen und Kinder heute die Stadt verlassen sollen, damit sie in Sicherheit sind. Wir haben doch gestern Abend bereits darüber gesprochen. Es ist nur ein Vorschlag und es sind *deine* Kinder. Letztendlich musst du entscheiden und nicht ich!«
Leevke wurde unruhig und ihre Stimme klang gereizt: »Sag, Mutter, was schlägst du vor? Auch ich habe mir schon Gedanken gemacht.«
»Gut, Leevke, dann sag es!«
Piet und auch Gerda fühlten sich recht unbehaglich, da sie befürchteten, dass sich ein Streit zwischen Mutter und Tochter entfachen könnte. Piet erhob sich, Leevke bat ihn jedoch zu bleiben. Sie begann: »Mutter, ich denke, es ist das Beste, wenn du dich mit den Kindern

in Sicherheit bringst, am besten zu Opa nach Westerhusen. In seinem Haus ist genügend Platz und er benötigt dringend Ablenkung. Du weißt, wie sehr er trauert. Und du, Opa Beer«, sie richtete ihren Blick auf den alten Mann, »hast kein Dach mehr über dem Kopf und Gerda dadurch auch nicht. Unser Arbeiter hat sich aus dem Staub gemacht, daher benötige ich dringend Hilfe. Wie wäre es, wenn ihr hier bei mir auf dem Hof bleibt und mich so gut es geht unterstützt?«
Piet wiegte den Kopf hin und her. »Das ist ganz lieb von dir, mein Kind, und ich würde dein Angebot gern annehmen, aber viel arbeiten kann ich nicht mehr!«
Leevke lachte: »Melken und Ausmisten musst du auch nicht, aber es wäre für mich sehr hilfreich, wenn du dich um unsere Kundschaft kümmern würdest. Ich denke, du kannst das viel besser als ich, weil mir die nötige Zeit dazu fehlt. Ich könnte mich derweil um andere Dinge kümmern. Für mich wärst du eine große Hilfe! Und wenn du dann noch Langeweile hast«, lächelnd zwinkerte sie ihm zu, »darfst du gern unsere Arbeitsgeräte und Räder reparieren. Vor allem wäre mit dir wieder ein Mann im Haus, der mich vor Mäusen und anderem Getier beschützt«, dabei legte sie kurz ihren Zeigefinger quer über ihre Oberlippe. Alle hatten verstanden und grinsten. »Ich denke, damit ist jedem von uns geholfen, selbst meinem Opa in Westerhusen!«
Okka lachte erleichtert auf. »Ach, Leevke, dasselbe wollte ich gerade vorschlagen, als ich dich und Gerda so einträchtig nebeneinander in der Milchkammer gesehen habe. So könnte es gehen, das heißt, wenn Piet und Gerda damit einverstanden sind?«

Die beiden waren einverstanden und wirkten ebenso erleichtert. Piet zwinkerte Leevke zu. »Ich hatte es im Stillen gehofft. Mein Vetter, mit dem ich mich gar nicht gut verstehe, wird froh sein, dass er mich alten Zausel nicht bei sich aufnehmen muss. Wir hätten uns ohnehin nur gestritten.« Alle Blicke richteten sich nun auf Gerda. Diese nickte ein paar Mal, bevor sie zögerlich sagte: »Na ja, mit meiner Schwester wäre es auch nur eine Notlösung gewesen. Wie soll ich sagen, sie ist sehr *speziell*. Sie hat schon immer eine Menge Katzen gehabt, und wenn die sterben, werden sie ausgestopft! Ich finde es recht gruselig, wenn die mich dann mit ihren toten Augen anstarren. Ihre Schnauzen mit den spitzen Zähnen sind so weit geöffnet, als würden sie jeden Moment lebendig werden und mich beißen!«
Leevke schüttelte sich und ihr durchlief ein kalter Schauer. »Ich habe noch ein Problem.« Sie sah in die Runde. »Was unternehmen wir wegen Pawel? Ich zeige ihn ungern an. Ihr wisst, was ihm dann blüht. Ich möchte ihm noch ein bisschen Vorsprung geben, aber ich kann es auch nicht riskieren, mich selbst strafbar zu machen. Meine Kinder brauchen mich und in unserem Betrieb bin ich unabkömmlich.«
»Lass mich nur machen«, schaltete sich Opa Beer ein, »ich werde mich mal ein bisschen in der Stadt umhören. Bei dem ganzen Chaos, das zurzeit herrscht, wird sich wohl keiner die Mühe machen, einen einzelnen Zwangsarbeiter zu verfolgen. Es wird gestern viele Tote gegeben haben und nicht alle können identifiziert werden. Aber zuerst gehe ich zu der Kammer, wo er geschlafen hat und reiß den Riegel ab. Dann können

wir behaupten, dass du ihn vor dem Bombenalarm vorschriftsmäßig eingesperrt hast, dass er sich befreit hat und ausgebüxt ist.«

Leevke war froh, dass sie unverhofft eine Lösung für ihre drängendsten Probleme gefunden hatten. Sie dachte wieder an die vergangene, durchwachte Nacht, als sie so verzweifelt gewesen war. Nur der Abschied von den Kindern würde ihr furchtbar schwerfallen. Aber es half nichts, es ging nicht um ihre eigenen Befindlichkeiten. Es gab keine andere Möglichkeit, um ihre Kinder zu beschützen und sie künftig vor diesen grauenvollen Stunden im Bunker zu bewahren. Sie mochte sich gar nicht vorstellen, wie sich diese Erlebnisse auf ihr späteres Leben auswirken würden. Die Kinder brauchten seit Jahren keine Windeln mehr, doch in letzter Zeit nässte sich Fenna nachts wieder ein.

Jetzt galt es, schnell zu handeln. Mit vereinten Kräften richteten sie die beiden Schlafstätten ihrer neuen ›Mieter‹ ein und stellten ihnen Kleider zur Verfügung. Für Okka und die Kinder mussten Koffer gepackt werden, die zusammen mit Decken und Lebensmitteln auf den Ackerwagen verstaut wurden. Es dauerte ein paar Stunden, bis Leevke mit den Kindern und ihrer Mutter abfahrbereit waren. Jutta und Fenna freuten sich auf die Fahrt mit Pferd und Wagen und auch darauf, dass sie eine Zeit lang bei ihrem Opa auf dem Bauernhof mit seinen vielen Ställen und dem großen Garten verbringen durften. Sie ahnten nicht, dass ihre Mutter nicht bei ihnen sein würde.

Als Okka sich mit den Kindern auf den Ackerwagen gesetzt hatte und Leevke den Kutschbock bestieg, kam eine Pferdekutsche in Sicht. Es war ihr Opa aus Westerhusen.

Kaum hatte er sie erreicht, stammelte er heiser: »Gott sei Dank, Gott sei Dank, ihr lebt!« Dann sagte er nichts mehr und rang sichtlich um Beherrschung. Sie halfen ihm vom Wagen und führten ihn langsam ins Haus. Weinend brach er auf der Küchenbank zusammen. Okka setzte einen Kessel mit Wasser auf. In der Zwischenzeit versuchte Leevke, beruhigend auf ihren Opa einzuwirken. »Bitte, Opa, sprich mit uns, was ist denn passiert?«

Er starrte sie an, als würde er einen Geist sehen. »Was *passiert* ist?«, er schüttelte den Kopf, »ich …« Wieder brach er ab. Es dauerte einige Zeit, bis er es erneut versuchte. Er schien alle Kraft aufbringen zu müssen: »Ich habe es doch gesehen, gestern, die feindlichen Flugzeuge über Emden, die ununterbrochen Bomben abwarfen!« Er weinte lautlos, starrte auf einen Punkt an der Wand, schwieg, als hätte er vergessen, wo er war. Er schreckte hoch, sah seine Schwiegertochter und Enkelin an, schüttelte sich, als wäre er aus einem Albtraum erwacht. Seine Augen konzentrierten sich jetzt auf die Teetasse, die vor ihm stand. Als er den Tee trinken wollte, zitterte seine Hand so stark, dass ein Teil über seine Joppe lief. Er schien es nicht einmal zu bemerken.

Nachdem er die zweite Tasse Tee geleert hatte, wurde er ein wenig ruhiger. Er räusperte sich: »Ich habe mit eigenen Augen gesehen, wie Emden zerstört wurde.

Und ich habe das unentwegte Dröhnen der Bomber gehört, die Explosionen, das Feuer, der Himmel war schwarz wie die Nacht!« Erneut strömten die Tränen nur so über sein Gesicht. Er schluchzte: »Ich habe gedacht, das hat keiner überlebt, das kann kein Mensch überlebt haben! Die Hölle hat sich aufgetan und alle mitgerissen!«
Leevke überwand ihre Scheu, streichelte sein tränennasses Gesicht und legte ihren Arm um ihn. Er ließ sie gewähren, er war nur noch ein Häufchen Elend, außer sich vor Trauer. So hatte sie ihn noch nie erlebt, geschweige denn je einen anderen Menschen in einer derartig bedauernswerten Verfassung gesehen.
Okka sprach beruhigend auf ihn ein. »Du hast recht, es war die Hölle! Wir saßen alle in dem Bunker und hatten bereits mit unserem Leben abgeschlossen. Es war entsetzlich und Leevke hat es zuletzt nicht mehr ausgehalten und ist ohnmächtig geworden. Wir hatten großes Glück, aber wir müssen nun die Kinder in Sicherheit bringen. Würdest du mich und die Kinder mit auf den Hof nehmen?«
Weinend nickte er. Sprechen konnte er nicht mehr, als hätten ihm seine Worte die letzte Kraft geraubt. Eine Stunde später brachen sie auf. Sie hatten alle Sachen von ihrem Wagen in die Kutsche verfrachtet und Leevke musste sich schweren Herzens bereits in Emden von ihren beiden Kleinen verabschieden. Für sie wurde es auch höchste Zeit, mit Gerda zusammen die Kühe zu melken.

Es dauerte letztlich mehr als zwei Monate, bevor Leevke ihre Kinder zurückholen konnte, diesmal in das Haus ihrer Schwiegereltern.

Emden, Mitte September 1944 – Die Ruinenstadt

Piet und Gerda machten sich in Haus und Hof nützlich. Während Gerda sämtliche Aufgaben im Haushalt übernahm und Leevke zudem in der Landwirtschaft tatkräftig unterstützte, reparierte Piet alles, was nötig war und kümmerte sich liebevoll um die Kundschaft. Alle kannten ihn und vertrauten ihm ihre Sorgen und Nöte an. In der übrigen Zeit war er unterwegs. Eines Tages kam er von einem seiner Spaziergänge völlig aufgelöst zurück. Es brach aus ihm hervor: »Unser schönes Rathaus gibt's nicht mehr! Die Altstadt ist eine Trümmerwüste! Ich kann mich noch genau erinnern, im Dezember '43 ist doch bereits so vieles zerbombt worden. Die Große Kirche – unsere alte Moederkerk [Mutterkirche], das Museum am Mühlendrift, so viele Wohn- und Geschäftshäuser, aber jetzt ..., ihr könnt es euch beim besten Willen nicht vorstellen – so ein Elend! Die Bomber, es waren bestimmt 200 oder mehr, haben die Altstadt dem Erdboden gleichgemacht. Wir haben ja im Bunker die pausenlosen Bombardierungen gehört und konnten schon ahnen, dass von Emden nicht mehr viel übrigbleiben würde, aber die Zerstörung mit eigenen Augen zu sehen ...«

Er brach ab, weil ihm die Stimme versagte, zog ein altes, zerknülltes Taschentuch aus seiner Hosentasche und schnäuzte sich hörbar, bevor er weitersprach: »Überall in der Stadt sind große Löcher. Dort, wo die Herrenhäuser gestanden haben, stehen nur noch Gerippe. Ein alter Feuerwehrmann, den ich gut kenne, erzählte mir, dass er so etwas Unbeschreibliches noch nicht gesehen hätte. ›Dantes Inferno‹ nannte er es. Eine weite Fläche von weißer Glut, der Delft sah aus, als ob selbst er brannte. Die armen Menschen, die sich in den Kellerräumen verstecken wollten, sind jämmerlich erstickt. Sie hatten keine Chance. Ihr müsst wissen, dass so ein Feuersturm sämtlichen Sauerstoff an sich saugt.« Er schnäuzte sich erneut. Mit zittriger Stimme sprach er weiter: »Unsere schöne Altstadt gibt es nicht mehr! Tausende sind obdachlos geworden. Der Brandgeruch kriecht aus jedem Winkel. Überall liegen Gesteinsbrocken herum, viele Straßenzüge sind komplett abgeriegelt.«

»Und was ist mit den schönen Patrizierhäusern?« Leevkes Stimme klang verzagt.

Piet schüttelte traurig den Kopf. »Die hohen Bürgerhäuser mit den stuckverzierten Fenstern gibt es nicht mehr. Von den Häusern ist hin und wieder eine fensterlose Wand stehengeblieben, sie sind ebenso fort wie unser schönes Rathaus. Es sieht gespenstisch aus. Ein paar Häuser stehen noch, sie haben jedoch immense Schäden. Ich habe eingestürzte, verkohlte Dachstühle gesehen und verbrannte Bäume in den Gärten. Wo man auch hinschaut, überall gibt es nur noch Ruinen. Es stinkt bestialisch nach verbrannten Häusern und was darin war – es ist unerträglich! Die Menschen stehen verzweifelt vor den Trümmern ihres Hauses. Einige jammern und klagen, andere sind stumm geworden. Überall irren sie umher, suchen in den Trümmern nach Resten ihres Eigentums: hier ein aufgeplatzter Teller, da ein Topf oder eine Pfanne. Es ist ein Trauerspiel!«

Er schluckte schwer. Sein Gesicht verzog sich vor Kummer, als er weitersprach. So erfuhren sie von einem kleinen, verdreckten Mädchen, das ihm bei seiner Erkundungstour aufgefallen war. Es stand vergnügt vor einem bis zur Unkenntlichkeit zerstörten Haus, während eine Frau, vermutlich seine Mutter, in den Trümmern nach Verwertbarem suchte. Die Kleine hatte ihre Puppe wiedergefunden, die war zwar arg ramponiert, das Haar versengt und ihr fehlte ein Bein, aber das Kind strahlte vor Freude über seinen unverhofften Schatz, als sei es das glücklichste Kind der Welt – ein Trümmerkind, dem die Kindheit gestohlen wurde, womöglich auch seine Zukunft. Irgendwann stand Piet auf und verließ mit gebeugtem Rücken das Zimmer, als würde er eine zentnerschwere Last tragen.

Leevke hatte gesehen, wie sich seine Augen mit Tränen füllten. *Es ist ein Jammer,* dachte sie, *dass es als Schwäche gilt, wenn Männer weinen.* Schwäche zu zeigen, war bei den Nationalsozialisten ohnehin verpönt. Der Krieg brachte es jedoch mit sich, dass es ein Meer aus Tränen gab, bei fast allen Menschen, nur dass es für die Männer eine zusätzliche Qual war, wenn sie versuchten, sie zu unterdrücken.

Nach dem Abendessen blieben alle noch lange am Küchentisch sitzen. Leevke sagte unvermittelt: »Wenn wir unser schönes Rathaus verloren haben, dann werden wir auch den Krieg verlieren!«

Piet sah sie beinah belustigt an, auch wenn ihm gar nicht zum Spaßen zu Mute war, als könne er nicht nachvollziehen, was die Zerstörung des Rathauses mit dem Kriegsausgang zu tun haben sollte. Insgeheim gab er ihr natürlich recht: Das Deutsche Reich war dem Untergang geweiht. Er hielt seine Gedanken jedoch für sich, als er in ihren Gesichtern sah, wie schockiert seine Worte sich ausgewirkt hatten. *Nur Weiber und Krüppel,* dachte er wehmütig, *sind übriggeblieben.*

Leevke war nicht entgangen, dass Opa Beer bei ihrer naiv anmutenden Aussage gegrinst hatte. Sie konnte es ihm nicht verübeln, denn sie hatte sich missverständlich ausgedrückt. Mit ihrer Aussage hatte sie nicht nur das Rathaus gemeint, sie hatte in dem Moment an das ganze Elend gedacht, das nicht nur über das Deutsche Reich, sondern über die ganze Welt gekommen war, an die unzähligen Opfer, die im Krieg gefallen waren oder vermisst wurden. Ebenso dachte sie voller Mitgefühl an die vielen Männer, die jung und gesund in den Krieg gezogen waren und als Invaliden heimkehrten. Sie mussten nun für den Rest ihres Lebens mit schweren Einschränkungen leben. Kein Mann, keine Frau und kein Kind würden diese Zeit je aus dem Gedächtnis löschen können. Ihr weiteres Leben, falls sie überhaupt überlebten, würde überschattet sein von diesem Grauen. Leevke hasste diesen Begriff ›gefallen‹ oder die Formulierung ›gefallen für Gott und Vaterland‹. Es machte sie unbeschreiblich wütend, wenn sie eine Todesanzeige las, in der ein junger Mann als ›Held‹ für das Vaterland ›gefallen‹ war. Was sagten diese Worte aus? Nur ›gefallen‹? Wie ein Kind, das hingefallen war und jederzeit wieder aufstehen konnte? Und dann dieser Heldenmythos! Wenn jemand sich im Krieg hervortat und Menschenleben rettete, war er unbestritten ein

Held. Aber waren es Helden, die durch ein menschenverachtendes Regime gezwungen wurden, andere Menschen zu töten? Leevke hatte bereits Skrupel, wenn sie ein leidendes Tier mithilfe eines Tierarztes ›erlösen‹ musste. Helden oder Heldinnen waren für sie immer die Menschen gewesen, die sich durch Mut und Großherzigkeit für andere einsetzten.
Piet unterbrach die Stille. »Dass wir das Bombardement überlebt haben, grenzt an ein Wunder.« Leevke und Gerda nickten betroffen. Wenig später erfuhren sie von Piet aus einer seiner verlässlichen Quellen, dass die Alliierten ungefähr 10.000 Brandbomben, 1.500 Sprengbomben und 3.000 Phosphorbomben innerhalb von zwanzig Minuten über Emden abgeworfen hatten. Das Ausmaß dieser Katastrophe machte sie fassungslos. Sie verharrten schweigend, von derselben Trostlosigkeit gefangen.

Piet saß spätabends vor dem Volksempfänger und hörte heimlich Nachrichten von Radio Orange und BBC, daher war er stets bestens über die gegenwärtige Weltlage informiert. Er beherrschte erstaunlich viele Sprachen, neben Niederländisch und Deutsch hatte er auch ganz passable Englischkenntnisse. Das Hören von sogenannten ›Feindsendern‹ war seitens der Gestapo strengstens untersagt und wurde mit Gefängnis oder schlimmstenfalls mit dem Tod bestraft, aber Piet ließ sich davon nicht einschüchtern. »Was hab' ich denn noch zu verlieren?«, sagte er, als er eines Nachts von Leevke beim Hören der ›Feindsender‹ ertappt wurde. »Die Lügen, die uns der Österreicher und sein Propa-

gandaminister täglich erzählen, kann ich nicht mehr ertragen. Gegen die Alliierten haben wir sowieso keine Chance. Und was macht Goebbels in dieser aussichtslosen Lage? Zuerst hieß es, die Wehrmacht sei unbesiegbar, jetzt will er jeden Einzelnen von uns darauf einstimmen, ›größtmögliche Opfer‹ zu bringen. Sieh dir doch unsere schöne Stadt an! Die Luftangriffe haben unzählige wichtige Städte wie Emden bereits zerstört. Dass der Krieg verloren ist, weiß jeder, der noch ein bisschen Verstand im Leib hat, auch die Herren in Berlin. Unsere Jungs sind in Russland elendig verreckt. An der Westfront sieht's nicht anders aus. Aber Goebbels, dieser Hetzer, macht weiter.« Piet hatte wahrgenommen, dass schon lange keine Siegesmeldungen mehr zu hören waren, sondern nur noch Durchhalteparolen. Er räusperte sich: »Die Faschisten haben uns ins Unglück gestürzt. Ich muss wissen, was tatsächlich um uns herum geschieht.« Dabei war ihm durchaus bewusst, dass die Briten ebenfalls ihre Sender zu Propagandazwecken nutzten. Ihm entging nicht, dass Leevke missmutig den Kopf schüttelte, doch er fuhr unbeirrt fort: »Ich versuche zwischen den Zeilen die Wahrheit zu erfahren und die ist absolut erschreckend. Ich befürchte, nach dem Krieg wird unser Leben nie wieder so sein, wie es einmal war. Die Schuld werden noch unsere Kinder und Kindeskinder zu tragen haben!«
Leevke wirkte etwas versöhnlicher. »Du hast ja recht, Opa Beer, aber ich will nicht, dass du dich in Gefahr begibst!«
»Ich habe bereits alles verloren! Meine Gesundheit, er verzog wehmütig sein Gesicht und klopfte auf sein

Holzbein, mein Heim, das meine liebe Mathilde so gemütlich für uns eingerichtet hat, Fotos, Andenken von unseren gemeinsamen Reisen, oder die Pullover und Strümpfe, die sie an unzähligen Abenden liebevoll für mich gestrickt hat, so viele Erinnerungsstücke, alles, was mein Leben ausgemacht hat, ist weg. Und wenn die Nazis mich an die Wand stellen oder besser gesagt ›füsilieren‹, na und, dann bin ich eben auch noch weg, zusammen mit Millionen anderer. Wenn ich sterbe, bleibt nichts mehr von mir, so als hätte ich nie existiert. Nee, ich habe nichts mehr zu verlieren.«

»Aber wir«, entgegnete Leevke mit belegter Stimme, »die Kinder und ich, wir wollen dich nicht verlieren, wir brauchen dich!«

»Stimmt«, sagte er und seine Lippen verzogen sich zu einem Grinsen, »wer soll denn sonst eure Fahrräder reparieren?«

»Eben!«

Mit dieser Bemerkung gelang es ihm, sie augenblicklich zu einem Lächeln zu bringen, und sie boxte ihn freundschaftlich gegen den Arm. Am Ende versprach er ihr, nie mehr feindliche Sender zu hören, aber Leevke wusste, dass er sein Versprechen nicht einhalten würde.

Sie nahm sich vor, ihn nie wieder auf sein mitternächtliches Lauschen anzusprechen. Es hatte auch seine Vorteile. Ihm hatte sie es zu verdanken, dass auch sie stets bestens informiert war.

Wochen später wagte sich auch Leevke Richtung Innenstadt und war zutiefst erschüttert über das, was sie sah. Nun mit eigenen Augen zu sehen, was Opa Beer berichtet hatte, traf sie mit voller Wucht. Sie hatte das Gefühl, dass sich alles um sie herumdrehte, und sie befürchtete, ohnmächtig zu werden. Sie war so stolz auf ihr Rathaus gewesen, dieses imposante Gebäude, das Wahrzeichen der Stadt. Es als Ruine zu sehen, traf sie mitten ins Herz. Opa Beer hatte keinesfalls übertrieben. Nicht einmal in ihren schlimmsten Träumen hätte sie sich dieses Ausmaß der Zerstörung vorstellen können. Leevke versuchte, ihre Beherrschung zu bewahren, aber es gelang ihr nicht. Durch einen Tränenschleier sah sie auf ihre verwüstete Heimatstadt. Sie musste fort von hier, konnte den Anblick nicht länger ertragen. Abrupt wandte sie sich ab und wäre beinahe mit einer Person zusammengestoßen.

»Mir ist auch zum Weinen zumute, wenn ich sehe, was von unserer schönen Stadt übriggeblieben ist«, hörte sie eine bekannte Stimme.

Schnell wischte sie sich die Tränen aus dem Gesicht. Vor ihr stand Frauke. Beide wirkten einen Moment verlegen, doch dann umarmten sie sich. »Hallo Frauke, wir haben uns ja ewig nicht gesehen«, freute sich Leevke. »Wie geht's dir?« Erst jetzt bemerkte sie, dass Frauke abgekämpft und müde aussah.

Fraukes Stimme klang weinerlich: »Wir wurden ausgebombt. Ihr auch?«

Leevke schüttelte den Kopf. »Nein, wir hatten Glück. In Wolthusen sind die meisten Häuser verschont geblieben!«

»Du Glückliche«, sagte Frauke wehmütig, »ich wünschte, wir würden auch noch dort wohnen. Ich war bei meiner Tante in der Fürbringerstraße, als die Sirenen losgingen. Wir sind schnell zum nächsten Luftschutzbunker gerannt. Als es Entwarnung gab, wollte ich nach Hause laufen, du weißt, wir wohnen seit Jahren in der Brückstraße. Ich hatte solche Angst um meine Mutter und meinen Bruder. Es war der reinste Albtraum! Ich versuchte, am Delft entlangzulaufen, aber das war unmöglich. Die Trümmer versperrten mir den Weg. Die ganze Stadt schien zu brennen. Das Feuer spiegelte sich im Delft und es sah so aus, als würde selbst das Wasser brennen. Seitdem wohnen wir alle bei meiner Tante in der Fürbringerstraße. Die Wohnung ist eher für ein oder zwei Personen ausgelegt, aber wir dürfen nicht klagen, wir haben fürs Erste ein Dach über dem Kopf.«

»Das ist ja furchtbar!« Leevke rang sichtlich um Fassung. »Ich kann dir leider auch keine Unterkunft anbieten, wir haben Opa Beer zusammen mit seiner Haushaltshilfe Gerda bei uns aufgenommen. Er wurde ebenfalls ausgebombt.«

»Oh, wie schrecklich! Er hatte doch ein so schmuckes Heim. Die Feuerwehrleute haben sich nur langsam unter schwersten Bedingungen vorgekämpft, bis der letzte Brand gelöscht war. Kaum einen der Verschütteten konnten sie noch retten.«

Leevke nickte. Sie wusste von Opa Beer, dass Hunderte von Toten zu beklagen waren. Für jede betroffene Familie war das eine furchtbare Tragödie, jedoch angesichts der extremen Bombardierung der Stadt war die Emder Bevölkerung sogar noch glimpflich davongekommen, was an der Vielzahl von Bunkern lag, die von holländischen und französischen Zwangsarbeitern und Kriegsgefangenen gebaut worden waren. Sie dachte unwillkürlich an Jean-Pierre. Er war rechtzeitig in sein Heimatland zurückgekehrt, bevor die Fremdarbeiter, die freiwillig ins Land gekommen waren, im Laufe des Krieges zu Zwangsarbeitern degradiert wurden. Fortan hausten sie in primitiven Baracken und waren den zahlreichen Bombenangriffen schutzlos ausgeliefert.

Nach dieser Begegnung trat Leevke kummervoll den Heimweg an. Die Zerstörung ihrer Stadt zerrte an ihren Nerven. Sie entschloss sich, die Altstadt weiträumig zu umfahren. Nach einigen Kilometern sah sie jedoch etwas, das sie in ungläubiges Erstaunen versetzte: Die Natur lieferte ein bemerkenswertes Schauspiel. Kastanienbäume, Fliederbüsche und Obstbäume begannen ein zweites Mal in diesem Jahr zu blühen. Sie vermutete, dass es durch die extreme Hitze der vergangenen Tage möglich geworden war. Für Leevke glich es einem Wunder und es war für sie ein kleiner Trost, dass die Natur sich auch nicht von den extremsten Bedingungen unterkriegen ließ. Sie nahm sich vor, es möglichst ebenso zu halten.

Emden, im Oktober 1944 – Feldpost von Thilo
Nach monatelangem, bangem Warten hatte Leevke Feldpost von ihrem Thilo erhalten. Mit zittrigen Händen öffnete sie den Brief.

Liebe Leevke!
Ich bin in großer Sorge. Gerade habe ich von einem Sanitäter erfahren, dass Emden bei einem Bombenangriff dem Erdboden gleichgemacht wurde. Ich hoffe, Du konntest Dich mit den Kindern rechtzeitig in Sicherheit bringen und Ihr seid wohlauf. Meine Sorge gilt ebenso meinen Eltern. Bitte schreibe mir, sobald Du diesen Brief erhältst.
Ich liege in einem Lazarett nahe der französischen Grenze. Bei einem nächtlichen Einsatz wurde ich angeschossen und gleich operiert. Mach Dir keine Sorgen, mir geht es den Umständen entsprechend gut. Etwas Positives hat die Sache: Ich darf in einigen Tagen nach Hause, zumindest hoffe ich, dass es unsere Elternhäuser noch gibt. Auf jeden Fall ist für mich der Kriegseinsatz endgültig vorbei.
In Liebe – Dein Thilo

Starr vor Angst las Leevke den Brief noch einmal. Sie war entsetzt darüber, dass Thilo verwundet war und sich obendrein noch Sorgen um sie machte. Tatsächlich hatte er mit keinem Wort erwähnt, was für eine Verletzung er erlitten hatte. In ihrem Kopf entstanden entsetzliche Bilder: War er gelähmt und müsste für den Rest seines Lebens im Rollstuhl sitzen? Hatten sie ihm ein Bein amputiert, so wie bei Opa Beer? Nein, das durfte alles nicht sein! Hatte etwa ein Bombensplitter sein Gesicht entstellt? Sie hatte seit Jahren viele Kriegsinvaliden gesehen,

denen Gliedmaßen fehlten, die Kopfverbände trugen oder entstellte Gesichter hatten. Eines stand für sie jedoch fest: Wenn die Wehrmacht Thilo vom Kriegsdienst befreite, dann musste es schon eine schwere Verletzung sein. *Ach Thilo, mein lieber, guter Thilo, was haben sie nur aus dir gemacht?* Einzelne Tränen waren auf den Brief getropft und hatten ein paar Buchstaben verwischt. Sie hatte es gar nicht bemerkt.
Voller Angst machte sie sich auf den Weg zu ihren Schwiegereltern, um ihnen die Nachricht zu überbringen, aber auch mit einer vagen Hoffnung, dass sie ebenfalls von ihrem Sohn Feldpost erhalten hatten und näheres über seine Verletzung wussten. Zu ihrem Bedauern waren diese ahnungslos.
Ihre Schwiegereltern zeigten sich ebenso entsetzt über die furchtbare Nachricht. Elisabeth fand ihre Fassung als Erste wieder. In ihrem gewohnten Befehlston sagte sie: »Dann werde ich ihm sofort ein Zimmer herrichten lassen und du, Leevke, bleibst am besten noch eine Weile auf eurem Hof! Ich denke, Thilo wird seine Ruhe brauchen, damit er sich ganz erholen kann.«
Schwiegervater Friedrich räusperte sich vernehmlich und warf ihr einen bösen Blick zu: »Frau, was redest du da! Die beiden sind verheiratet und gehören zusammen.«
Elisabeth, die es nicht gewohnt war, dass ihr jemand in ihrem Zuständigkeitsbereich widersprach, entgegnete unwirsch: »Ich werde das regeln, kümmere dich lieber um deine eigenen Angelegenheiten!«
Derart vor seiner Schwiegertochter brüskiert, sprang Friedrich mit wutverzerrtem Gesicht von seinem Stuhl

auf und verließ laut stampfend die Küche, dabei schlug er die Tür krachend hinter sich zu.
Ihrer Schwiegermutter schien der Auftritt ihres Mannes wenig zu beeindrucken: »Also, es ist abgemacht! Du bleibst vorerst in deinem Elternhaus. Wir wollen doch alle, dass Thilo schnell wieder gesund wird, oder nicht?«
Leevke nickte nur und verabschiedete sich rasch. Sie war sprachlos. Auf jeden Fall wollte sie bei ihrem Mann sein, egal, wie sich ihre Schwiegermutter ihr gegenüber gebärdete. Thilo war *ihr* Mann und wenn es sein musste, war es *ihre* Pflicht und Schuldigkeit, ihn zu pflegen. Sie wollte ihm eine gute Ehefrau sein. Zusammen mit ihr und den Kindern würde er sich schneller erholen. Aber als Erstes musste sie ihm schreiben, dass es ihnen allen gutging und sogar beide Elternhäuser bei dem Bombenangriff keinen Schaden genommen hatten. Wenn er die gute Nachricht noch vor seiner Heimreise erhielt, würde sie vielleicht zu seiner Genesung beitragen.

Emden, Ende Oktober 1944 – Thilos Heimkehr

Leevke konnte es kaum erwarten, ihren Thilo wieder in die Arme zu schließen, doch seine Begrüßung war eher verhalten. Er war abgemagert und sah elend aus. Eines fiel ihr sofort auf: Seine Augen, die früher nur so vor Abenteuerlust geblitzt hatten, jetzt war jeder Glanz aus ihnen erloschen. Über seine Verletzung machte er ihr gegenüber nur eine vage Andeutung. Er zeigte in Richtung Unterleib und sagte: »Da haben sie mich erwischt!« Dabei verzog er sein Gesicht und war anschließend kaum ansprechbar, für Leevke eine Bestätigung, dass es sich um eine schwerwiegende Verletzung handelte. Mehr erfuhr sie nicht und sie traute sich auch nicht, danach zu fragen. Offensichtlich war es ihm peinlich, darüber zu reden.

Sein Hausarzt verordnete ihm für die nächsten Tage strikte Bettruhe. So lag er meistens stumm da und starrte an die Zimmerdecke. Er war in seinem Elternhaus – Leevke hatte sich ihrer Schwiegermutter gefügt, daher wurde Thilo unter ihrer Obhut gepflegt und Leevke war noch nicht zu ihm gezogen. Doch sie besuchte ihn jeden Abend gleich nach dem Melken. Dann saß sie lange an seinem Bett, aber zu ihrem großen Kummer nahm er sie kaum wahr, hatte sich nicht einmal nach den Kindern erkundigt.

Leevke fand es bedrückend, ihren Mann in diesem Zustand zu sehen. Körperlich und seelisch war er ein Wrack. Sie versuchte ihn aufzuheitern so gut es ging, doch er reagierte kaum darauf. Sie überlegte angestrengt, was sie noch unternehmen könnte, um ihn auf andere Gedanken zu bringen. Nach langem Grübeln entschloss sie sich, ihre Kinder von Westerhusen zurückzuholen und sie zu ihm zu bringen, auch wenn ihre Schwiegermutter sich nach wie vor dagegen sträubte. Leevke war das jedoch egal, außerdem vermisste sie ihre Kinder, die sie nur einmal in der Woche besuchen konnte.

Ihr Plan zeigte den gewünschten Erfolg: Von dem Augenblick an, als Thilo die Kinder sah, besserte sich sein Zustand. Jutta und Fenna fürchteten sich jedoch zuerst vor ihrem Vater, denn sie konnten sich nicht mehr an ihn erinnern. Bei seinen wenigen Fronturlauben waren sie noch zu klein gewesen. Ihre Scheu legte sich jedoch rasch. Jutta war die Erste, die ihm ein Lächeln ins Gesicht zauberte. Es dauerte nicht lange, da verließ Thilo sein Bett und empfing sie am Abend im Wohnzimmer. Mit ihrer Fröhlichkeit und ihrem aufmunternden Geplapper schaffte es Jutta, ihn in kürzester Zeit aus seiner Lethargie zu befreien.

Auch Opa Friedrich sowie die ganzen Bediensteten auf dem Hof hatten die Kinder im Nu für sich eingenommen, dabei waren die Geschwister so unterschiedlich. Fenna war ein eher schüchternes Kind. Sie suchte sich meistens ein ruhiges Plätzchen und spielte allein oder mit ihrer Schwester, während Jutta gern im Mittelpunkt stand.

An Juttas viertem Geburtstag hatte die Köchin mit bescheidenen Mitteln mehrere Kuchen gebacken und es wurde eine recht fröhliche Feier. Thilo überraschte seine Tochter mit einem Mobile aus Holz, das er selbst gebastelt hatte. Dafür hatte er kleine Figuren

geschnitzt: eine Kuh, ein Pferd, einen Hund und mehrere Hühner. Für Jutta war es das schönste Geschenk und sie umarmte ihren Papa stürmisch. Von ihren Augen ging ein Strahlen aus, welches sich in Thilos Augen widerspiegelte. Die beiden wurden ein Herz und eine Seele.
Leevke hatte permanent ein schlechtes Gewissen, aber es schien ihr unmöglich, Thilo die Wahrheit über seine vermeintliche Tochter zu sagen. Nach seinen schrecklichen Kriegserlebnissen und seiner Invalidität brauchte er viel Liebe und Zuwendung. Das zu zerstören, wäre grausam gewesen – zumindest versuchte sie, mit diesen Gedanken ihr schuldbeladenes Gewissen zu beruhigen.
Als Thilo sie schließlich bat, endlich zu ihm zu ziehen, gab es auch seitens Elisabeth keinen Protest mehr. Der Umzug war schnell erledigt. Leevke hatte selbst noch keine Möbel, nur ein paar Kisten und Koffer mit Kleidern mussten vom Elternhaus zu den Schwiegereltern befördert werden.
Wie gern hätte sie als Ehefrau und Mutter selbstständig für ihre Familie gesorgt, statt unter der Fuchtel der Schwiegermutter zu stehen, aber das war in bäuerlichen Familien mit ihren festen Strukturen unmöglich. Sie hatte ein Elternhaus mit einem anderen getauscht und war wieder nur die ›Tochter des Hauses‹, zumindest solang ihre Schwiegermutter lebte. Sie befürchtete, dass ihr Leben dadurch noch mühsamer wurde. Auch kämpften ihr Vater und Onno nach wie vor an der Front und sie musste sich weiterhin um den elterlichen

Betrieb kümmern. Das würde sich sobald nicht ändern, vermutete sie.

Ihr Leben hatte wenig mit dem zu tun, was sie sich einmal erträumt hatte, jedoch durfte sie nicht undankbar sein. Sie hatte es hier sogar noch komfortabler als in ihrem Elternhaus. Bisher hatte ihre Mutter für sie und die Kinder gekocht und beide fast alle Arbeiten im Haushalt gemeinsam übernommen. Jetzt gab es genügend Mägde, die diese Arbeiten erledigten und eine Köchin, die sich um das leibliche Wohl kümmerte. Wie schlecht müsste es den armen Menschen gehen, die wie Opa Beer ihr Heim verloren hatten?

Norddeich, im Juni 2000 – Heimchen am Herd

Leevke und Britta saßen am Abend gemeinsam auf der Terrasse bei einem Glas Wein und genossen den Blick auf das Meer, das gemächlich vor sich hinplätscherte. Möwen versammelten sich am Meeressaum, wo sie sich bei der üppigen Mahlzeit, die die Flut anspülte, noch gehörig den Bauch vollschlagen konnten, bevor sie ihre Schlafplätze aufsuchten.

Sie sahen dem Treiben eine Zeit lang zu, bis Britta unverhofft einen Film mit Heinz Rühmann ansprach, den sie am Vortag zufällig gesehen hatte. Sie war äußerst verwundert über das einst devote Verhalten der Frauen.

Leevke betrachtete stolz ihre Enkeltochter, die als freie Künstlerin und alleinerziehende Mutter das Gegenteil einer devoten Frau verkörperte. Es war kein Wunder, dass diese kein Verständnis für die Frauen aufbringen konnte, die geprägt waren durch die damalige Erziehung.

Leevke nickte. »Die Zeit ist mit der heutigen nicht zu vergleichen. Ich bewundere dich, wie selbstverständlich du dein Leben meisterst. Früher war eine unverheiratete Frau mit Kind ein Makel. Ich bin froh, dass heute jede Frau so leben kann, wie sie möchte, auch ohne Mann. Ähnliches habe ich mir früher auch vorgestellt, und doch wäre es undenkbar gewesen. Dazu fällt mir eine Werbung aus den Fünfzigern ein. Wörtlich hieß es da »Eine Frau hat zwei Lebensfragen: Was ziehe ich an und was koche ich heute.«

Britta bog sich vor Lachen. »Über so etwas habt ihr doch auch nur gelacht, oder?«

»Wie man's nimmt«, räumte Leevke ein. »Da abends direkt vor der Tagesschau gezeigt wurde, wie sich eine perfekte Hausfrau verhalten soll, um ihrem Mann nach getaner Arbeit ein gemütliches Heim zu schaffen, hat das seine Wirkung sicher nicht verfehlt.

Die schlimmste Werbung aber war die von ›Frauengold‹, in der den Frauen geraten wurde, dieses Zeug regelmäßig einzunehmen – der Hauptbestandteil war Alkohol! –, damit sie sich wieder attraktiv fühlen würden und ihren Männern jeden Wunsch, wirklich jeden, ich denke da an eine eingespielte Bettszene, erfüllen könnten!«

Britta schaute sie ungläubig und mit offenem Mund an. Um ihr die damalige Zeit zu veranschaulichen, zeigte Leevke ihr einige Filme vom ›7. Sinn‹. Im ersten Film wurde eine Autofahrerin gezeigt, die nach ihrer Fahrt die Autotür aufriss, ohne auf den Verkehr zu achten, und dabei einen Radfahrer übersah, der deshalb verunglückte. In einem anderen Film wurde einer jungen Frau geraten, bei einer Autopanne den Kofferraum zu öffnen und sich Hilfe suchend nach einem Mann umzusehen. Obendrein wurde bemerkt, dass eine hübsche Frau eher mit Hilfe rechnen könne. Sie sahen noch andere Werbung mit derselben Intention: Eine Frau, die den Rückspiegel lediglich zum Schminken benutzte oder eine Warnung an Frauen, beim Fahren keine hochhackigen Schuhe zu tragen. Der 7. Sinn war eigentlich eine lehrreiche Sendung, die vor Gefahren im Straßenverkehr warnte und daher von allen mit

großem Interesse verfolgt wurde. Natürlich gab es auch Folgen, die sich an Männer richteten und die durch ihr ungeschicktes Verhalten Unfälle verursachten. Aber besonders Frauen wurden in diesen Sendungen der Lächerlichkeit preisgegeben.
Britta hatte zwar hin und wieder gelacht, doch jetzt wirkte sie empört. »Oma, das ist verrückt! Das würde es heute doch höchstens noch bei Sitcoms mit eingespielten Lachern geben.«
»Leider war es so! Ich erinnere mich noch genau daran, als sich die ersten Emderinnen gegen den Widerstand der Familie durchgesetzt und den Führerschein gemacht haben, also vom Beifahrersitz auf den Fahrersitz wechselten. In der Zeit erschienen diese Werbefilme zur besten Sendezeit im öffentlich-rechtlichen Fernsehen, private gab's damals ja noch nicht.« Leevke war bewusst, dass das Fatale dabei war, dass die Männer weiterhin in ihren Vorurteilen bestärkt wurden und viele Frauen gleich verzagten und begannen, an ihren neuerworbenen Fähigkeiten zu zweifeln.
»In der NS-Zeit, in der ich aufgewachsen bin, war die Rollenverteilung zwischen Mann und Frau klar definiert. Die Jungen sollten zu Härte erzogen werden, während die Mädchen bereits früh auf ihre Rolle als Ehefrau und Mutter vorbereitet wurden. Das Ideal der Nazis: eine gesunde, treue und leidensfähige Frau, die ihrem Mann diente und möglichst viele ›erbgesunde‹, ›rassenreine‹ Kinder gebären sollte.« Leevke schnaufte laut, bevor sie weitersprach: »Die Frauen kämpften bereits Anfang des 20. Jahrhunderts um Gleichberechtigung, aber meistens wurden sie sowohl von Männern

als auch von Frauen dafür ausgelacht. Die Nazis haben die Frauenbewegung um Jahrzehnte zurückgeworfen!« Britta schüttelte sich und wirkte verärgert. »Das war eine krasse Zeit, in der du gelebt hast!«
»Ja, eine schreckliche Zeit! Dabei waren es die Frauen, die im Krieg und noch Jahre danach die Männer in den Betrieben und Fabriken ersetzen mussten, oder als sogenannte ›Trümmerfrauen‹ den Schutt der zerbombten Häuser wegräumten! Doch als die Männer zurückkamen, wurde die Rollenverteilung, die ihnen jahrelang eingeimpft wurde, wieder eingeführt. Eine berufstätige Frau hatte es damals schwer. Das war die Saat, die in der NS-Zeit gesät wurde.«
»Gut, dass die Frauen sich damals zur Wehr gesetzt haben und eisern für die Gleichberechtigung gekämpft haben«, bemerkte Britta.
Leevke seufzte und räumte ein. »Da gebe ich dir recht, vor dem Gesetz sind alle gleich, nur dass es in den Chefetagen und in der Politik wesentlich weniger Frauen gibt als Männer, von gleicher Bezahlung wollen wir gar nicht erst reden. Ich werde es nicht mehr erleben, dass sich auch das ändert. Ich hoffe, eure Generation bekommt es hin. Nach der klassischen Aufgabenverteilung, die sich bis heute bemerkbar macht, denk an die schlecht bezahlten Berufe, die natürlich eher die Frauen machen, wird es Zeit für die Umkehrung der Verhältnisse!«
Britta grinste breit: »Na, Oma, obwohl du in der Zeit gelebt hast, in der die Männer über ihre Frauen herrschten, warst du mit Sicherheit kein Heimchen am Herd!«

»Stimmt, das hätte ich meinen Mitmenschen auch gar nicht antun können, so schlecht wie ich koche!«, entgegnete Leevke amüsiert.

Emden, im November 1944 – Die Todesnachricht

Ich habe die traurige Pflicht, Ihnen mitzuteilen, dass Ihr Mann, Gefreiter Enno Ekhoff, in soldatischer Pflichterfüllung für Führer, Volk und Vaterland am 2.11.44 bei der Schlacht um Straßburg den Heldentod fand.

Leevke betrachtete den Brief, den ein Bote gebracht hatte. Es wurde ihr zur Gewissheit, was ihre Mutter bereits wusste, bevor sie die offizielle Nachricht erhielt. Sie trauerte bereits seit Wochen um ihren Mann. Eines Morgens war das Bild, das ihn in seiner Uniform zeigte, von der Wand gefallen. Da wusste sie es. Zwar hatte ihre Mutter ihr diesen Vorfall verschwiegen, aber ihre Trauer war so offensichtlich, dass es Leevke nicht entgangen war. Doch hatte sie sich bis zu diesem Zeitpunkt dagegen gesträubt, das Unfassbare anzunehmen, geschweige denn zu akzeptieren.
Jetzt ist es offiziell, dachte sie, und ihr war, als wäre mit ihrem Vater ein Teil von ihr gestorben. Unstillbare Trauer mischte sich mit unbändiger Wut, die zeitweilig sogar überhandnahm. ›Für Führer, Volk und Vaterland‹ – welch ein Hohn! Ihr Vater hatte die Nationalsozialisten gehasst und sich mit Vehemenz gegen die Einberufung gesträubt. Er wollte kein Soldat sein, er liebte die Natur mit seiner Pflanzen- und Tierwelt, war ein Bauer aus Leidenschaft. Man hatte ihn gezwungen, eine Waffe in die Hand zu nehmen, womöglich auf Menschen zu schießen, auf Menschen, die so waren wie er.
Leevke war in die Scheune gerannt, hatte sich eine Axt geschnappt und damit draußen Holz gehackt. Sie

brauchte ein Ventil für ihre Wut. Erst als sie erschöpft auf eine Gartenbank sank, wurde ihr Körper von einem Weinkrampf erfasst. Sie schrie vor Verzweiflung und Trauer. Seit Kriegsbeginn hatte sie sich täglich um ihn gesorgt, ihn in ihre Gebete miteingeschlossen. Jetzt war alles aus und vorbei. Was würde aus dem Hof werden? Sollte sie weiter dafür kämpfen und sich täglich abmühen, obwohl ihr Vater tot war? Und was war mit Onno? Würde er heil zurückkehren, so fanatisch er sich für den Diktator einsetzte? Würde er auch als Held sterben, wie sie es ihm in der HJ eingebläut hatten? *Nur gut, dass Opa das nicht mehr erlebt hat,* dachte sie. Ihr Opa war ganz still und leise von ihnen gegangen. Wilma fand ihn eines Morgens zusammengesunken unter einem Apfelbaum. Am Tag zuvor war es ihm körperlich gut gegangen, zumindest hatte er nicht über Unwohlsein geklagt. Sein Herz hatte den Tod seiner Kinder, vor allem den seines Lieblingssohns, nicht verkraftet. Bei der Beerdigung hatte Wilma zu Leevke gesagt: »Ich befürchte, er ist an gebrochenem Herzen gestorben!« Das war vor einigen Wochen gewesen.

Jetzt sind alle deine Kinder tot, dachte Leevke. *Hoffentlich seid ihr im Himmel alle wieder vereint!* Dieser Gedanke gab ihr ein wenig Trost.

Emden, im November 1944 – Leevkes neues Heim

Jutta und Fenna gewöhnten sich schnell an ihr neues Zuhause. Der Bauernhof war viel größer als ihr bisheriges Heim und daher gab es für sie dort viel mehr Spielmöglichkeiten. Die vielen Menschen, die sie umgaben, waren wie eine Großfamilie und in diesen schweren Zeiten eine willkommene Abwechslung. Ab und zu brachte Leevke ihre Kinder zu ihrem Elternhaus, wo ihre Mutter zusammen mit Opa Beer und Gerda wohnte. Mittlerweile beherbergte sie zudem noch ein altes Ehepaar, welches ebenfalls ihr Haus bei der Bombardierung verloren und hier eine Zuflucht gefunden hatte.

Leevke gewöhnte sich allmählich an die Annehmlichkeiten, die das Haus ihrer Schwiegereltern mit sich brachte. Die Mahlzeiten waren üppiger, als sie es aus ihrem Elternhaus kannte und zum Nachmittagstee gab es nicht nur an Sonntagen Kuchen.

Das Zusammenleben mit ihrem Ehemann war für sie ein neues, ungewohntes Feld. Die Beziehung zu ihm blieb eine große Herausforderung. Thilo war freundlich zu ihr und behandelte sie mit Respekt, doch das Eheleben hatte sie sich ganz anders vorgestellt. Es war dem Krieg geschuldet, vermutete sie, dass er sich ihr gegenüber so distanziert verhielt. Sie gierte nach Liebe, aber er konnte oder wollte sie ihr nicht geben. Nur bei Jutta verlor er seine Zurückhaltung, ihr gab er all seine Liebe. Zu ihrem Kummer beachtete er Fenna hingegen kaum.

Doch Leevke machte noch etwas anderes zu schaffen: Obwohl sie sich bemühte, möglichst einem Streit aus

dem Weg zu gehen, wurde sie bei jeder Gelegenheit von ihrer Schwiegermutter gedemütigt. Nichts konnte sie ihr recht machen, an allem nörgelte sie herum.
Ohne ihre Einwilligung durfte Leevke nichts entscheiden, aber wenn im Haushalt etwas schiefging, wurde sie dafür verantwortlich gemacht. Elisabeth behandelte sie nicht besser als ihre Mägde. Hatte Leevke anfangs noch auf Thilos Hilfe gehofft, wurde sie schnell eines Besseren belehrt. Er hatte genügend auf dem Hof zu tun, vieles lag seit dem Krieg im Argen, und aus Haushaltsangelegenheiten hielt er sich heraus. ›Weiberkram‹ nannte er das. Als Liebling seiner Mutter vermied er es ohnehin, ihr zu widersprechen.
Als die alte Berta ausnahmsweise den Sonntagsbraten anbrennen ließ, und Leevke dafür die Schelte bekam – angeblich hätte sie die Köchin von ihrer Arbeit abgelenkt – und sie sich entrüstet bei ihrem Mann beklagte, erwiderte dieser leichthin: »Warum lässt du dir das denn alles von Mutter gefallen? Kein Wunder, dass sie dich nicht respektiert. Werde endlich erwachsen, Leevke!«
Leevke stockte der Atem. Sie war fassungslos. Seine Aussage schmerzte sie noch mehr als die erneute Kränkung ihrer Schwiegermutter. Als ob er nicht wüsste, was sie bisher in den Kriegsjahren geleistet hatte!
Sie hatte Elisabeths herrische Art bereits als Kind gehasst. Es war ihr unangenehm gewesen, wie respektlos diese mit ihren Mägden und Knechten umsprang. Der Krieg hatte sie anscheinend noch um einiges härter werden lassen. Nach ihrem Umzug hatte Leevke anfangs befürchtet, dass ihre Schwiegermutter auch die

Erziehung ihrer Kinder an sich reißen würde, aber diese Sorge hatte sich als unbegründet herausgestellt. Meistens ignorierte sie die Kinder oder wies sie zurecht, wenn diese ihrer Meinung nach zu laut waren.
Als Thilo bereits drei Tage nach der Eheschließung an die Front musste und sich bei Leevke bald eine Schwangerschaft abzeichnete, hatte ihre Schwiegermutter sie einmal argwöhnisch gefragt, ob das Kind tatsächlich von ihrem Sohn sei oder ob sie ihm einen ›Bastard‹ unterschieben wolle.
Hätte die Schwiegermutter geahnt, dass das Kind tatsächlich nicht von Thilo war, dann wäre es Leevke schlecht ergangen. Sie wusste bis heute nicht, wo sie in dem Moment ihren Mut hergenommen hatte, als sie resolut sagte: »Ich bin mit deinem Sohn verheiratet und erwarte jetzt sein Kind. Finde dich endlich damit ab!« Dann war sie wütend davon gerauscht, gerade noch rechtzeitig, bevor ihr Gesicht aufgrund der Lüge schamrot angelaufen war und die Schwiegermutter noch misstrauischer gemacht hätte, als sie ohnehin schon war.
Mit ihrer Aussage hatte sie Elisabeth auf jeden Fall nicht überzeugt. Kurz nach Juttas Geburt hatte sie ihre Schwiegermutter dabei beobachtet, wie sie das Baby genauestens in Augenschein nahm. Leevke hörte, wie sie sagte: »Na, was hast du denn für eine Nase? Ähnlichkeit mit deinem Vater hast du jedenfalls nicht!« Doch selbst Elisabeth musste irgendwann einsehen, dass dieses Kind ihrem bedauernswerten Sohn guttat und das änderte ihre Einstellung. Zudem meinte Leevke, bei ihrer Schwiegermutter

manchmal ein kleines Lächeln zu erkennen, das Elisabeth übers Gesicht huschte, wenn sie ihren Jungen zusammen mit Jutta sah.
Womöglich hätte sich ihr Verhältnis zur Schwiegermutter gebessert, wenn sie noch ein Kind – vorzugsweise einen männlichen Hoferben – bekommen hätte. Auch in dieser Hinsicht waren mehrmals spitze Bemerkungen gefallen. *Wenn die wüsste,* dachte Leevke, *dass ihr lieber Sohn wegen seiner Kriegsverletzung zeugungsunfähig geworden ist.* Am liebsten hätte sie ihr das ins Gesicht geschleudert, aber über so ein Thema konnte sie natürlich nicht mit ihr sprechen, ohne sich dafür in Grund und Boden zu schämen. Außerdem wollte sie Thilo nicht bloßstellen. Sie sehnte sich nach Liebe, aber die war mit Jean-Pierre aus ihrem Leben verschwunden. Thilo war und blieb ihr Freund, und sie empfand für ihn eine tiefe Zuneigung, doch dass irgendwann daraus Liebe werden würde, hatte sich bisher nicht erfüllt.
Thilo spürte, dass etwas zwischen ihnen stand, aber konnte es nicht benennen. Er gab sich selbst die Schuld daran, denn der Krieg hatte ihn verändert. Die Fassade, die er um sich herum errichtet hatte, bot ihm Schutz, damit er nicht eines Tages an dem Erlebten zerbrechen würde. Er konnte seine Gefühle unter Kontrolle halten, wollte verbergen, was der Krieg aus ihm gemacht hatte. Er vergrub sich hinter seiner Arbeit und verbrachte immer weniger Zeit mit Leevke. Obwohl er sie liebte, hatte er Angst, ihr seine Verletzlichkeit zu zeigen. Leevke hatte wiederum gegenüber Thilo ein schlechtes Gewissen und auch sie hatte eine Fassade um sich errichtet.

Wie sehr wünschte sie sich, ihm endlich die Wahrheit sagen zu können, aber es war zu spät. Jutta war nach dem Krieg die Einzige gewesen, die ihn wieder ins Leben zurückgeholt hatte, und seither bestand zwischen beiden so ein starkes Band, wie es sich jeder Vater zu seiner leiblichen Tochter nur wünschen konnte. Das zu zerstören, war undenkbar für sie.

Wo sollte sie auch hingehen mit zwei kleinen Kindern, wenn ihre Ehe scheiterte? Zu ihrer Mutter könnte sie nicht zurück, die würde eine Trennung von Thilo kaum akzeptieren und mit Vorhaltungen nicht sparen. So ein Leben könnte sie ihren Kindern nicht zumuten. Sie waren ihr einziger Halt und bereiteten ihr stets viel Freude. Als Mutter war es ihre Pflicht, sie zu beschützen und ihnen ein sicheres Heim zu bieten. Das Lügengespinst widerstrebte ihr zwar zutiefst, aber sie sah keine Möglichkeit, es aufzulösen.

Emden, im Februar 1945 – Die Vertriebenen

Leevkes Schwiegermutter Elisabeth öffnete das Wohnzimmerfenster, von dem sie die Hofeinfahrt überblicken konnte. Eine Frau lief geradewegs auf die Eingangstür zu. Sie trug einen schäbigen Koffer. Hinter ihr liefen mit einigem Abstand zwei kleine Jungen und ein etwas größeres Mädchen, Elisabeth schätzte es auf sechs Jahre. Alle wirkten ungepflegt, ihre Gesichter starrten vor Dreck, ebenso ihre Kleider.

Als die fremde Frau in Rufnähe war, schrie Elisabeth ihnen wütend entgegen: »Wir wünschen hier keine Bettler. Verschwindet!«

Die Frau ließ sich nicht abweisen und lief unvermindert weiter, direkt auf sie zu. »Verzeihen Sie, ist dies der Hof von Friedrich de Vries?«, fragte sie mit tonloser Stimme. Sie wirkte erschöpft.

Elisabeth beantwortete die Frage mit einer Gegenfrage: »Wer will das wissen?«

»Oh, entschuldigen Sie, ich heiße Margret Engelhardt. Ich suche meinen Onkel Friedrich.« Als sie in ein verständnisloses, abweisendes Gesicht blickte, ergänzte sie: »Meine Mutter Wilhelmina ist eine geborene de Vries, die Schwester von Friedrich de Vries. Wir kommen aus Ostpreußen!«

Elisabeth machte keine Anstalten, ihren Platz am Fenster zu verlassen, um ihr entgegenzukommen. Sie verschränkte ihre Arme vor der Brust, ein Zeichen ihrer Abwehr und musterte die ungebetenen Besucher von oben bis unten. »Ich weiß ja nicht … – Friedrich hat mir nie von einer Schwester erzählt, und er ist auch nicht da!« Doch nach einem kurzen Zögern fuhr sie etwas milder fort: »Gut, du und die Kinder«, mit einer Kopfbewegung deutete sie in deren Richtung, »könnt euch von meiner Köchin ein paar Scheiben Brot geben lassen, aber eins steht fest: Unser Haus ist bis zur Decke voll mit Flüchtlingen, einen Schlafplatz kann ich euch nicht anbieten! Geht mal zum Pastor, der kann sich um euch kümmern!«

Und es stimmte: Thilos Eltern hatten in den vergangenen Jahren viele Flüchtlinge bei sich aufgenommen.

Margret hob resigniert die Schultern und wollte umkehren, als ein Fuhrwerk mit zwei großen Pferden, es waren schwarze Friesen, auf den Hofplatz zusteuerte und vor dem Scheunentor stehenblieb. Ein großer, breitschultriger Mittsechziger mit eisgrauem Haar stieg vom Wagen und blieb vor der kleinen Gruppe stehen. »Kann ich helfen?«, fragte er resolut.

Margret musterte ihn interessiert. Seine leicht gebeugte Haltung und seine Gesichtszüge erinnerten sie an ihre Mutter. Tränen stiegen ihr in die Augen und ohne zu zögern, sagte sie: »Unverkennbar, du bist mein Onkel Friedrich, der Bruder von Wilhelmina – meiner Mutter!«

Jetzt war es Friedrich, der um Fassung rang. »Ach, Wilhelmina, meine kleine Schwester, ich habe nie mehr etwas von ihr gehört, seit sie von hier fortgezogen ist! Ich wusste nicht einmal, dass sie eine Tochter hat«, und mit Blick auf die Kinder, die sich verschämt hinter ihrer Mutter versteckten, »und Enkelkinder!«

Er begrüßte Margret mit einem festen Händedruck: »Moin und herzlich willkommen! Und wie heißt ihr?«

»Ich bin Margret und das sind meine drei Kinder!«
Friedrich ging in die Knie, damit er zumindest auf Augenhöhe des Mädchens war. Die Kinder schwiegen, daher stellte Margret sie vor. »Also das ist meine Große, Heidi, sie ist sechs Jahre alt, das ist Paul, er ist fünf, und unser kleiner Klaus ist vier!« Heidi machte zur Begrüßung einen Knicks, aber die Jungen klammerten sich an ihre Mutter.
Friedrich schaute sich um. »Und wo ist meine Schwester?«
Margret zuckte mit den Schultern. »Du erinnerst dich vielleicht noch daran, wie stur sie sein kann! Als mein Vater starb, musste sie das Gut allein weiterführen und das wollte sie nun nicht aufgeben. Ich konnte sie nicht dazu bewegen, mit uns zu gehen. Glaub mir, ich habe alles versucht!« Resigniert hob sie die Arme.
»Oh!« Er schaute sie entsetzt an und ihm entglitten für den Moment die Gesichtszüge. Er räusperte sich verlegen: »Kommt erst mal ins Haus, die Flucht war sicher nicht einfach!« Er wandte sich schnell ab und lief vor ihnen her ins Haus, dabei wischte er sich mit seinem Handrücken kurz etwas aus dem Gesicht. Margret vermutete, es waren Tränen. Es beschlich sie ein ungutes Gefühl. Gerüchten zu Folge hatten die Russen bereits Ostpreußen besetzt. Sie hoffte, bald mehr darüber zu erfahren. Eine vage Hoffnung blieb, dass ihre Mutter doch noch im letzten Moment geflüchtet oder zwangsweise evakuiert worden war.
Friedrich ging mit ihnen in die Küche, wo die Köchin Berta mit der Magd Ilse das Mittagessen bereitete. »Kommt, setzt euch! Berta gibt euch ordentlich zu

essen. Danach sehen wir weiter.« Er zeigte auf die beiden Küchenbänke, die längsseits an einem groben Tisch standen. Dann wandte er sich der Köchin zu: »Berta, das sind meine Nichte Margret und ihre Kinder. Gib ihnen einen ordentlichen Teller von der Suppe, die so lecker duftet, dazu Brot mit guter Butter! Ich geh mich mal umziehen.«
Margret und die Kinder blieben unschlüssig in der Tür stehen. Die Köchin schüttelte lachend den Kopf: »Männer! Ihr wollt bestimmt erst eure Mäntel ausziehen und euch waschen. Ilse zeigt euch die Waschkammer. Das Essen ist gleich fertig!«
Friedrich lief ins Schlafzimmer, um sich eine andere Hose und ein frisches Hemd anzuziehen. Dort erwartete ihn bereits Elisabeth, die versteckt hinter der Wohnzimmergardine das Gespräch belauscht hatte. »Was fällt dir ein, diese verdreckte Bande ins Haus zu lassen? Hast du ihre Kleider gesehen? Da kann ja jeder kommen! Aus Ostpreußen, oha, ›Polacken‹ haben wir schon genug im Haus!«
Er sah sie fassungslos an. »Weib, was keifst du denn herum? Ich werde meine Nichte und ihre Kinder ganz bestimmt nicht aus dem Haus schicken und solltest du die Absicht haben, dann kannst du gleich mitgehen! Wer weiß, was die durchgemacht haben? Der Kleinste ist erst vier Jahre alt! Und meine Schwester ...« Es entstand eine Pause. Er kratzte sich verlegen am Hinterkopf. »Wer weiß, ob sie überhaupt noch lebt. Du hörst ja, was in Ostpreußen gerade los ist! Lass sie erst einmal ankommen, dann sehen wir weiter.«

»Und wie sollen wir die alle satt kriegen? Selbst dir dürfte nicht entgangen sein, dass unser Haus voll ist! Sie können unmöglich hierbleiben. Bist du dir überhaupt sicher, dass es deine Nichte ist? Du hast mir gegenüber nie erwähnt, dass du eine Schwester hast!«

»Stimmt! Also Wilhelmina hat im damaligen Krieg in einem Lazarett gearbeitet und dort diesen Leutnant Maximilian von Bernstein kennengelernt. Sie ist gleich nach Kriegsende mit ihm nach Ostpreußen durchgebrannt, angeblich hatte sein Vater dort ein großes Gut. Ich mochte diesen eingebildeten Kerl von Anfang an nicht und das habe ich ihr auch deutlich zu verstehen gegeben. Seitdem hatten wir keinen Kontakt mehr.« Seine Stimme klang brüchig. »Also ich erwarte von dir, dass du sie anständig behandelst! Wir werden einen Platz für sie finden, und wenn ich selbst auf dem Heuboden schlafen muss! Dann muss ich wenigstens nicht mehr dein griesgrämiges Gesicht sehen. Jedes Schwein sieht mich freundlicher an!«

Elisabeth wusste, dass sie diesen Kampf vorerst verloren hatte. Im Stillen hoffte sie, dass diese Frau mit ihren Kindern sich eine andere Bleibe suchen würde. Sie hatte ihr doch ausdrücklich zu verstehen gegeben, dass sie unerwünscht sei! Auch befürchtete sie, dass bald noch mehr aus der Familie nachziehen könnten.

Notgedrungen musste sie zu den anderen Zimmern ihr geliebtes Wohnzimmer, ihre beste Kammer, für die Neuankömmlinge räumen. Ihren Ärger ließ sie an Leevke und den Mägden aus. Mit ihrem Mann sprach sie nur noch das Nötigste. Auch zog sie sich öfter in ihr Arbeitszimmer zurück, angeblich um zu arbeiten oder zu malen. Letzteres war für alle ein Rätsel: Sie hatten noch nie ein Bild von ihr gesehen, obwohl Elisabeth sich öfter Malutensilien kommen ließ und leere Farbtöpfe gegen volle austauschte. Leevke konnte sich ihre hartherzige Schwiegermutter keinesfalls als sensible Künstlerin vorstellen, die ihre Fantasie mit Geduld und Feingefühl auf die Leinwand brachte. Der Gedanke war völlig abwegig.

Königsberg, im Januar 1945 – Vor der Flucht

»Mutter«, sagte Margret zum wiederholten Mal, »wir müssen in den Westen fliehen! Uns bleibt keine andere Wahl. Die Zeit drängt! Die meisten Nachbarn haben sich bereits auf den Weg gemacht. Sie sagen, die Rote Armee ist jeden Augenblick hier. Ich weiß nicht, was dann aus uns wird!«

»Von mir aus«, entgegnete ihre Mutter trotzig und machte eine wegwerfende Handbewegung, »sollen sie doch! Du kennst meine Meinung. Ich werde nicht von meiner Scholle weichen, so wahr ich Wilhelmina von Bernstein heiße! Ich habe zu hart dafür gearbeitet. Es war schwer für mich, von den Schwiegereltern anerkannt zu werden. Du weißt, wie sie mich bis zu ihrem Tod schikaniert haben! Später, nach dem Tod deines Vaters, musste ich mich hier als Frau behaupten. Ich kann und werde das nicht aufgeben, wofür ich jahrzehntelang gekämpft habe!«

Margret musste einsehen, dass diese Diskussionen zu nichts führten, doch die Sturheit ihrer Mutter brachte sie auf die Palme. Sie hatte ihr oft vor Augen zu führen versucht, was die Wehrmacht in Russland angerichtet hatte. So viele Städte waren dem Erdboden gleichgemacht worden, unzählige Menschen waren auf der Flucht. Das alles wusste sie von ihrem Mann Gustav, der Pilot eines Aufklärungsflugzeugs war. Er hatte ihr von Gräueltaten erzählt und von ihm wusste sie auch, dass es Pläne gab, die Menschen in den von der Wehrmacht besetzten Gebieten von der Lebensmittelversorgung gänzlich abzuschneiden. Dass Millionen Sowjetbürger verhungern würden, war Teil ihrer Strategie, um den Vernichtungskrieg im Osten voranzutreiben. Von der Brutalität, mit der die deutschen Soldaten vorgingen, hatte sie ihrer Mutter immer wieder erzählt und auch, dass ihr Gut in einigen Tagen höchstwahrscheinlich mitten im Frontgebiet liegen würde. Margret musste sich und ihre Kinder in Sicherheit bringen. »Mutter, ich werde morgen gehen und du kommst mit!«

Wilhelmina schnappte nach Luft. »Nein, kein Mensch wird mich aus meinem Haus vertreiben – und du erst recht nicht! Ich habe keine Angst vor den Russen! Was sollen sie einer alten Frau schon tun? Und ihre Landsleute, die hier auf dem Gut arbeiten, werden nicht schlechter behandelt als meine eigenen Leute. Daher habe ich keine Angst vor den russischen Soldaten, falls sie überhaupt noch kommen. Der Krieg ist so gut wie beendet.« Sie schnaufte verächtlich, bevor sie in einem belehrenden Ton weitersprach: »Und eines solltest du dir merken, mein Kind: Im Leben geht es nicht um Angst, auf den Mut kommt es an!«

Margret war sprachlos über so eine grenzenlose Naivität. »Stimmt, sie werden keinen Groll gegen uns Deutsche hegen und dir sowieso auf ewig dankbar sein, dass du die russischen Zwangsarbeiter so nett behandelt hast! Ach Mutter, seit der Schlacht um Stalingrad glaubt keiner mehr an den Endsieg, egal, was die Nazis sagen! Wer weiß, was dann aus Ostpreußen wird.« Sie sprang wütend auf. Es hatte keinen Zweck. Ihre Mutter war unbelehrbar und stur wie ein Esel. »Entschuldige Mutter, ich muss jetzt packen und danach noch eine

Mütze voll Schlaf nehmen! Morgen wird es für uns ein anstrengender Tag. Falls du es dir doch noch anders überlegst, wofür ich bete: Um sechs Uhr bin ich am Bahnhof! Auf Wiedersehen!«

Ihre Mutter stand auf und verließ, ohne sich noch einmal umzublicken, das Haus, doch fand Margret etwas später auf dem Wohnzimmertisch einen Zettel. Ihre Mutter hatte darauf mit ihrer schönen geschwungenen Schrift den Namen und die Anschrift ihres Bruders notiert: Friedrich de Vries, Emden, Marktstraße.

Margret nahm zwei große Koffer und packte so viele Kleider wie möglich hinein. In der Küche belegte sie ein paar Brotscheiben, wickelte sie in Geschirrtücher und steckte alles in Heidis Schultasche. Pauls und Klaus´ Kinderrucksäcke füllte sie lediglich mit wenig Proviant, dazu Taschentücher und Verbandsmaterial, darauf bedacht, dass ihre kleinen Jungen kaum etwas zu tragen hätten.

Danach lief sie unschlüssig durch ihre Wohnung, riss Schubläden und Schranktüren auf, nahm ab und zu eine edle Sammeltasse in die Hand oder einen schönen Kuchenteller, ein Fotoalbum oder ein Bild, nur um es kurz nach dem Betrachten wehmütig zurückzulegen. Was nahm man mit auf einer Flucht mit ungewissem Ausgang? Würde sie je hierher zurückkehren? Würden Plünderer in der Zwischenzeit alles Verwertbare mitnehmen und anschließend das Haus verwüsten oder gar anzünden? Sie entschloss sich, das Fotoalbum mit den ganzen Erinnerungen mitzunehmen, doch es war zu schwer und passte nicht mehr in die Koffer. Daher nahm sie die einzelnen Fotos heraus und legte sie ganz unten in einen der Koffer hinein. Dann wiederum fiel ihr ein, dass sie Geschirr und Besteck mitnehmen müsste, für den Fall, dass ihnen unterwegs jemand Essen anbot. Könnte sie doch nur alles in ihren Handwagen laden, dachte sie, aber den dürfte sie sicher nicht mit in den Zug nehmen. Da war sie pragmatisch.

Sie nahm Abschied von allen Dingen, die ihr Heim so gemütlich gemacht hatten. Hin und wieder fand sie kleine Kostbarkeiten, auf die sie auf keinen Fall verzichten konnte: Da waren die Schulbücher von Heidi und ihre Lieblingspuppe, Pauls Sammlung von Zinnsoldaten, die ihm sein Vater geschenkt hatte und Klaus' Kuschelkissen, ohne das er nicht einschlafen konnte. Immer wieder musste sie einige Kleider aus dem Koffer nehmen, damit sie Platz schaffen konnte für Dinge, die noch wichtiger waren. Bald verzweifelte sie an ihrem Vorhaben. Andere Flüchtende hatten Pferd und Wagen, damit konnten sie ihren halben Hausstand transportieren. Sie hatte gehofft, zusammen mit ihrer Mutter zu fliehen, die noch einige Pferde und ein komfortables Fuhrwerk besaß. Da ihre Mutter nicht mitkam und sie ihr nicht die Pferde nehmen konnte, blieb ihr nur die Flucht mit dem Zug, und sie könnte dabei lediglich zwei Koffer mitnehmen. Nein, entschied sie, selbst zwei Koffer waren zu viel. Sie brauchte mindestens eine freie Hand für ihre Kinder. Sie erinnerte sich an einen alten Rucksack von Gustav, der auf dem Dachboden lag. Nachdem sie diesen entstaubt und einen abgerissenen Schulterriemen angenäht hatte, leerte sie den zweiten Koffer und füllte damit den Rucksack, wobei sie erneut Kleider zurücklassen musste. Als sie alles Notwendige

verstaut hatte, setzte bereits die Morgendämmerung ein. Sie holte ihre Kinder aus dem Schlaf und zog ihren Jungen so viel Kleidung wie möglich übereinander an. Heidi befahl sie, ebenfalls sämtliche bereitgelegten Kleider anzuziehen. Klaus und Paul waren verstört und viel zu verschlafen, um zu protestieren. Auch begriffen sie nicht, was das alles zu bedeuten hatte. Heidi, die sonst brav alles erledigte, was ihr aufgetragen wurde, sträubte sich hingegen, sich anzuziehen, zumal sie wusste, dass sie aus ihrer Heimat fortmusste. Sie war stolz darauf, dass sie im Gegensatz zu ihren kleinen Brüdern schon zur Schule gehen durfte und dort bereits viele Freundschaften geschlossen hatte.
»Ich muss heute in die Schule«, murrte sie, »ich habe meinen Freundinnen versprochen, meine Murmeln mitzubringen, damit wir in der Pause damit spielen können!« Trotzig stampfte sie auf.
»Deine Schule bleibt heute geschlossen!«, log Margret. »Ihr hattet in letzter Zeit kaum Unterricht, bei Luftalarm habt ihr die meiste Zeit im Keller der Schule verbracht. Du weißt doch, dass bereits viele Häuser zerbombt sind. Wir sind hier nicht mehr sicher!« Das hatte Heidi letztendlich überzeugt. Sie fürchtete die Bomben und hatte des Öfteren Albträume.

Draußen war es bitterkalt. Das Thermometer zeigte minus 20 Grad. So eine Kälte hatten sie noch nie erlebt. Der Bahnhof war ein paar hundert Meter entfernt, aber sie hatten Glück: Ein Militärfahrzeug hielt an und nahm sie mit.

Im Bahnhofsgebäude waren bereits viele Menschen versammelt, alle schwer beladen mit Gepäck. Soldaten bellten Befehle, Kinder weinten. Als der Zug in den Bahnhof einfuhr, gab es ein großes Gedränge. Margret hatte Angst um ihre Kinder. Sie wollte noch Ausschau nach ihrer Mutter halten, in der Hoffnung, dass sie es sich doch noch im letzten Moment überlegt hatte, aber bei dem Chaos, das dort herrschte, war es ihr unmöglich. Der Zug war schnell übervoll. Margret war mit ihren drei Kindern zu langsam und schaffte es nicht mehr rechtzeitig hineinzugelangen. Eine entsetzliche Odyssee begann.

Emden, im Februar 1945 – Eine traumatische Flucht

Margret und ihre Kinder waren furchtbar schreckhaft. Wenn in der Küche ein Topfdeckel zu Boden fiel oder wenn eine Tür zu laut geschlossen wurde, zuckten sie zusammen. Für Leevke war es ganz offensichtlich, dass sie von der Flucht traumatisiert waren. Im Gegensatz zu ihrer Schwiegermutter war Leevke erfreut über die Neuankömmlinge. Margret war ihr von Anfang an sympathisch und ihre Kinder hatten gleich drei neue Spielkameraden auf einen Schlag bekommen.
Fenna und Heidi wurden schnell zu Freundinnen, die ständig zusammen hockten und sich alles teilten. Jutta verbrachte nun viel Zeit mit Paul und Klaus. Allen im Haus, denen die Kinder begegneten, ob Bediensteten oder Flüchtlingen, waren sie willkommen. Auch die Zwangsarbeiter mochten die Kinder und sangen ihnen nach Feierabend Lieder aus ihrer Heimat vor. So lernten die Kinder nebenbei ein paar Brocken russisch und niederländisch.
Margret war sehr ernst und unsicher, daher versuchte Leevke, ihr den Aufenthalt so angenehm wie möglich zu machen. Eines späten Abends, als sie nicht einschlafen konnte und sich daher noch ein warmes Getränk zubereiten wollte, entdeckte sie Margret auf der Küchenbank. Sie schien in Gedanken weit entfernt zu sein und erschrak heftig, als Leevke die Küchentür öffnete.
»Entschuldige, Margret, ich wollte dich nicht erschrecken! Kannst du auch nicht schlafen?«

Die Angesprochene schüttelte den Kopf. »Nein, alles gut, mich verfolgen nur die Bilder von unserer Flucht. Wie Gespenster geistern sie in meinem Kopf herum, daher kann ich keine Nacht mehr richtig schlafen!«
»Ich wollte mir warme Milch mit Honig machen. Möchtest du auch einen Becher?« Margret nickte und sah sie dankbar an. »Gern, warme Milch mit Honig habe ich meinen Kindern auch immer gemacht, wenn sie nicht einschlafen konnten.«
Als sie sich am Küchentisch gegenübersaßen, beide mit einem Becher in der Hand, fragte Leevke: »Magst du mir von deinen Gespenstern erzählen, die dir den Schlaf rauben? Ich könnte mir denken, dass du sie damit vertreiben kannst!«
»Ich weiß nicht«, sagte Margret zögerlich und hob für einen Moment die Schultern, »ich möchte dich nicht damit unnötig belasten!«
Leevke lächelte ihr aufmunternd zu. »Meine liebe Margret, der Krieg hat mich stark gemacht! Mich haut so leicht nichts mehr um. Wir hatten es hier auch nicht immer leicht, weißt du? Emden wurde heftig bombardiert. Unzählige Stunden haben wir in unserem Bunker verbracht, ständig mit der Angst, dass wir die Angriffe nicht überleben würden. Die Stadt ist nahezu zerbombt, wie du sicher gesehen hast. Aber ich hatte stets ein Dach über dem Kopf und genügend zu essen. Ich denke, was du durchgemacht hast, war viel schlimmer und ich würde gern mehr darüber erfahren. Und für dich könnte es gut sein, mit jemandem darüber zu reden!«
Margret begann zögerlich: »Es ist mir so unglaublich schwergefallen, meine Heimat zu verlassen und mein

Haus aufzugeben. Aber uns blieb keine andere Wahl, der Einmarsch der Russen stand unmittelbar bevor. Ich hatte keine Ahnung, wohin ich gehen sollte, da gab mir meine Mutter die Adresse ihres Bruders in Emden.
Ich hatte unseren Fluchtweg genau geplant: von Königsberg mit dem Zug nach Gotenhafen, später mit dem Schiff nach Kiel, von da aus weiter mit dem Zug oder Bus nach Emden. Mein Plan scheiterte bereits am Bahnhof von Königsberg. Wir kamen zu spät, der Zug war bereits überfüllt, selbst außen auf den Trittbrettern klammerten sich noch Menschen.«
Margret erzählte Leevke, wie sie unschlüssig mit den Kindern auf dem Vorplatz stand, während Hunderte von Menschen aus dem Bahnhof strömten und sich einem Flüchtlingstreck anschlossen. Die meisten Menschen waren mit Pferd und Wagen unterwegs, dazwischen stapften bereits viele zu Fuß durch den Schnee. Das wollte sie ihren Kindern nicht zumuten. Sie quengelten bereits und wollten wieder nach Hause.
Margret seufzte: »Ein älteres Ehepaar aus unserer Nachbarschaft fuhr mit zwei Pferden und einem vollgepackten Leiterwagen an uns vorbei. Als sie uns sahen, stoppten sie ihr Fuhrwerk und boten uns an, uns mitzunehmen. Wir zwängten uns auf den vollen Wagen. Es war recht unbequem, aber ich war ihnen sehr dankbar, dass wir mitfahren durften.«
Margret erzählte, wie hoch der Schnee damals war, sodass die Pferde nur langsam vorankamen.
Zu den eisigen Temperaturen kam ein schneidend kalter Ostwind, der ihre Gesichter taub machte und ihnen die Tränen in die Augen trieb. Sie wurden Teil eines

ständig wachsenden Flüchtlingstrecks, der Weg führte über das gefrorene Haff. Alle wollten Gotenhafen erreichen, wo die Wilhelm Gustloff lag. So der Plan. Aber als sie nach Stunden den Hafen erreichten, herrschte auch dort ein furchtbares Gedränge. Das Schiff war bereits voll und immer mehr Menschen, es waren Tausende, wollten noch an Bord, denn alle glaubten, es sei die letzte Chance, dem Feind zu entkommen. Margret hatte keine Möglichkeit, mit ihren drei Kindern auf das Schiff zu gelangen, womöglich wären sie in dem Tumult totgetrampelt worden. Besonders rücksichtslos verhielten sich die Soldaten. Ob sie einen wichtigen Auftrag ausführen mussten oder Deserteure waren, war nicht zu erkennen, zumindest verschafften sie sich gewaltsam Zugang zum Schiff. Bei dieser Erinnerung traten Tränen in ihre Augen und sie rang nach Fassung.

Leevke unterbrach die Stille, die sich ausbreitete. »Moment, ihr wolltet auf die Gustloff? Weißt du denn nicht, dass das Schiff von einem russischen U-Boot beschossen wurde und gesunken ist?«

Margret schüttelte den Kopf, in ihrem Blick lag blankes Entsetzen. »Was? Oh nein, wie schrecklich! Sind alle ums Leben gekommen?«

»Nein, es ist die Rede von eintausend Menschen, die gerettet werden konnten, aber die meisten von ihnen, mehr als neuntausend, sind in den eisigen Fluten ertrunken. Wie viele es genau waren, dazu schweigt sich die Partei aus. Außerdem sollen sowieso viel zu viele Menschen darauf gewesen sein. Es ist ein großes Unglück, und doch – welch glückliche Fügung, dass ihr nicht mitfahren konntet!«

Margret brauchte lange, um ihre Fassung wiederzuerlangen. Doch zu Leevkes Erstaunen huschte plötzlich ein Lächeln über ihr Gesicht.
»Ich glaube, mir ist ein Engel begegnet! Als ich verzweifelt am Hafen stand, legte sich sanft eine Hand von hinten auf meine Schulter. Ich drehte mich erstaunt um und sah einen so schönen Mann, wie ich ihn noch nie gesehen habe. ›Bitte‹, sagte er, ›gehen sie nicht auf das Schiff!‹ Gleich darauf verschwand er in der Menschenmenge und ich habe ihn nie wiedergesehen.«
»Wer weiß?«, entgegnete Leevke und lächelte nun auch, »womöglich war es dein Schutzengel, der dir in der Gestalt eines Menschen erschienen ist! Auch gibt es Menschen, die uns wie Engel vorkommen oder es gibt solche, die einen siebten Sinn haben, wie meine Mutter.«
»Glaub mir, Leevke, ich hatte ja keine Ahnung von dem Schiffsunglück! Ich war viel zu sehr damit beschäftigt, uns bei der Flucht am Leben zu erhalten.«
Margret erzählte von den ganzen Schreckensnachrichten, die sich die Leute hinter vorgehaltener Hand zuraunten, wo wieder eine Stadt dem Erdboden gleichgemacht wurde und andere Hiobsbotschaften – sie hatte davor die Augen und Ohren verschlossen. Das alte Ehepaar hatte sie in dem Gedränge verloren. Ab da war sie gezwungen, mit ihren Kindern zu Fuß dem Flüchtlingstreck zu folgen. Ab und zu erbarmte sich jemand und nahm die Kinder auf dem Wagen mit. Margret hatte Mühe, sie nicht aus den Augen zu verlieren.
Als es Abend wurde, suchten sie sich zum Übernachten einen Platz in einer Scheune. Dort war es zugig und

kalt, nicht viel besser als draußen. Der Frost kroch durch ihre Kleider und sie spürte, wie ihre Kinder vor Kälte zitterten, auch wenn sie ganz eng zusammen lagen, um sich gegenseitig zu wärmen.

»Leevke du glaubst ja gar nicht, wie verzweifelt ich war! Ich glaubte nicht mehr daran, dass wir es je in den Westen schaffen würden, vorher würden wir erfrieren oder verhungern. Und doch durfte ich vor den Kindern ja keine Schwäche zeigen, ich musste versuchen, ihnen Mut zu machen, auch wenn ich selbst absolut mutlos war.

In der Scheune blickte ich mich um. Es gab noch kleinere Kinder, Babys, Schwangere, alte und gebrechliche Menschen, im Vergleich zu uns waren sie noch schlechter dran. Ich musste stark bleiben, damit ich meine Kinder retten konnte. Sie waren doch noch so klein und wie alle Kinder unschuldig, sie mussten doch eine Zukunft haben! Ich denke die ganze Zeit, dieser elende Krieg müsste doch bald ein Ende haben! Oder was denkst du, Leevke?«

»Ja, da gebe ich dir recht. Es sind so viele Tote zu beklagen, sowohl im Deutschen Reich als auch in anderen Ländern. Aus sicherer Quelle weiß ich«, Leevke lächelte bei dem Gedanken an Opa Beer und zwinkerte Margret verschwörerisch zu, »dass das Ende des Krieges unmittelbar bevorsteht!«

»Ich hoffe, du hast recht! Mein Gustav ist mit seinem Aufklärungsflugzeug an der Ostfront. Von dort kommen nur noch Schreckensmeldungen. Ich habe seit Monaten nichts mehr von ihm gehört. Hoffentlich ...« Sie brach ab und schluchzte, bevor sie traurig weitersprach: »Ich habe ein paar Mal gesehen, wie unsere Flak feindliche Flugzeuge abgeschossen hat, die wie brennende Fackeln zu Boden stürzten. Auch weiß ich nicht, was aus meiner Mutter geworden ist. Aber Leevke, nun habe ich dich lange genug vom Schlaf abgehalten! Wir können auch in den nächsten Tagen weiterreden, wenn du magst.«

»Das musst du wissen! Aber ich glaube nicht, dass ich jetzt schlafen kann.«

»Ich sowieso nicht«, entgegnete Margret und begann erneut: »So ging es weiter, Tag für Tag. Die Nächte verbrachten wir meistens in Scheunen. Wir hatten keine Möglichkeit, uns zu waschen. Es war so eklig. Einige Menschen blieben bereits am Straßenrand zurück, weil sie nicht mehr weitergehen konnten.

Margret erzählte, dass noch viele versucht hatten, diese Menschen mitzuschleppen – ob zu Fuß oder auf einem Wagen – doch es gab auch Alte und Kranke, die jede Hilfe verweigerten, die mit dem Leben abgeschlossen hatten und nur noch sterben wollten. Bei ihren ausgezehrten Körpern und der Eiseskälte hätte der Tod auch nicht lange auf sich warten lassen.

Während zuerst noch auf die anderen geachtet wurde, machte sich bei den Flüchtenden bald Sprachlosigkeit und Abgestumpftheit breit. Jeder war nur noch darauf bedacht, sein eigenes Leben zu retten, zu mehr fehlte die Kraft. Margret hob bedauernd die Schultern: »Ich konnte auch nicht mehr tun. Meine Kraft reichte einzig für meine Kinder!«

Leevke nickte zustimmend. Sie hatte zwischenzeitlich eine Flasche Rotwein geholt und sie war bereits bis zur

Hälfte geleert. Dadurch fiel es Margret leichter, über die furchtbaren Ereignisse zu sprechen. »Es wurden immer mehr, die auf der Strecke blieben. Wir konnten die Toten nicht begraben, weil der Boden gefroren war. Wir haben sie lediglich mit Schnee bedeckt, ein Gebet gesprochen und mussten wegen der Kälte sofort weiterziehen. Für Trauer blieb keine Zeit.

Eines Tages wurde Heidi auf eine Frau aufmerksam, die ihr Baby auf dem Arm trug und bitterlich weinte. Heidi fragte mich: ›Mama, warum weint denn die Frau? Sie hat doch gerade erst ein Baby bekommen.‹ Ich war nicht fähig, ihr zu sagen, dass die Mutter ihr totes Baby trug und nicht bereit war, es im Niemandsland am Straßenrand abzulegen, zumal wir viele Wölfe hörten, die in der Nacht heulten.«

Leevke, die aufgestanden war, um Wein nachzuschenken, setzte sich aber schnell wieder hin, weil ihre Knie versagten. »Oh, mein Gott, wie schrecklich! Kein Wunder, dass dich diese Bilder verfolgen.«

Schweigend nippten sie an ihrem Wein und Leevke ermunterte sie, weiterzusprechen.

»Leider war das kein Einzelfall. Ich sah Mütter, die ihre toten Babys auf dem Arm trugen, solange es ihnen möglich war. Sie wehrten sich dagegen, sie in einen Graben zu legen und mit Schnee zu bedecken, keine Mutter bringt das übers Herz! Doch bald waren sie gezwungen, sie zurückzulassen. Der Tod eines Kindes ist das Grausamste, was einer Mutter passieren kann, und dann bleibt ihnen später nicht einmal ein Ort, an dem sie trauern können. Einige wollten nur noch sterben.«

Sie stockte, doch dann, als hätte sich in ihr eine Schleuse geöffnet, begann sie weiterzureden. »Zuerst empfand ich so viel Trauer für die Toten, doch mit der Zeit gewöhnte ich mich daran, auch wenn das in deinen Ohren grausam klingen mag. Ich weiß nicht, wie ich es dir erklären soll, aber ich war innerlich wie erstarrt, empfand nichts mehr. Einzig der Gedanke, meine Kinder vor dem Tod zu bewahren und sie in Sicherheit zu bringen, ließ mich weitermachen, hielt mich am Leben. Alles andere blendete ich aus, vielleicht eine Art Selbstschutz, der mich nicht zerbrechen ließ und meine letzten Kräfte mobilisierte.«
»Glaub mir«, sagte Leevke, »ich kann dich gut verstehen! Wir saßen im Bunker, als die Emder Altstadt völlig zerstört wurde. Auch ich hatte so viel Angst um meine Kinder und mit einem Mal fühlte ich nichts mehr, als würde ich lediglich einen Film sehen, bis ich dann ohnmächtig wurde.«
Margret war erleichtert, dass Leevke ihr so viel Verständnis entgegenbrachte. »Eines Tages versperrten uns russische Soldaten den Fluchtweg. Sie zeigten auf einen anderen Weg, der durch einen Wald führte und brüllten etwas in einer Sprache, die niemand von uns verstand. Dann verschwanden sie wieder.
Wir waren ratlos. Was sollte das bedeuten? Sollten wir in eine Falle gelockt werden? Voller Angst folgten wir der neuen Route. Stunden später wurde es dann deutlich, dass die Russen uns tatsächlich nur warnen wollten, denn aus der Ferne konnten wir beobachten, dass auf unserer geplanten Route ein harter Kampf tobte.«

Sie begann zu schmunzeln. »Ein russischer Soldat hatte Mitleid mit Klaus und gab ihm eine Scheibe Brot. Der Kleine stopfte sich das Brot gierig in den Mund, weil er seit Stunden nichts mehr zu essen bekommen hatte. Doch im nächsten Moment spuckte er es angewidert wieder aus. Mir stockte der Atem, aber der Russe lachte verständnisvoll.
Doch es gab auch andere Russen, die uns tagsüber beobachteten und sich nachts in die Scheunen schlichen. Was dann geschah, kannst du dir sicher denken.« Dass sie die Schreie und das erstickte Wimmern der Frauen noch immer hörte, sobald in ihrem neuen Zuhause Ruhe einkehrte, behielt sie für sich.
»Wurdest du auch…?«, fragte Leevke mitfühlend.
»Nein, zum Glück nicht. Ich habe mir nachts Kissen unter meine Röcke geschoben und meine Kinder wie Schutzschilde um mich gelegt. Die Soldaten warfen mir lediglich verächtliche Blicke zu. Mir sollte es nur recht sein.
Eines Nachts kamen sie mit Gewehren in unsere Scheune und jagten alle Männer und Jungen hinaus, selbst Klaus und Paul entrissen sie mir und sperrten sie in einen Schuppen. Wir Frauen und Mädchen schrien und jammerten die ganze Nacht, bis wir heiser waren, aber die Soldaten lachten nur höhnisch. Wir befürchteten das Allerschlimmste.
Durch die löchrige Scheune konnten wir die Soldaten beobachten, die bald an einem großen Lagerfeuer saßen, sich lautstark unterhielten, lachten und sangen. Sie tranken Unmengen Wodka. Ab und zu nahmen sie ihre Gewehre und schossen damit in die Luft.

Es war die schlimmste Nacht, die ich je erlebt habe. Gegen Morgen muss ich doch noch vor Erschöpfung eingeschlafen sein. – Als ich wach wurde, war es draußen unheimlich still. Das Feuer war erloschen und die Russen waren nicht mehr zu sehen. Panikartig stand ich auf und entriegelte mit ein paar anderen Frauen den Schuppen, halb ohnmächtig vor Angst, was uns dort erwarten würde. Doch zu unserer großen Erleichterung waren alle Kinder und Männer am Leben und wie es schien, unverletzt, aber meine Jungen konnten tagelang nicht sprechen, so viel Angst hatten sie. Die Russen hatten sich lediglich einen Spaß daraus gemacht, uns in Furcht und Schrecken zu versetzen.«
Bisher hatte Margret sich noch beherrschen können, doch jetzt rannen Tränen über ihr Gesicht.
Leevke saß ihr hilflos gegenüber. Sie fand keine Worte des Trostes, sie war wie gelähmt. Bei der Schilderung hatte sie ihre eigenen Kinder vor Augen gehabt, hatte in Gedanken inmitten der anderen Frauen in der Scheune gesessen und dabei fast körperliche Schmerzen empfunden. – Sie tröstete sich damit, dass es für Margret sicher befreiend war, zu weinen und die Grausamkeiten erstmalig auszusprechen.
Wieder folgte ein langes Schweigen, bis Leevke sagte: »Entschuldige, deine Schilderungen haben mich so schockiert. Ich finde keine Worte, um zu sagen, wie mich dein Leid berührt!«
»Zerbrich dir darüber nicht den Kopf! Es fällt mir schwer, darüber zu sprechen, aber bei dir fühle ich mich gut aufgehoben und verstanden. Mir ist gleich bei meiner Ankunft deine liebevolle Art aufgefallen. Daher

will ich dir auch noch kurz den Rest erzählen, wenn du es noch aushältst?«

Als Antwort nickte Leevke ihr zu und schenkte die Gläser wieder voll.

Margret sah sie dankbar an und trank gierig den Wein, weil sie vom vielen Reden heiser geworden war, bevor sie fortfuhr: »Die Flucht wurde von Tag zu Tag beschwerlicher. Der Hunger wurde unser ständiger Begleiter. Wir aßen alles, was essbar war. Beeren, Wurzeln, selbst auf abgeernteten Getreidefeldern suchten wir noch nach Körnern. Den Durst konnten wir oft nur mit Schnee löschen.

Manchmal fanden wir Unterschlupf in einem verlassenen Haus. Dort konnten wir uns endlich wieder einmal waschen und in einem richtigen Bett schlafen. Wenn wir Glück hatten, fanden wir ein paar Lebensmittel, die die Bewohner bei der Flucht zurücklassen mussten.

Doch wir konnten nie länger als eine Nacht bleiben. Jeden Morgen rafften wir uns auf und gingen weiter. Hatten sich meine Kinder anfangs noch gesträubt und gejammert, waren sie bald zu erschöpft, um zu weinen. Sie trotteten wie Gespenster hinter den anderen her. Ihre Gesichter wirkten versteinert. Es tat mir in der Seele weh, sie in so einem Zustand zu sehen. Auch wenn unsere Füße uns kaum noch tragen konnten, wir mussten weiter, immer westwärts. Die Detonationen hinter uns wurden ständig lauter, die Front rückte näher. Die Flüchtlingstrecks wurden noch länger. Die klirrende Kälte bei minus 20 Grad war noch schlimmer als der Hunger. An manchen Tagen gab es Schneesturm, der Schnee peitschte uns nur so ins Gesicht!«

Sie erzählte, dass sie viele Straßen nicht nutzen durften, um die Fahrzeuge der Wehrmacht nicht zu behindern. Sie mussten auf unwegsames Gelände ausweichen. Viele Pferde brachen vor Erschöpfung zusammen und starben. Die Menschen waren gezwungen, zu Fuß weiterzugehen und ihre Wagen mit all ihrem Hab und Gut zurückzulassen.

Auf Margrets Stirn bildeten sich Falten: »Ganz oft mussten wir in Deckung gehen, weil wir von Tieffliegern beschossen wurden. Die feindlichen Flugzeuge kamen so nah heran, dass wir die Piloten in ihren Kanzeln sehen konnten. Sie schossen wahllos auf uns alle, selbst Kinder wurden nicht verschont.

Es gab auch eine schöne Begebenheit: In einer Kirche wurden wir liebevoll von einem Pastor und einigen Rotkreuz-Schwestern betreut. Sie gaben uns Essen und Betten zum Schlafen. Klaus und Paul hatten eine schwere Erkältung und Fieber. Wir durften so lange bleiben, bis es ihnen besser ging. Danach kamen wir auch schneller voran. Zum Glück fuhren noch einige Busse und Züge, sodass die letzte Etappe bis Emden ein wenig bequemer für uns wurde.«

Leevke war äußerst bedrückt über das, was Margret und ihre Kinder hatten durchmachen müssen, eine Welle des Mitgefühls ließ sie alle Scheu überwinden. Sie stand auf, ging zu Margret und umarmte sie liebevoll. Jetzt war es auch mit Leevkes Beherrschung vorbei. Es folgte ein langes stummes Weinen. Ihre Tränen vermischten sich mit Margrets und sie schämte sich nicht dafür.

Es war weit nach Mitternacht, aber das war ihnen egal. Leevke spürte, dass dieses Vertrauen, welches ihr entgegengebracht wurde, sie vermutlich auf ewig mit Margret verbinden würde. Sie hatte eine Freundin gefunden.

»Es grenzt an ein Wunder, dass ich mit allen drei Kindern hier angekommen bin!«

Leevke schnaufte hörbar, als sie an ihre Schwiegermutter dachte: »Und dann wurdest du hier von der Eiskönigin abgewiesen. Oh mein Gott!«

»Na ja, sie konnte doch nicht wissen, dass wir vorher durch die Hölle gegangen sind. Übrigens, Leevke, deine Mutter würde ich gern einmal kennenlernen. Ich denke, sie ist viel netter als die Frau meines Onkels!«

»Noch netter als die Eiskönigin?« Leevke stand auf und beschrieb einen tiefen Hofknicks, dabei grinste sie schelmisch. Gleich darauf wurde sie wieder ernst: »Oh, mir fällt gerade ein merkwürdiger Zufall ein: Am 30. Januar 1945 ist die Wilhelm Gustloff gesunken. Am 30. Januar 1933, also auf den Tag genau vor 12 Jahren, ist dieser Teufel an die Macht gekommen. Gibt es Zufälle oder ist alles vorherbestimmt? Es ist eine Schande, dass unsere Soldaten noch weiterkämpfen müssen, wenn's nach Goebbels geht, bis zum letzten Mann, wie er neulich im Volksempfänger sagte!«

Margret war noch blasser geworden. Sie dachte an Gustav und klammerte sich an den Gedanken, ihn bald in ihre Arme schließen zu können.

Leevke biss sich auf die Unterlippe. Sie begriff die Dummheit, die sie begangen hatte. »Es tut mir leid! Dein Gustav kehrt bestimmt zurück, ebenso mein

Bruder Onno. Du wirst sehen, sie sind bald wieder bei uns!« Unter Tränen lächelten sie sich an.
»Ihr seid hier in Sicherheit! Emden wurde in den vergangenen Jahren häufig bombardiert, und doch gab es nicht viele Tote, dank der vielen Bunker, die standgehalten haben. Die Alliierten haben ganze Arbeit geleistet und ich bin davon überzeugt, dass sie unsere Stadt von ihrer Abschussliste gestrichen haben!«
Margret gähnte vernehmlich. »Danke Leevke, du hast mir mehr geholfen, als du dir vorstellen kannst! Ich habe das Gefühl, dass ich heute besser schlafen kann. Es kommt mir so vor, als wäre eine schwere Last von mir gefallen!«
»Das war der Plan«, entgegnete Leevke, »und der Wein gibt dir die nötige Bettschwere!« Mit diesen Worten verabschiedeten sie sich voneinander.

Für Leevke wurde es eine kurze Nacht. Früh am Morgen weckte Thilo sie mit einer traurigen Nachricht. Sein Vater lag ohne vorherige Anzeichen einer Krankheit tot in seinem Bett. Sowohl bei der Familie als auch bei dem Personal herrschte helle Aufregung. Thilo, der noch unter seiner Kriegsverletzung litt, war mit einem Schlag der Bauer und musste trotz seiner Trauer sofort dafür sorgen, dass alles auf dem Hof reibungslos verlief. Ohne seinen Vater, der mit eiserner Hand das Regiment geführt hatte, ebenso wie es seine Mutter im Haushalt tat, musste er sich erst Respekt bei den alten Knechten verschaffen, die Thilo noch als Kind gekannt hatten und sich von ihm nicht gern Anweisungen geben ließen. Und da waren noch die Fremdarbeiter, die zur Arbeit angetrieben werden mussten. Leevke sah mit Sorge, dass er sich bei seinen täglichen Pflichten übernahm.

Ihre Schwiegermutter ließ sich ihre Trauer nicht anmerken, sondern war herrischer als je zuvor. Ob Elisabeth überhaupt um ihren Mann trauerte, war nicht erkennbar, auch Tage später bei der Beerdigung vergoss sie keine einzige Träne.

Ganz anders erging es Leevke. Sie konnte gar nicht mehr aufhören zu weinen. Selbst die Schwiegermutter hatte kurz ihre Hand gedrückt. Leevke fand ihren Schwiegervater, der stets verschlossen und unnahbar gewirkt hatte, nicht einmal sonderlich sympathisch. Er behandelte seine Knechte und Mägde zwar im Gegensatz zu seiner Frau gerecht, aber er verlangte von ihnen uneingeschränkten Gehorsam und ließ sie bisweilen bis zu vierzehn Stunden am Tag schuften.

Auch wenn es so aussah, dass Leevke um ihn trauerte, weinte sie nicht um ihn: Sie beweinte ihren Vater. Sie konnte sich nicht dagegen wehren und sie wollte es auch gar nicht. Jahrelang hatte sie so vieles verdrängt, hatte sich nach außen hin stark gegeben, sich nicht einmal die nötige Zeit genommen, um ihren Vater zu trauern.

Sie wünschte sich, Thilo hätte sie tröstend in den Arm genommen, aber er tat es nicht. Anscheinend trug er so viel Leid in sich, aber er konnte es nicht zeigen, dadurch wirkte er beinah hartherzig, sich selbst und ihr gegenüber. Nicht er war es, der ihr Trost spendete, sondern Margret, die ihr ihr Mitgefühl entgegenbrachte.

Bald vertraute Leevke ihr alles an, selbst ihr streng gehütetes Geheimnis war bei Margret bestens aufgehoben.

Frankreich, im Sommer 2000 – Die Suche beginnt

Britta reiste nach Frankreich, um nach ihrem Großvater zu suchen. Eigentlich hätte sie ihre Oma mitnehmen wollen, aber diese sagte im letzten Moment wegen einer Unpässlichkeit ab. Britta vermutete, dass ihre Oma davor zurückschreckte, ihrem Jean-Pierre möglicherweise zu begegnen, sicher wäre es zu schmerzlich für sie gewesen. Jedoch hatte sie spontan angeboten, während ihrer Abwesenheit auf Finn aufzupassen, ein Beweis dafür, dass sie ihr Unwohlsein nur vorgeschoben hatte. Britta fand sich schnell damit ab, denn sie sah durchaus die Vorteile. Dann könnte sie ungestört bis spät in die Nacht recherchieren und bräuchte weder auf Finn noch auf ihre Oma Rücksicht nehmen.
Britta hatte nur den Namen ihres französischen Großvaters und seine damalige Adresse. Sie hatte wenig Hoffnung, ihn nach so langer Zeit ausfindig zu machen, falls er überhaupt noch lebte, immerhin war er noch älter als ihre Oma.
In Frankreich angekommen, suchte sie zuerst die angegebene Adresse auf. Das Bistro gab es nicht mehr. Stattdessen stand ganz in der Nähe ein großes Hotel. Der Inhaber war ein Pierre Dumas, das hatte sie bereits bei ihrer Recherche im Internet gesehen. Leider konnte es nicht derjenige sein, nach dem sie suchte, denn der hieß nach Auskunft ihrer Oma Jean-Pierre Dubois und zur damaligen Zeit, vermutete Britta, war es kaum vorstellbar, dass der Mann bei einer Heirat den Namen seiner Frau angenommen hätte. Sie wollte zuerst in

diesem Hotel einchecken und hoffte, bereits dort Hinweise für ihre Suche zu erhalten.
An der Rezeption sah sie einen älteren Herrn mit graumeliertem Haar. Er trug einen eleganten, dunkelgrünen Anzug und überreichte einem Gast gerade den Hotelschlüssel. Sie vermutete, es sei der Chefportier. Neben ihm stand eine junge Mitarbeiterin, die einen ähnlichen Anzug trug. Auf ihrer Jacke war das Logo des Hotels, darunter waren fünf Sterne zu sehen.
Britta hatte zwischenzeitlich die Rezeption erreicht. Der alte Herr musterte sie interessiert, dann schien er für einen Moment zu erstarren. Er räusperte sich kurz, bevor er sie ansprach: »Bonjour, Madame!«
»Bonjour!«, erwiderte Britta, »haben Sie ein Zimmer frei?«
»Ah, oui, Sie kommen aus Deutschland. Willkommen in unserem Hotel!« Seine Stimme hatte einen geschäftsmäßigen Ton angenommen. Als alle Formalitäten erledigt waren und Britta sich bereits auf dem Weg zum Fahrstuhl begab, besann sie sich und ging erneut zur Rezeption.
»Entschuldigen Sie, kennen Sie einen gewissen Jean-Pierre Dubois?«
Bei dieser Frage schien der Mann erneut zu erstarren, bevor er resigniert antwortete. »Jean-Pierre Dubois gibt es nicht mehr!«
Britta war maßlos enttäuscht. Ihre schlimmsten Befürchtungen schienen sich zu bewahrheiten. »Oh, ist er tot?«

»Non, non, excuse moi«, er wirkte aufgeregt und sprach Französisch, seine Augenbrauen schnellten hoch. »Darf ich fragen, was Sie von ihm wollen?«
Britta war irritiert. Sie würde diesem Fremden garantiert nichts von ihren Beweggründen erzählen. »Es ist«, stammelte sie, »kompliziert. Das würde ich lieber persönlich mit ihm klären, wenn Sie so freundlich wären, mir seine Adresse zu geben. Glauben Sie mir, es ist äußerst wichtig!«
»Bitte!«, er zeigte auf eine kleine Sitzgruppe und signalisierte ihr mit einer Geste, dort Platz zu nehmen. »Entschuldigen Sie mich, ich brauche einen Moment, damit mich jemand an der Rezeption vertritt.« Er ging in einen Nebenraum und gleich darauf erschienen zwei Mitarbeiter des Hotels. Sie traten hinter den Tresen und bedienten zusammen mit ihrer Kollegin umgehend eine Reisegruppe, die sich in der Lobby ausgebreitet hatte.
Der alte Herr kam langsam auf sie zu und nahm ebenfalls Platz. »Wenn ich es richtig verstanden habe, suchen Sie diesen Dubois?«
»Also Sie kennen ihn, nicht wahr?«, fragte Britta, dabei sah sie ihn erwartungsvoll an.
»Das kann man wohl sagen!« Er lächelte. Auf seinem Gesicht zeigten sich viele Lachfältchen. »Gestatten Sie, dass ich mich vorstelle: Mein Name ist Pierre Dumas, früher Jean-Pierre Dubois!« Er grinste breit und deutete eine Verbeugung an.
Britta betrachtete ihn mit Argwohn. Was könnte ihn bewogen haben, seinen Namen zu ändern? Hing das etwa

mit ihrer Großmutter zusammen oder was könnte sonst die Ursache gewesen sein?
Er sah ihren fragenden Blick auf sich gerichtet. »Ich kann das erklären!« Wieder lächelte er. »Meine Frau war die Tochter eines reichen Hoteliers. Mein Schwiegervater wollte mir dieses Hotel überschreiben, daran war jedoch eine Bedingung geknüpft: Ich sollte seinen Familiennamen weiterführen und *voilà* – seitdem heiße ich Dumas, der Unterschied zu meinem eigentlichen Namen ist marginal!« Dass er bei der Gelegenheit auch gleich seinen Doppelnamen ändern ließ, weil sein Vater ›Jean‹ hieß, überging er geflissentlich. Er erinnerte sich nur ungern an die unschöne Szene mit seinem Vater, der ihm damals untersagt hatte, seinen Familiennamen abzulegen. Ein endgültiges Zerwürfnis war die Folge gewesen.
Britta zeigte sich erleichtert. Sie konnte ihr Glück kaum fassen. »Dann ist meine Suche bereits hier zu Ende!«
»Entschuldigen Sie, kennen wir uns?«, fragte er. Ohne eine Antwort abzuwarten, fuhr er fort. »Tatsächlich kommen Sie mir bekannt vor!«
Sie schüttelte erneut den Kopf. »Nein, wir sind uns noch nie begegnet, aber ich denke, Sie kennen meine Großmutter. Waren Sie früher als Fremdarbeiter in Deutschland? In Emden?«
Sein Mund öffnete sich. »Oui, oui«, sagte er mit schriller Stimme und wedelte aufgeregt mit den Armen. »Heißt Ihre Großmutter vielleicht Leevke?«
»Ja, so ist es!«
Er wurde blass. Er hob beide Arme als Zeichen des Bedauerns, doch ließ sie gleich wieder sinken. Fassungs-

los sah er sie an. »Leev – ke!«, er sprach den Namen gedehnt aus, seine Augen verklärten sich und er begann zu lächeln. Mit seinen Gedanken schien er weit fort zu sein.
Plötzlich wurde es laut im Hotel. Eine weitere Reisegesellschaft drängte sich in die Lobby.
Der Mann schreckte aus seinen Gedanken hoch. »Oh, Pardon«, seine Stimme hatte wieder diesen geschäftsmäßigen Ton angenommen, »können wir unser Gespräch später fortsetzen? Sie sehen ja, was hier los ist!«
Britta nickte nur, sprechen konnte sie nicht. Sie wollte sich ihre Enttäuschung auf keinen Fall anmerken lassen. Hastig stand sie auf, nahm ihren Koffer und lief rasch zum Fahrstuhl. *Klar,* dachte sie, *verschwinde nur wieder, darin hast du ja Übung.* Sie dachte an Oma Leevke, die fast ein Leben lang diesen Mann geliebt hatte. Britta hätte auch sofort wieder abreisen können. Sie hatte kaum damit gerechnet, ihn zu finden, dazu noch so schnell. Eigentlich müsste sie ihre Oma gleich anrufen, aber was sollte sie ihr schon sagen? *Ich habe ihn kurz kennengelernt, dann hat er sich aus dem Staub gemacht.* Unwillkürlich wurde sie an Michael erinnert, der sie auch im Stich gelassen hatte. *Britta, du bist ungerecht,* dachte sie. An der Rezeption gab es tatsächlich gerade viel zu tun und in einem 5-Sterne-Hotel musste eben alles reibungslos und ohne lange Wartezeiten ablaufen.

Britta hatte sich frisch gemacht und sich ein Abendessen aufs Zimmer bestellt. Als sie mit dem Essen fertig war, klopfte es an ihrer Tür. Es war Pierre Dumas. »Darf ich Sie zu einem Cocktail in der Hotelbar einladen? Selbstverständlich sind Sie mein Gast und ich werde Ihnen, soweit ich kann, alle Fragen beantworten!«

Britta war perplex, denn damit hatte sie nicht gerechnet. »Ja, ich werde mich nur rasch umziehen!« Fieberhaft durchstöberte sie ihren Koffer. Was sollte sie nur anziehen in diesem noblen Hotel? Zwar hatte sie für alle Fälle ein schönes Abendkleid eingepackt, aber das fand sie dann doch zu elegant für den Anlass. Intuitiv entschied sie sich für einen roten Pulli und einen schwarzen Rock. Ihr schulterlanges, mittelblondes Haar flocht sie zu zwei Zöpfen, auf Schminke verzichtete sie diesmal bewusst. Leicht amüsiert betrachtete sie sich im Spiegel. Ihre Aufmachung stellte einen Kontrast zu den Französinnen in diesem feudalen Hotel dar, die zumeist stark geschminkt waren und elegante Kleider der Haute Couture trugen. Es reizte sie geradezu, sich von diesen vornehmen Damen abzuheben.

Die Bar war kaum besetzt. Sie sah ihn sofort. Er saß an einem Zweiertisch, den Blick auf die Tür gerichtet. Als er sie sah, stutzte er, dann erhob er sich schwerfällig und winkte sie heran, dabei schwankte er leicht. Er wirkte fahrig und seine Augen glänzten feucht. »Entschuldigen Sie, aber mir war fast so, als würde Leevke in der Tür erscheinen!« Er räusperte sich ein paar Mal. »Wissen Sie, dass Sie Leevke zum Verwechseln ähnlich sehen?«

Sie lachte: »Ja, das sagen meine Eltern auch!«

»Darf ich fragen, wie alt Sie sind?«

»Ich bin 34!«

»Oh, ich hätte Sie viel jünger geschätzt, eher Anfang zwanzig. In dem Alter habe ich Leevke kennengelernt. Es ist traurig, dass wir uns aus den Augen verloren haben!«
»So kann man es auch nennen«, entgegnete Britta scharf und blitzte ihn aus zornigen Augen an. »Meine Oma hat mir erzählt, wie enttäuscht sie damals gewesen ist, weil Sie nach Frankreich abgereist sind und sie wochenlang auf eine Nachricht von Ihnen gewartet hat. Sie hat lediglich einen Brief erhalten – eine Art Abschiedsbrief. Doch zu dem Zeitpunkt war sie bereits verheiratet.«
»Das stimmt nicht!« Seine Stimme klang empört. »Ich habe ihr viele Briefe geschrieben, aber von ihr habe ich nach Monaten nur einen einzigen erhalten. Darin teilte sie mir in nüchternen Worten mit, dass sie sich vermählt hätte. Ich war am Boden zerstört und habe mich auf der Stelle freiwillig als Soldat gemeldet.«
Ungläubig sah Britta ihn an. Irgendetwas schien damals schiefgelaufen zu sein. Oma Leevke hatte ihr die Geschichte ganz anders erzählt.
Der Mann wirkte mutlos. »Ich kann nur wiederholen, dass ich nie eine Antwort auf all meine Briefe erhalten habe. Es wäre auch denkbar, dass sie auf dem Postweg verloren gegangen sind oder absichtlich nicht zugestellt wurden, immerhin befanden sich unsere Länder im Krieg«, räumte er ein. Es entstand eine lange Pause. Beiden schien die Situation unangenehm zu sein.
Er unterbrach die Stille. »Ich bin in meine Heimat gereist, weil mein Vater erkrankt war. Doch er erholte sich recht schnell und ich zog in den Krieg. Es war eine

harte Zeit. Erst Jahre nach dem Krieg habe ich geheiratet, nicht die Frau, die ich liebte, denn die war in Deutschland.«

Er grinste verlegen, bevor er wieder ernst wurde. »Vor ein paar Jahren starb meine liebe Frau. Es tut mir bis heute leid, dass ich ihr nicht der Mann sein konnte, den sie sich gewünscht hätte. Mein Herz hängt bis heute an Leevke!«

Britta hatte ein Déjà-vu. So ähnlich hatte sich Oma Leevke auch geäußert und das hätte sie ihm am liebsten mitgeteilt, doch sie behielt es für sich. Stattdessen fragte sie: »Haben Sie Kinder?«

»Non, unsere Ehe ist leider kinderlos geblieben!« Er hob bedauernd die Arme.

Britta wusste nicht, was sie sagen sollte. Das Gespräch geriet wieder ins Stocken. Sie fühlte sich sichtlich unwohl. Ihre Oma hatte ihr doch erzählt, dass sie ihn mit einem Kind gesehen hatte. Wozu diese Lüge?

Der Mann unterbrach die beklemmende Stille: »Geht es Leevke gut? Ist sie nach wie vor verheiratet?« Mit leiser Stimme setzte er hinzu: »Sie lebt doch noch, oder?« In seinem Gesicht sah sie pure Angst.

Britta zögerte. Hätte sich ihre Oma nicht vor der Reise gedrückt, wäre ihr diese peinliche Fragerei erspart geblieben. Dann hätten die beiden Alten sich in Ruhe aussprechen können. Sie entschloss sich, ihm die Wahrheit zu sagen. Sie hatte es ja miterlebt, wozu das jahrzehntelange Schweigen geführt hatte. Direkt, wie es ihre Art war, sagte sie: »Du bist mein Großvater!«

Er starrte sie mit offenem Mund an, seine Hände begannen zu zittern. »Wie, was, Leevke, meine liebe Leevke, war damals schwanger – von mir?«
»Ja, sie war schwanger und hat auf ein Lebenszeichen von dir gehofft. Sie ist dir vier Wochen nach deiner Abreise nach Frankreich gefolgt, aber da hattest du bereits eine andere Frau und ein Kind, zumindest hat sie es mir so erzählt.«
»Moment, das kann nicht sein! Ich habe erst 1950 geheiratet und wie ich dir bereits erzählt habe, blieb unsere Ehe kinderlos.«
Britta überlegte. Hatte Oma Leevke ihr nicht die Wahrheit gesagt? Immerhin hatte sie jahrelang alle belogen. Oder wiesen ihre Erinnerungen bereits Lücken auf, was ihrem Alter geschuldet war? Was hatte ihre Oma ihr von ihrer damaligen Reise nach Frankreich erzählt? Sie fasste einen Entschluss: Sie musste die beiden zusammenbringen, sollten sie doch klären, was zu klären war!
»Wenn es dir recht ist, würde ich gern noch einen Tag bleiben, und hätte nichts dagegen, wenn du mir, sofern es deine Zeit erlaubt, deine Heimat zeigst. Meine Oma rechnet nicht so rasch mit meiner Rückkehr. Sie hatte auch wenig Hoffnung, dass ich dich überhaupt finde. Doch dann muss ich zurück zu meinem Finn!« Britta war gar nicht aufgefallen, dass sie wie selbstverständlich zum ›Du‹ übergegangen war.
Ihr Großvater brauchte eine Weile, um seine Fassung wiederzuerlangen. »Ah, Finn ist dein Mann, nehme ich an?«, fragte er interessiert.

»Nein, Finn ist mein Sohn, also dein Urenkel! Er ist ein Jahr alt.«
»Und darf ich fragen, wie deine Mutter heißt?«
»Sie heißt Jutta und wurde im November 1940 geboren!«
Er wischte sich mit einem Taschentuch den Schweiß von der Stirn: »Das heißt«, er holte tief Luft, »dass ich auf einen Schlag eine Tochter, eine Enkeltochter und einen Urenkel habe!« Er lachte laut auf. »Das ist fantastique, ich glaube, ich träume.«
Britta fand ihn mit einem Mal recht sympathisch. *Kein Wunder,* dachte sie, *dass Oma sich in ihn verliebt hat.*
Ihr Großvater strahlte jetzt über das ganze Gesicht und winkte einen Kellner heran. »Champagne, s'il vous plaît!« Gut gelaunt prosteten sie sich etwas später zu.
»Na ja, so einfach kommst du mir nicht davon!«, schmunzelte Britta, »für deine neue Familie musst du dich schon ein wenig anstrengen. Ich habe da eine Idee und hoffe, du spielst mit!«
Er sah sie halb fragend, halb amüsiert an ...

Emden, im Februar 1945 – Das geheime Zimmer

Es hatte tagelang geschneit. Jutta und Fenna warteten ungeduldig darauf, nach draußen zu gehen, um im Schnee zu toben. Leevke zog ihren Kindern warme Winterkleidung an und ging mit ihnen hinaus in den Garten. Es dauerte nicht lange, da hatten sie gemeinsam einen beeindruckenden Schneemann gebaut. Thilo kam aus dem Stall und gab den Kindern eine Möhre und einen alten Topf, damit ihr Schneemann noch eine Nase und einen Hut bekam. Er begann, Schneebälle zu formen und alle damit zu bewerfen. Bald war eine turbulente Schneeballschlacht in vollem Gange. Die Kinder juchzten vor Vergnügen und freuten sich, dass ihr Vater sich Zeit für sie nahm.
Leevke hatte ihren Mann selten so ausgelassen gesehen. Er erinnerte sie an damals, als sie noch Kinder waren und im Winter Schneeballschlachten veranstaltet hatten, kaum dass der erste Schnee gefallen war. Übermütig seiften sich Thilo und Leevke gegenseitig ihr Gesicht mit einer Ladung Schnee ein, dann flogen die Schneebälle hin und her, Leevkes Schneeball verfehlte das Ziel und landete gegen die Fensterscheibe im oberen Geschoss.
In dem Moment sah sie, dass sich die Gardine leicht bewegte und sie glaubte, hinter der Gardine eine schmale Gestalt zu sehen. Leevke wunderte sich. Es war das Arbeitszimmer ihrer Schwiegermutter, die heute früh für Besorgungen das Haus verlassen hatte. Allen anderen war es strengstens verboten, dieses Zimmer zu betreten. Außerdem achtete Elisabeth

akribisch darauf, die Tür gut abzuschließen. Den Schlüssel trug sie stets bei sich.
»Sag mal, Thilo, ist deine Mutter schon zurück? Mir war, als hätte ich sie am Fenster gesehen!«
Statt einer Antwort bekam sie die nächste Ladung Schnee ins Gesicht und sie dachte nicht weiter darüber nach. Später, als sie längst ihre nassen Kleider gegen trockene getauscht hatten und sich am Ofen aufwärmten, kam Elisabeth mit einem ganzen Korb voller Malutensilien vom Einkaufen zurück.
Leevke fiel wieder die Gestalt am Fenster ein und sie war davon überzeugt, dass sie sich geirrt hatte. Sie glaubte, dass es Lichtreflexe waren, die sich durch die tief stehende Wintersonne im Fenster gespiegelt hatten.
Doch eines Abends, als die Köchin ein Tablett mit vielen belegten Broten, eine volle Kanne Tee und Geschirr belud, die Elisabeth wie üblich mit in ihr Arbeitszimmer nahm, hörte sie, wie Berta zu Ilse, dem Dienstmädchen, sagte: »Die Herrin frisst wie ein Scheunendrescher und wird immer dünner!«
Ilse kicherte albern: »Wer weiß, vielleicht hat sie einen Liebhaber und versteckt ihn in ihrem Arbeitszimmer.«
Im nächsten Moment bekam sie von Berta eine schallende Ohrfeige. »Das will ich nie wieder von dir hören, ist das klar?«
Ilses Gesicht verfärbte sich rot vor Verlegenheit. Mit weinerlicher Stimme sagte sie: »Klar, es wird nie wieder vorkommen, ich schwöre es bei meiner seligen Mutter!«
Diese Bemerkung ließ Leevke aufhorchen. Sie war wütend auf Berta, die gern Ohrfeigen austeilte, dabei hatte

sie ebenso respektlos über ihre Schwiegermutter geredet. Aber recht hatte sie, Elisabeth wurde beängstigend dünn. Hatte sie sich doch nicht geirrt, als sie die vermeintliche Gestalt am Fenster sah? Sie wollte der Sache auf den Grund gehen.

Am nächsten Abend bot sie ihrer Schwiegermutter an, das schwere Tablett nach oben zu tragen. Zu ihrem Erstaunen willigte diese sofort ein. Doch als sie am Arbeitszimmer angekommen waren, langte Elisabeth nach dem Tablett und blieb so lange vor der verschlossenen Tür stehen, bis Leevke sich einige Schritte entfernt hatte. So war es ihr nicht möglich, einen Blick ins Arbeitszimmer zu werfen. Das wiederholte sich jetzt allabendlich.

Dann wurde Elisabeth krank. Sie bekam einen starken Husten, der sich auch nach Wochen nicht besserte. Trotzdem suchte sie Abend für Abend ihr Arbeitszimmer auf, um, wie sie behauptete, den nötigen Papierkram zu erledigen, zu malen und nebenbei zu essen.

Eines Abends nahm sich Leevke vor, sich nicht mehr vor der Tür abwimmeln zu lassen, sie wollte endlich in das geheimnisumwobene Zimmer gelangen. »Ich werde dir heute das Tablett ins Zimmer stellen und bitte, keine Ausflüchte mehr, ich weiß Bescheid!«, sagte sie im Flüsterton, doch so resolut, als duldete sie diesmal keine Zurückweisung.

Elisabeth musterte sie erstaunt, zögerte einen Moment, bevor sie kaum wahrnehmbar nickte, zu einer Gegenwehr schien ihr die Kraft zu fehlen. Sie schloss die Tür auf und ließ Leevke eintreten. Sobald beide im Zimmer waren, verschloss Elisabeth die Tür sofort mit ihrem Schlüssel.

Das ist also das geheime Zimmer, dachte Leevke. Sie sah einen wuchtigen Schreibtisch aus dunklem Eichenholz, vor dem ein großer Ledersessel stand, dahinter war ein Regal mit Büchern, Akten und ein zweitüriger Kleiderschrank. Gleich daneben, vor den hohen Fenstern, war eine kleine Sitzecke mit einem dunklen Tisch und ein geblümtes Sofa. Die Möbel waren alle antik, Leevke hatte das Gefühl, als hätte sie einen Raum in einem Museum betreten, ähnlich wie in der guten Stube.

Sie vermutete, dass es sich bei den altertümlichen Möbeln um Familienerbstücke handelte. Sie stellte das Tablett vorsichtig auf den antiken Tisch, der mit einer gehäkelten Tischdecke verziert war. Das bunte Teegeschirr und die Butterbrote wirkten irgendwie unpassend und störten das Gesamtbild.

In dem Arbeitszimmer gab es eine weitere Tür, die einen Spalt geöffnet war. Leevke konnte darin ein Waschbecken erkennen. Anscheinend war dort ein kleines Bad eingerichtet.

Als sie sich umdrehte, fiel ihr Blick auf die andere Hälfte des Raums, die so ganz anders war. Statt Ordnung herrschte hier das absolute Chaos. Sie sah Staffeleien mit halbfertigen Ölgemälden, eine davon stand schräg vor einem der Fenster, das Bild mit einem Tuch nachlässig verdeckt. Überall lagen Farbpaletten, Behälter mit Farben und unterschiedliche Pinsel und Leinwände. An der Wand lehnten gerahmte, fertige Bilder. Leevke war so fasziniert von den vielen Eindrücken, dass sie gar nicht mehr an ihre Schwiegermutter dachte.

Elisabeth hatte sie die ganze Zeit von ihrem Schreibtischstuhl aus beobachtet. Als sich ihre Blicke trafen, fragte sie argwöhnisch: »Was hast du gesehen?«

Leevke konnte sich kaum losreißen von den Bildern. Der lauernde Ton ihrer Schwiegermutter brachte sie in die Wirklichkeit zurück und erinnerte sie an ihr Vorhaben. Diesmal ließ sie sich auf keinen Fall einschüchtern. Wenn sich ihr Verdacht bestätigte, hätte sie womöglich ein Druckmittel gegen sie in der Hand, auf das sie im Notfall zurückgreifen könnte. Sie war es leid, von ihr derart in eine Opferrolle gedrängt zu werden. Die Dienstboten machten sich bereits lustig über sie, selbst Thilo verlor allmählich jeden Respekt vor ihr, bald würden ihre Kinder sie ebenso respektlos behandeln. So weit durfte es nicht kommen. Sie hatte seit Jahren viele Schicksalsschläge erlitten, den Hof ihrer Eltern eigenverantwortlich geführt und hier wurde sie von ihrer Schwiegermutter zu einer Magd degradiert. Damit wollte sie sich nicht länger abfinden.

Leevke nahm eine straffe Haltung an und antwortete ungewohnt kühl: »Ich habe eine schlanke Person hier am Fenster gesehen, dabei warst du außer Haus!« Insgeheim hoffte sie, dass sie mit ihrer Vermutung richtig lag und nicht erneut eine Niederlage einstecken musste. Doch zu ihrer Überraschung verlief das Gespräch anders als befürchtet.

»Wem hast du davon erzählt?« Elisabeths Stimme klang eher besorgt als resolut.

»Niemandem!«

»Auch Thilo nicht?«
»Nein, was sollte ich ihm denn sagen? Ich dachte zuerst, dass mich meine Augen getäuscht hätten. Doch jetzt ist es für mich offenkundig, dass du hier jemanden versteckst. Ist es ein Deserteur?«
»Gut, du sollst die Wahrheit erfahren! Ich brauche sowieso eine Vertraute, falls mich dieser Husten noch umbringt. Dir kann ich vertrauen!«
Leevke war sprachlos und wusste nicht, was sie sagen sollte. Das war das erste Kompliment, dass sie je von ihrer Schwiegermutter erhalten hatte. Sie war froh, dass sie ihr die Stirn geboten hatte, obwohl sie noch ratlos war, was hier gespielt wurde.
»Bitte setz dich, Leevke!« Sie deutete mit ihrem Zeigefinger auf das geblümte Sofa. »Du hast richtig vermutet, deine Augen haben dich nicht getäuscht! Ich habe hier jemanden versteckt. Du kennst sie, ebenso Thilo! Sie war eine Mitschülerin von euch.«
Leevke überlegte angestrengt, wer aus ihrem Jahrgang hier versteckt werden müsste. Also konnte es sich nur um eine Jüdin handeln. Es dauerte nicht lange, da fiel ihr der Name des Mädchens ein: »Es ist Paula Lilienthal, stimmt's?«
»Ja«, sagte Elisabeth, »das hast du richtig erkannt. Ich will dir ihre Geschichte kurz erzählen, bevor ich sie hole. Ich möchte sie nicht zusätzlich belasten.
Paulas Mutter war meine Schneiderin, Jahre bevor die Nazis an die Macht kamen. Sie schneiderte die schönsten Abendgarderoben und konnte sich in Emden vor Aufträgen kaum retten. Ihre Kundinnen waren ausnahmslos betuchte Damen. Ihr Vater war ein ange-

sehener Bürger der Stadt und bekleidete eine führende Position auf der Emder Werft.

Paula ist mir bereits damals in der Schule aufgefallen. Ich erinnere mich noch daran, als sie bei einer Schulaufführung der vierten Klasse gesungen hat. Diese engelsgleiche klare Stimme habe ich nie mehr vergessen. Nach der Volksschule hat sie die Höhere Töchterschule besucht. Ihre Mutter erzählte mir stolz, dass sie zu den besten Schülern gehörte, umso bedauerlicher war es, dass sie die Schule vorzeitig verlassen musste, weil sie jüdischer Abstammung ist. Das haben wir alles dieser Bande zu verdanken, dass Menschen diffamiert und ausgegrenzt werden!«

Leevke nickte zustimmend. Sie war noch immer überwältigt, dass ihre Schwiegermutter sie derart ins Vertrauen zog.

Elisabeth bekam einen Hustenanfall. Sie nahm eine Medizinflasche aus ihrem Schreibtisch und trank einen Schluck daraus, bevor sie weitersprach. »Paula hat mir die maßgeschneiderten Kleider immer ins Haus gebracht. Für mich war sie der Inbegriff eines wohlerzogenen, vorbildhaften Mädchens, dabei so liebenswert, eine Tochter, die ich mir auch sehnlichst gewünscht hätte. Leider konnte ich nach Thilo keine Kinder mehr bekommen.

In den letzten Jahren habe ich Frau Lilienthal selten einen Auftrag erteilt, und das hatte wirklich nichts damit zu tun, dass sie mit einem Juden verheiratet ist. Aber was sollte ich in diesen Kriegszeiten mit einer neuen Abendgarderobe anfangen? Es finden keine Feste mehr statt. Umso erstaunter war ich, als sie unver-

sehens vor meiner Tür stand, dazu mit einem großen Korb, aus dem ihre edlen Kleider zum Vorschein kamen.
Sie wirkte verzweifelt und ich habe sie ins Haus gebeten. Sie erzählte mir vollkommen aufgelöst, dass Paula und ihr Mann untertauchen müssten und auch sie die Stadt verlassen würde. Ich habe ihre Worte noch im Ohr: ›Bitte, ich weiß, ich kann Ihnen vertrauen, Sie werden uns nicht verraten, Sie sind ein guter Mensch. Sie haben zu mir gehalten, als die meisten meiner Kunden mich gemieden haben. Die Flucht wird gefährlich, wenn wir erwischt werden, dann Gnade uns Gott!‹
Sie redete sich alles von der Seele, was sie bedrückte, immer wieder hat sie geweint. Aber mir blieb es ein Rätsel, was sie von mir wollte. Ich erfuhr, dass sie damals gegen den Willen ihrer Eltern geheiratet habe, weil ihre Familie unserer evangelischen Kirche angehörte und ihr Zukünftiger ein Jude war. Und bei der Familie ihres Mannes war es umgekehrt. Er sollte ihre Gebräuche pflegen und eine fromme Frau – natürlich eine Jüdin – heiraten, um ihre Tradition bei seinen Nachkommen fortzusetzen. Allen Widerständen zum Trotz heirateten die beiden.
›Aber unsere liebe Paula‹, schluchzte sie, ›ist noch so jung und kann doch nichts für diese Verhältnisse! Ich habe sie christlich erzogen. Wir haben wie alle anderen Ostern und Weihnachten gefeiert. Und mein Mann, der von seiner Familie verstoßen wurde, hat auch nie mehr seine jüdischen Bräuche gepflegt oder eine Kippa aufgesetzt. Doch jetzt muss er um sein Leben bangen und fliehen. Welch ein Hohn!‹

Und dann hat sie bitterlich geweint. Ich wurde unruhig. Mir tat die Frau leid, aber wozu erzählte sie mir das alles? Ich war absolut ratlos. Wie sollte ich ihr helfen?
Sie flehte mich an: ›Entschuldigen Sie, Frau de Vries, dass ich Sie mit meinen Problemen belästige, aber bitte, Sie sind doch eine einflussreiche Frau! Können Sie nichts für unsere Tochter tun? Wir wollen Paula nicht der Gefahr einer Flucht aussetzen. Wenn ich in Sicherheit bin, werde ich sie zu mir holen. Aber vorerst … Sie sind meine einzige Rettung!‹
Dann reichte sie mir den Korb mit ihren selbstgenähten Kleidern und sagte: ›Bitte nehmen Sie das. Ich habe keine Verwendung mehr für die Kleider. Ich würde Ihnen gern Geld geben, aber die Behörden haben unsere Bankkonten sperren lassen. Bitte nehmen Sie dies, mehr kann ich Ihnen im Moment nicht geben.‹
Ich bat um Bedenkzeit, aber sie schüttelte nur den Kopf. Mir wurde klar, dass dazu keine Zeit blieb. Es war mir nicht möglich, ihr den Wunsch abzuschlagen und so nahm ich Paula bei uns auf, ohne sofort an die Gefahr für uns alle zu denken. Ich hatte auch gehofft, dass es nur für kurze Zeit vonnöten sein würde.
Elisabeth seufzte tief und schaute Leevke an. »Noch am selben Tag kam Paula zu uns und ich stellte sie als Küchenhilfe ein. Es war riskant, weil unsere Köchin Berta und unsere Küchenmagd sie kannten und über ihre Herkunft Bescheid wussten. Ich sprach mit den beiden und machte ihnen unmissverständlich klar, dass ich sie entlassen müsste, falls sie je die Absicht hätten, Paula zu verraten.«

Aber Elisabeths Sorge sollte sich als unbegründet herausstellen. Mit ihrem höflichen und bescheidenen Wesen war Paula bei allen beliebt. Sie war fleißig und nahm den beiden in der Küche eine Menge Arbeit ab. Elisabeth beschlich bisweilen das Gefühl, dass sie sie aufgrund ihres Wissens ausnutzten. Paula vermied es, sich in der Öffentlichkeit blicken zu lassen und sie musste nur Arbeiten verrichten, die sie in der Küche oder im Garten hinter dem Haus erledigen konnte, damit sie vor fremden Blicken geschützt war.
»Gab es keine Kontrollen?«, fragte Leevke.
»Nein!« In Elisabeths Gesicht zeichnete sich ein überlegenes Grinsen ab, das Leevke nur zu gut kannte. »Wir haben da so unsere Beziehungen. Trotzdem waren wir vorsichtig. Jahrelang ging es gut, doch eines Tages habe ich jene Küchenmagd beim Stehlen erwischt. Zuerst habe ich sie verwarnt und sie schwor mir, nie mehr Lebensmittel aus der Vorratskammer zu entwenden. Doch es blieb bei ihrem Lippenbekenntnis. Mit ihren Diebstählen schien sie ihre ganze Sippschaft zu ernähren. Das konnte ich natürlich nicht ignorieren, ich habe hier eine Menge Mäuler zu stopfen! Es blieb mir nichts anderes übrig, als sie zu entlassen. Wütend schleuderte sie mir vor versammelter Mannschaft entgegen, dass sie mich anzeigen werde, weil ich eine Jüdin beschäftige. Diese Drohung nahm ich ernst und daher musste ich sofort handeln.«
Elisabeth erzählte Leevke, die aufmerksam zuhörte, wie ihr damals der Zufall zu Hilfe kam. Kaum hatte die Magd ihre Drohung ausgesprochen, war Luftalarm zu hören und jeder versuchte, so schnell wie möglich in

den Bunker zu gelangen. Elisabeth blieb mit Friedrich und Paula zurück. Paula konnte ihre Habseligkeiten zusammenpacken, die sofort in Elisabeths Arbeitszimmer gebracht wurden. Es war der einzige Raum, den die Bediensteten nicht betreten durften. Doch Friedrich war das alles noch zu unsicher. Ihm fiel ein, dass sich hinter dem Kleiderschrank eine kleine Luke befand, die zu der Dachschräge des Hauses führte. Er sägte den unteren Teil der Rückwand heraus, sodass man die Luke gut erreichen konnte. »Ein Versteck«, sagte Elisabeth stolz, »dass noch die gründlichste Durchsuchung standhält! Seither lebt sie hier oben. Als unsere Leute nach Stunden aus dem Bunker zurückkehrten, hatten wir alles erledigt. Ich erzählte unseren Bediensteten, Paula hätte den Luftalarm für ihre Flucht genutzt und ich schob noch ein paar Schimpftiraden hinterher.«

Leevke konnte sich ein Grinsen nicht verkneifen. Die Schimpftiraden kannte sie zur Genüge, aber dass ihre Schwiegermutter zu so einer großherzigen Tat fähig war, das war neu für sie. Ganz ergriffen sagte sie: »Ich werde dieses Geheimnis wahren, ich schwöre es, bei allem, was mir heilig ist!« Und als ihre Schwiegermutter doch noch skeptisch dreinblickte, schob sie hinterher: »Ich schwöre es bei meinem Leben!« Diese Bemerkung tat ihr sofort leid, denn sie hatte sich einmal vorgenommen, so einen Satz nie über ihre Lippen zu bringen, doch verfehlte er seine Wirkung nicht.

Elisabeth erhob sich schwerfällig, ihr Husten klang rasselnd. Langsam lief sie zu dem Schrank und öffnete beide Türen. Sie schob ein paar Mäntel und Jacken, die

auf Kleiderbügeln an der Stange hingen, beiseite, und klopfte gegen die Rückwand.
Leevke hörte auf der anderen Seite ein Geräusch und jemand entfernte den unteren Teil der Rückwand. Zum Vorschein kam jene schlanke Person, die zu der Gestalt passte, die sie einmal schemenhaft durch die Gardine wahrgenommen hatte.
Paula sah Leevke verschüchtert an, doch dann erhellte sich ihr Gesicht. Sie kroch durch den Kleiderschrank und gab ihr erfreut die Hand.
Leevkes Blick richtete sich auf den winzigen Raum, den sie durch die Öffnung erkennen konnte. Sie sah auf eine Dachschräge mit offenen Balken, auf dem Boden davor lag eine Matratze, die die gesamte Breite einnahm, darauf das Bettzeug und daneben ein kleiner Koffer und eine Lampe. Eine aufrechte Haltung schien unmöglich zu sein.
Elisabeth sah in Leevkes Gesicht pures Entsetzen. »Es ist nicht so, wie du denkst«, fuhr sie fort, »dieser Schlafplatz ist lediglich für den Notfall gedacht. Paula hält sich die meiste Zeit des Tages in meinem großräumigen Arbeitszimmer auf und – wie dir nicht entgangen ist: Sie malt. Aber jetzt sollte Paula zu Abend essen. Ich befürchte, der Tee ist in der Zwischenzeit kalt geworden.«
Leevke war gespannt auf das, was Paula ihr erzählen würde. Doch die Wanduhr schlug siebenmal und erinnerte sie daran, dass sie sich um ihre Kinder kümmern musste. »Meine Schwiegermutter hat recht, ich lasse dich in Ruhe essen und bringe meine beiden Mädchen ins Bett. Wenn es dir recht ist, komme ich danach zu dir!«

»Danke«, sagte Paula und lächelte sie schüchtern an. »Ich freue mich auf ein bisschen Abwechslung. Die meiste Zeit bin ich hier oben allein. Und danke, ich weiß, dass du ein großes Risiko eingehst, sowie Frau und Herr de Vries. Wie kann ich das nur je wiedergutmachen?«

Elisabeth hob abwehrend die Hand. Im nächsten Moment bekam sie einen derartigen Hustenanfall, der diesmal lange anhielt. Erst als Leevke ihr ein Glas Wasser reichte und sie davon einen Schluck trank, war es ihr möglich, weiterzusprechen. »Ich weiß nicht, ob ich bald abtreten muss, daher vertraue ich dir diesen Schlüssel an, Leevke. Bitte pass gut darauf auf und behalte ihn stets bei dir. Ich werde dich in den nächsten Tagen in unsere Buchführung einweisen, damit du auch das übernehmen kannst. Und ich vertraue dir unsere Paula an.«

Leevke nahm schweigend den Schlüssel entgegen. War das jetzt der Wendepunkt in der Beziehung zu ihrer dominanten Schwiegermutter?

Emden, im Februar 1945 – Paula

Leevke hielt ihr Versprechen. Gleich nachdem sie ihre Kinder ins Bett gebracht hatte, ging sie erneut zu Paula. Diese gab sich zuerst verschlossen und für Leevke war es recht mühsam, mit ihr ein Gespräch zu führen. Sie besah sich interessiert die Gemälde und sparte nicht mit Komplimenten. Leevke hatte zwar wenig Ahnung von Kunst, aber was sie sah – es waren überwiegend Landschaftsbilder – gefiel ihr, weil Paula sie so naturgetreu malte.

Zuerst noch zögerlich, bald immer schneller begann Paula zu sprechen. Sie erzählte, wie schmerzlich es für sie gewesen sei, als man sie kurz vor ihrem Abitur von der Schule warf. »Leevke, es war so schrecklich, als der Rektor mich in sein Büro bat und mir sagte, als Jüdin wäre ich in ihrer Schule unerwünscht und müsste auf der Stelle meine Sachen packen und das Schulgelände verlassen!

Ich wollte widersprechen und ihm sagen, dass er sich irrte. Doch das traute ich mich dann doch nicht. Zu Hause angekommen, konfrontierte ich meine Eltern damit und hoffte, sie könnten den Irrtum aufklären. Zu meiner Überraschung räumte mein Vater ein, dass die Aussage des Rektors der Wahrheit entsprach. Erstmalig erzählte mir mein Vater, dass er Jude sei und er es mir nie erzählt hätte, um mich zu schützen. Leevke, ob du es glaubst oder nicht, ich hatte keine Ahnung, was es mit dem Judentum auf sich hatte. Das war bei uns nie ein Thema. Wir hatten auch keinen Kontakt zu der Familie meines Vaters. Ich bin hier in der evangelischreformierten Kirche in Wolthusen getauft und konfirmiert worden, genauso wie meine Mutter. Und auf einmal sollte ich eine Halbjüdin sein? Ich hatte keine Ahnung, was das alles zu bedeuten hatte, doch eins war gewiss: Ein Jude oder eine Jüdin zu sein oder eine halbe musste Schlimmes bedeuten. Juden gelten doch immer als böse, verschlagen und kriminell. In dem Moment ist meine ganze Welt zusammengestürzt.

Ich habe viel geweint. Doch es kam noch schlimmer. Bald habe ich alle meine Freundinnen verloren. Plötzlich ignorierten sie mich und wechselten die Straßenseite, wenn sie mich von Weitem sahen. Wie eine Aussätzige haben sie mich behandelt!«

Sie hob resigniert die Hände. »Von da an habe ich nur selten das Haus verlassen. Zuerst bekam ich noch Privatunterricht von einem bekannten Maler, der mir verschiedene Maltechniken beibrachte, doch bald ist er nach Amerika geflüchtet, weil er ebenfalls Jude war. Meine Klassenkameraden erzählten es überall herum, dass ich eine Jüdin bin. Ich durfte mich bald nirgendwo mehr blicken lassen. Im Sommer wurde mir verboten, ins Freibad bei der Kesselschleuse zu gehen, im Winter durfte ich nicht zwischen all den anderen Schlittschuh laufen. Selbst das Apollo-Theater wurde mir verwehrt. Bald durfte ich nicht mehr in unserem eigenen Garten auf der Schaukel sitzen oder mit meinem Vater Tennis spielen, den Anblick sollten wir den anderen ersparen.«

Ihre Stimme wurde brüchig: »Du kennst doch diese Bilder mit den fratzenhaften Gesichtern, mit denen man vor den ›bösen‹ Juden warnt!«

Leevke nickte kaum merklich und sah voller Mitgefühl auf diese hübsche junge Frau, die vor ihr saß und die so viel Elend durchleiden musste. Ihre Augen füllten sich mit Tränen. Spontan schloss sie Paula in ihre Arme und spürte, wie deren Körper zitterte, dann begann Paula zu weinen, so viele Tränen.
Es dauerte eine ganze Weile, bis sie sich beruhigt hatte.
»Entschuldige, dass ich mich so habe gehenlassen!«
»Paula, nicht du musst dich entschuldigen, sondern die Menschen, die dir und deiner Familie so großes Unrecht antun! Schon bald ist dieser Irrsinn vorbei und die Schuldigen werden ihre gerechte Strafe erhalten.«
Paulas Gesicht verzog sich zu einem Lächeln. »Weißt du, ich bin Frau de Vries dankbarer, als ich es je in Worte fassen könnte, aber ich kann mit ihr nicht so offen reden wie mit dir!«
Leevke nickte verständnisvoll. Sie dachte an den gepflegten Garten und die schöne Villa der Familie Lilienthal, die sie bei ihren Botengängen stets bewundert hatte, und die jetzt von der Gestapo in Beschlag genommen wurden.
Paula räusperte sich, bevor sie weitersprach: »Meine Welt wurde mit der Zeit immer kleiner, es war wie eine Schlinge, die sich langsam zuzog. Wie du siehst, ich male gern, meine absoluten Vorbilder sind van Gogh und Monet. Ich hatte so viele Pläne! Ich wollte Kunstgeschichte studieren und eines Tages als Malerin arbeiten, aber daraus wird wohl nichts mehr. Jetzt sitze ich hier wie die Maus in der Falle.« Ihre Stimme war kaum mehr hörbar und endete mit einem Schluchzen.

Leevke wurde in diesem Moment an ihren eigenen Berufswunsch erinnert, obwohl das, was Paula soeben beschrieben hatte, nicht im Mindesten vergleichbar war mit ihren eigenen Kümmernissen.
Paula wurde verlegen und stammelte: »Oh, bitte, entschuldige, Leevke, versteh das nicht falsch. Ich bin euch dankbar, dass ihr mein Leben rettet, aber …«
Leevke unterbrach sie: »Liebe Paula, du musst dich nicht unentwegt entschuldigen. Das Leben, das du führst, ist entsetzlich. Du hast allen Grund, unzufrieden und zornig zu sein. Du bist hier sicher und den Nazis nicht schutzlos ausgeliefert, aber das ist auch schon alles. Wie eine Gefangene lebst du hier, darfst dich weder frei bewegen noch draußen frische Luft schnappen, du hast alles Recht der Welt, dich zu beklagen. Aber ich habe dich unterbrochen. Du kannst mir alles sagen, was dich belastet. Ich habe Zeit und möchte mehr von dir erfahren, damit ich dir so gut es geht helfen kann.«
Paula sah sie dankbar an und sprach: »Meine Eltern stritten sich häufig. Meine Mutter bekam fast keine Aufträge mehr. Vereinzelt kamen ihre Kundinnen heimlich an die Hintertür, weil es verboten war, mit Juden Geschäfte zu machen. Nur für Juden durfte sie noch schneidern, doch die meisten hatten Ostfriesland längst verlassen, einige waren beizeiten ausgewandert, andere waren bereits deportiert worden. Man munkelte, dass man sie in Arbeitslager gesteckt hätte. Bei dem ganzen Hass, den die Nationalsozialisten über Juden verbreiten, musste man davon ausgehen, dass sie dort schlecht behandelt wurden und sich womöglich zu Tode arbeiten mussten. Ich kenne auch keinen

einzigen Juden, der aus so einem Lager zurückgekehrt ist. Das wollten meine Eltern auf jeden Fall verhindern und deshalb mussten mein Vater und ich untertauchen. Auch meine Mutter fühlte sich in Emden nicht mehr sicher und entschloss sich wegzuziehen.
Meine Mutter wollte bereits vor Jahren nach Amerika auswandern, aber mein Vater wehrte sich dagegen, weil er der Meinung war, dass er auf der Werft unersetzlich sei und ihm in seiner Position nichts passieren könnte.«
Doch Paulas Vater irrte sich, bald begann die Schikane. Einige seiner Mitarbeiter ließen ihm ihre Verachtung deutlich spüren. Eines Abends kam er blutverschmiert nach Hause. Ein paar Jugendliche hatten ihn auf dem Heimweg zusammengeschlagen. Sie haben ihm ein paar Rippen gebrochen und Verletzungen am Kopf zugefügt. Die Polizei hatte in unmittelbarer Nähe gestanden, war aber nicht eingeschritten. Ganz im Gegenteil, sie hätten die Jugendlichen zusätzlich angefeuert.
Am Abend des Vorfalls klopfte es an der Hintertür und eine ehemalige Kundin von Paulas Mutter erzählte ihnen, dass sie ein Gespräch von zwei berüchtigten Nazis belauscht hätte, die damit prahlten, dass in einigen Tagen Ostfriesland ›judenfrei‹ sei.
Paulas Gesicht verfinsterte sich. »Es blieb uns keine Zeit mehr. Wir mussten sofort eine Lösung finden und so bin ich hier gelandet.«
Leevke hätte gern erfahren, wo sich ihre Eltern aufhielten, aber danach zu fragen verbot sie sich. Als hätte Paula es geahnt, sagte sie: »Ich weiß nicht, wo meine

Eltern sind. Aber auch wenn ich es wüsste, würde ich es dir nicht sagen, zu deinem eigenen Schutz!«

Leevke besuchte Paula nun täglich. Sie stahl sich davon, wann immer sie es möglich machen konnte. Ihre Schwiegermutter war nur noch selten oben in ihrem Arbeitszimmer, daher war es Leevke, die Paulas Veränderung bemerkte und die ihr zunehmend Sorgen bereitete. War sie bereits in der Schulzeit ein stilles, schüchternes Mädchen gewesen, war sie jetzt beinahe verstummt. Wie ein Gespenst ging sie umher, ständig darauf bedacht, jeglichen Lärm zu vermeiden. Sie hatte sich einen merkwürdigen Gang angewöhnt. Sie schlich durchs Zimmer, mied dabei die knarrenden Holzdielen und benutzte nur das Bad, wenn jemand zugegen war. Dass sie so blass war, wunderte Leevke nicht im Geringsten, Paula war seit Langem nicht an der frischen Luft gewesen. Wie schrecklich es sein musste, nicht raus in die Natur zu können, sich aufs Fahrrad zu setzen und den Fahrtwind zu spüren, konnte Leevke nur erahnen. Auch wenn die Stadt ihre Schönheit längst verloren hatte, konnte sie zu ihren Weiden fahren, sich an den Sonnenstrahlen wärmen, im Winter mit den Kindern im Schnee toben. Ihr wurde bewusst, wie sehr es Paula geschmerzt haben musste, als sie sie durch das Fenster beobachtet hatte.

Was ist das für ein freudloses Leben, dachte Leevke. *Sicher vermisst sie so vieles, vor allem ihre Eltern. Das Einzige, was sie hat, ist Zeit, viel zu viel Zeit.*

Etwas anderes machte ihr noch mehr Sorgen. Die Bilder, die Paula nun vermehrt in schwarzen und grauen

Farben malte, drückten Trauer und Angst aus. Sie waren so farblos wie das Schattendasein, das sie führen musste. Ein Bild schockierte Leevke besonders. Paula hatte den Krieg als ein dunkles, alles verschlingendes Monster gemalt, übergroß verdeckte es den Himmel, die Häuser dagegen wirkten winzig, die Menschen zeichnete sie lediglich als kleine, gebeugte Striche. Während sie in ihren ersten Bildern ihre schönsten Träume verewigt hatte – verwunschene Orte, Märchenschlösser, Wiesen mit einer fantastischen Blumenpracht, wirkten diese düster und zeugten von ihrem Gemütszustand.

Leevke war fest entschlossen, ihre Freundin ein bisschen aufzuheitern. Ihre Gedanken wanderten oft zu Paula und sie überlegte, womit sie ihr eine Freude bereiten konnte, während sie draußen mit ihren Kindern spielte oder die Kühe molk.

Eines Tages überraschte sie Paula mit einem Eimer voll Schnee, den sie heimlich bis in das Arbeitszimmer geschmuggelt hatte. Die ersten Schneeglöckchen, die sich durch den winterharten Boden gekämpft hatten, pflückte sie und schenkte sie ihr, später auch die ersten Krokusse und Narzissen. »Schau, Paula, es wird Frühling, die Tage werden länger, und bald bist du frei wie ein Vogel. Sag, was wirst du als Erstes tun, wenn du wieder draußen bist?«

»Hm«, Paula schmunzelte, »ich schaue gern auf die Schaukel im Garten. Dort werde ich mich draufsetzen und so lange schaukeln, bis deine süßen Mädchen mich runterschubsen!«

»Und ich«, lachte Leevke, »werde dich zu einem Eis einladen an dem Budchen am Wall! Das wird herrlich! Und danach schlendern wir über den Wall und lassen es uns so richtig gutgehen.«
Leevke spürte, dass sie auf dem richtigen Weg war. Sie durfte nicht lockerlassen und musste dafür sorgen, dass Paula körperlich und seelisch die letzten Wochen des Krieges überstand. Der Krieg müsste bald vorbei sein, das war das Einzige, was zählte. Nach Ostpreußen waren die Russen jetzt bis Schlesien vorgedrungen. Auch die deutschen Großstädte wurden hart umkämpft. Jetzt müsste Deutschland endlich kapitulieren, daran führte kein Weg vorbei. Was dann mit ihnen geschah, wie viel sich die Siegermächte vom Deutschen Reich nahmen – Leevke war das egal. Alles war besser als dieser unsägliche Krieg und die ständige Angst bei den Tieffliegerangriffen. Es würde Normalität eintreten, das wünschte sie sich, besonders für ihre Kinder.
Sie führte lange Gespräche mit Paula. Eines Abends brachte sie die Mandoline ihres Vaters mit zu ihrem Treffen. Sie konnte leidlich darauf spielen, aber das schien Paula nicht im Geringsten zu stören. Sie war für jede Ablenkung dankbar. Und der Erfolg zeigte sich bald. Tatsächlich gelang es Leevke, ihre Freundin ein wenig aufzuheitern. Ihre Bilder wurden wieder bunter, zeigten Landschaften mit den ersten Frühlingsboten. Leevke hätte gern ihre Kinder mitgebracht, aber das war zu gefährlich. Jutta, dieses kleine Plappermäulchen, hätte sie alle in Schwierigkeiten bringen können.
»Danke, Leevke«, Paula sah sie strahlend an, »du weißt gar nicht, was deine Anwesenheit für mich bedeutet.

Und dann – du tust und riskierst so viel für mich, ich hoffe, ich kann mich eines Tages dafür revanchieren, falls ich je aus meinem Versteck herausdarf!«

»Meine liebste Freundin!«, Leevke umfing Paulas Hände mit ihren, »was den Juden angetan wird, ist so schrecklich, kein Mensch hat eine derartige Behandlung verdient. Opa Beer weiß aus sicherer Quelle, dass der Krieg rasch zu Ende geht. Es kann sich nur noch um Wochen handeln. So lange musst du noch durchhalten.«

»Ach, Leevke, wenn ich nur daran glauben könnte!« Ihre Augen füllten sich mit Tränen und sie sank mutlos auf das Sofa.

Für Leevke wurde es höchste Zeit, zu gehen, doch sie wollte Paula nicht mit solchen trüben Gedanken zurücklassen. Da hatte sie eine Idee. »Weißt du was, ich habe morgen eine Überraschung für dich! Sie wird dir gefallen.«

Tatsächlich wollte sie Margret, die sie längst in das streng gehütete Geheimnis eingeweiht hatte, mitbringen. Diese war ganz erpicht darauf, Paula endlich kennenzulernen, und sie war gespannt auf deren Bilder. Nur die Angst vor Elisabeth, wenn der Vertrauensbruch offenkundig wurde, und sie zusammen mit Margret Paula aufsuchte, hatte Leevke bisher davon abgehalten. Thilo hatte sie ebenfalls eingeweiht, aber der hatte unerwartet wütend darauf reagiert. Sie konnte es ihm nicht einmal verübeln, denn die Gefahr, in der sie sich befanden, blieb allgegenwärtig. »Macht, was ihr wollt«, hatte er gesagt, »aber lasst mich gefälligst da

raus!« Leevke war erstaunt über seine ruppige Art, doch sie ließ sich ihre Enttäuschung nicht anmerken.
Am nächsten Morgen brachte sie die beiden Frauen zusammen und diese waren sich auf Anhieb sympathisch. Margret erzählte ihnen, dass im Haus ihrer Großeltern in Ostpreußen viele Ölgemälde hingen und sie bereits von Kindesbeinen an ganz begeistert von den Bildern gewesen sei. Auch hatte ihre Großmutter sie ab und zu mit zu einer Vernissage genommen. Dabei lernte sie die Kunstschaffenden sogar persönlich kennen.
Margret betrachtete andächtig jedes einzelne Bild, ließ sich viel Zeit, während Paula aufgeregt im Zimmer umherlief und auf ihr Urteil wartete. Margret hatte ein geschultes Auge für die Landschaftsmalerei und entpuppte sich als wahre Kunstkennerin. Nachdem sie lange Zeit stumm blieb, während sie die Bilder unter verschiedenen Lichtverhältnissen betrachtete, sparte sie nicht mit Lob: »Paula, wer hat dir denn beigebracht, so zu malen? Ich habe in meinem Leben bereits viele Bilder gesehen, aber diese hier sind einmalig! Wenn der Krieg zu Ende ist, dann musst du eine Vernissage veranstalten. Ich werde dir gern dabei helfen, wenn du magst. Ich sage dir eine glänzende Zukunft voraus! Bei deinem Talent wirst du reich und berühmt werden.«
»Danke!«, äußerte sich Paula schüchtern, »aber außer euch beiden und Frau de Vries hat noch niemand meine Bilder gesehen und ich habe bisher noch kein einziges verkauft. Ich bin doch noch unbekannt in der Szene und dazu Jüdin, wenn auch nur eine halbe.«
Margret lachte laut: »Umso besser. Die Zeit vom Diktator geht unausweichlich dem Ende entgegen. Bald

werden die Leute dir die Bilder aus den Händen reißen. Gegen Bezahlung natürlich«, fügte sie lächelnd hinzu.
Auf Paulas Stirn bildeten sich Falten. »Entschuldige, dass ich dir widersprechen muss, aber das glaube ich nicht. Die Menschen in diesem Land wurden dermaßen gegen Juden aufgehetzt, besonders die jüngeren, sobald wird sich nichts an deren Einstellung ändern, falls überhaupt«, gab sie zu bedenken. Ihre Stimme klang verzagt.
Jetzt mischte sich Leevke ein, die bisher geschwiegen hatte: »Ich befürchte, du hast recht. Bei vielen Menschen wird es noch eine Weile dauern, bis sie ihre Vorurteile abgelegt haben, aber im Ausland, womöglich in Amerika, hättest du sicher bessere Chancen. Ich finde deine Bilder ebenfalls schön, obwohl ich keine Kunstexpertin bin, aber ich vertraue dem Urteil von Margret.«
Leevke bemerkte, dass in Paulas Augen plötzlich ein Glanz war, den sie lange nicht mehr bei ihr gesehen hatte. »Danke«, sagte sie, »ihr seid so lieb zu mir!«
»Ich habe noch eine Bitte«, sagte Margret, »ich wollte schon ewig mit dem Malen anfangen. Würdest du mich unterrichten?«
Jetzt strahlten nicht nur Paulas Augen – sie strahlte über das ganze Gesicht.
Leevke war insgeheim stolz auf sich. Sie hatte Paula lediglich eine Freude bereiten wollen, indem sie ihr einen Kontakt zu einer weiteren Person verschaffte, doch wie sich alles in der letzten Stunde entwickelt hatte, übertraf ihre Erwartungen. Ab jetzt könnte sie sich bei ihren Besuchen mit Margret abwechseln. Zudem hatte Paula

unverhofft eine sinnvolle Beschäftigung bekommen. Bei ihrer Leidenschaft und ihrem Können war sie durchaus in der Lage, einer Schülerin Malunterricht zu geben.

Leevke, die sich längst um die gesamte Buchführung des Betriebes kümmerte, unterließ es, ihre Schwiegermutter mit den neusten Entwicklungen zu behelligen. Diese hatte sich zwar von ihrer Bronchitis erholt, doch seit geraumer Zeit mied sie das Arbeitszimmer.

Norddeich, im Sommer 2000 – Schlaflose Nächte

Nachts, wenn Leevke in ihrem Bett lag, dachte sie an Jutta, die sie schmerzlich vermisste und der sie Furchtbares angetan hatte. Ihr Gewissen plagte sie, und das hatte insbesondere mit Thilo zu tun. Dass sie ihn derart hintergangen hatte, konnte sie sich bis heute nicht verzeihen. Mit den Gedanken an ihn driftete sie in die Nachkriegszeit ab. Längst verdrängte Bilder kamen unsortiert in ihr Bewusstsein. Sie sah die ehemaligen Schulkameraden und Männer aus ihrem Bekanntenkreis, die verändert aus dem Krieg zurückgekehrt waren. Viele waren unter den seelischen und körperlichen Belastungen zerbrochen, einige hatten noch Jahre später Suizid begangen oder waren dem Alkohol verfallen, um zu vergessen, was nicht zu vergessen war.
Und Thilo – ihr lieber Thilo. Der Junge aus Kindertagen, der für jeden Spaß zu haben war, später der ernste Mann, mit dem sie zu Kriegszeiten vor dem Traualtar gestanden hatte und vier Jahre darauf der Mann, der als Invalide aus dem Krieg heimgekehrt war. Es war ein und dieselbe Person und doch hätten es verschiedene Männer sein können. Er war ein Leben lang ihr bester Freund geblieben, aber nicht der Ehemann, den sie sich gewünscht hätte. Sie hatte ihm treu zur Seite gestanden, zusammen mit ihm die Kinder großgezogen, und doch hatte in ihrem Leben die Liebe gefehlt.
An manchen Tagen war sie daran fast zerbrochen, doch dann war da wieder dieses Schuldgefühl, das sie alles ertragen ließ. Nach dem Krieg war er oft geistesabwesend gewesen und unfähig, mit ihr über die

schrecklichen Erlebnisse, die ihn plagten, zu reden, dabei hatten sie einst über alles reden können. Sie selbst hatte es in den Kriegsjahren auch schwer gehabt, aber zu fühlen, was er an der Front gefühlt hatte, lag jenseits ihrer Vorstellungskraft.

Ihr Vater hatte bei seinen wenigen Fronturlauben selten über seine Kriegseinsätze, zumindest nicht in ihrer Gegenwart, gesprochen. Einmal brach es aus ihm förmlich heraus. Seine Worte hatte sie nie vergessen. »Mein Kommandant gab uns den Befehl, zehn Zivilisten, egal ob Männer, Frauen oder Kinder, von den Feldern zu holen und sie zu erschießen ›Für jeden toten deutschen Kameraden werden zehn Russen erschossen!‹ Ich habe mich zuerst geweigert, den Befehl auszuführen, aber der Kommandant lachte nur hämisch und sagte, dann sollte ich mich gleich dazustellen.«
Nach diesen Worten hatte Leevke nie mehr mit ihrem Schicksal gehadert. Die Lebensmittel in den Läden wurden immer knapper und doch beklagte sie sich nie mehr, wenn sie nach stundenlangem Warten vor dem Laden für ihre Lebensmittelmarken keinen Zucker oder Tee mehr bekam.
Zum Glück waren sie und die Kinder in den Kriegsjahren von schweren Krankheiten und operativen Eingriffen verschont geblieben. Nur ein Zahnarztbesuch blieb schmerzlich in Erinnerung: Ohne Betäubung hatte der Arzt ihr einen Backenzahn ziehen müssen, weil die Betäubungsmittel für die Kriegsversehrten dringender gebraucht wurden. Diesen höllischen Schmerz würde sie nie vergessen und doch war es nicht annähernd mit

dem vergleichbar, was die Soldaten erleiden mussten, die schwer verletzt auf dem Schlachtfeld lagen oder mit ihren Kriegsverletzungen im Lazarett nur unzureichend versorgt werden konnten. Auch gab es unzählige Kriegsgefangene, die ohne jegliche medizinische Hilfe dahinvegetierten.
Leevke dachte an den extremen Winter 1939/1940. So eine unbarmherzige Kälte hatte sie noch nie erlebt. Bereits gleich nach Kriegsbeginn hatte es drei Monate lang wie aus Kübeln geregnet. Es hieß, dass Hitler deshalb den Krieg gegen Frankreich verschieben musste, weil die Soldaten mit ihren Panzern womöglich im Schlamm steckengeblieben wären. In den beiden darauffolgenden, ungewöhnlich kalten Wintern wurde es noch dramatischer. Die meisten Menschen, gebeutelt durch den anhaltenden Krieg, litten Hunger und Kälte. Auch Leevke war es kaum möglich gewesen, genügend Heizmaterial zu beschaffen. Das alte Bauernhaus mit den zugigen Türen und Fenstern wurde nur unzureichend warm. Die Küche war der einzige Raum, der gut beheizt werden konnte. Kälte kroch in die Schlafzimmer und hinterließ eine ungesunde Feuchtigkeit. Die Innenseiten der Fenster waren morgens mit dicken Eiskristallen überzogen. In den Wintermonaten litten ihre Kinder häufig an Erkältungskrankheiten. Die Angst um ihre Lieben daheim und an der Front hatte sie verfolgt wie ein Schatten, bei Tag und bei Nacht.
Leevke dachte an Paula, die in Amerika Karriere gemacht hatte, so wie es ihr Margret einst prophezeit hatte. Ab und zu schrieben sie sich Briefe. Die arme

Paula! Ihr Vater starb noch im KZ Ausschwitz, kurz vor der Befreiung durch die Alliierten.
Auch Margret sah ihren Gustav nie wieder. Sein Aufklärungsflugzeug wurde von der Roten Armee abgeschossen und ihre Mutter, Wilhelmina von Bernstein, hatte sich gleich bei Einmarsch der Russen erschossen.
Leevke stöhnte laut auf, als ihr dann auch noch ihr Bruder in den Sinn kam. *Er ist jetzt schon 35 Jahre tot,* dachte sie wehmütig. *Dieser Dussel, holt sich doch glatt an einem rostigen Draht eine Blutvergiftung!*
Ärgerlich schüttelte sie den Kopf. Er war und blieb ein Opfer der Nazis. Nach dem Krieg hatte er nie mehr richtig ins Leben zurückgefunden, blieb allein und kümmerte sich nicht besonders um sich. Ihre Warnung vor einer möglichen Vergiftung hatte er nur mit einem Schulterzucken abgetan.
Mit ihren Gedanken kam sie wieder in die Gegenwart zurück. Wie war es möglich, dass sie mit Britta über alles reden konnte, nur nicht mit ihren Töchtern? Lag es daran, dass eine Generation dazwischen lag? Hatte sie Fenna je ihre Freude darüber geäußert, dass sie sich für den Beruf als Lehrerin entschieden hatte und somit das Leben führen konnte, was sie sich einst erträumt hatte? Genauso stolz war sie auf Jutta, die eine wunderbare Familie gegründet hatte und in ihrem Beruf erfolgreich war. Leider hatten ihre Töchter viele Verpflichtungen und waren deshalb meistens in Eile. Sie musste es endlich schaffen, mit Jutta und Fenna ein langes, intensives Gespräch zu führen. Vielleicht würden dann beide Töchter ihr mehr Verständnis für ihre

damalige Situation entgegenbringen und ihr letztendlich verzeihen.

Emden, April 1945 – Immer wieder sonntags …

Leevkes Tage als Bäuerin und Mutter von zwei Kleinkindern waren angefüllt mit Arbeit, daher schaffte sie es meistens nur am Sonntagnachmittag, ihre Mutter zu besuchen. Seit dem Tod ihres Vaters fiel es ihr schwer, den elterlichen Hof zu betreten, denn alles erinnerte an ihn. Auch ihre Kinder mochte sie nur ungern mitnehmen.

Jutta und Fenna fürchteten sich vor ihrer Großmutter, die immer traurig war und tiefschwarze Kleider trug. Opa Beer saß oft in seinem ›Hörnstohl‹ [ostfriesischer Korbstuhl mit hoher Rückenlehne] am Ofen. Er hatte massive gesundheitliche Probleme, was an seinem Gesichtsausdruck unverkennbar war. Auch nahm er viele Schmerzmittel, doch beantwortete er die Frage nach seiner Gesundheit stets mit den Worten »Ich kann nicht klagen.« Jeder spürte sofort, dass er nicht darüber reden wollte.

Gerda entpuppte sich als wahrer Segen für die Familie. Sie wirtschaftete in Haus und Hof, und blühte sichtlich auf, als hätte sie hier ihre Bestimmung gefunden. Im Stall standen nur noch fünf Milchkühe, die restlichen Tiere hatte Thilo auf seinem Hof untergebracht. Okka hatte einige Hektar Land verpachtet, was ihr etwas Geld einbrachte. Zusammen mit dem Milchgeld und einer kleinen Witwenrente kamen die drei finanziell gut über die Runden, zumal Piets Rente zusätzlich in die Haushaltskasse floss.

An diesem Sonntag war es wieder so weit. Leevke hatte Jutta und Fenna bereits ihre Sonntagskleider an-

gezogen, doch diese sträubten sich, zu ihrer Oma zu gehen. Auch die Aussicht auf einen leckeren Kuchen, den Gerda stets für sie bereithielt, konnte sie nicht umstimmen, daher ließ sie ihre Kinder in Margrets Obhut. Als Leevke die Küche betrat, spürte sie die angespannte Stimmung und war froh, dass sie die beiden zu Hause gelassen hatte. Ihre Mutter saß von Rheuma gebeugt auf der Bank. Ihre schwarzen Kleider und ihr schmerzverzerrtes Gesicht gaben ihr das Aussehen einer alten Frau, dabei war sie erst 47 Jahre alt.
Piet lächelte kaum wahrnehmbar, als Leevke ihm zur Begrüßung die Hand reichte. Er schien in seiner Gedankenwelt versunken zu sein. Doch dann begann er unvermittelt mit seiner Schimpftirade: »Dieser Österreicher, dieser Massenmörder, jetzt verheizt er noch Fünfzehnjährige als Kindersoldaten, dabei steht Deutschland in wenigen Tagen vor der Kapitulation. Gegen die ganze Welt hat er Krieg geführt, sein tausendjähriges Reich, haha, es hat gerade einmal zwölf Jahre gedauert. Die Kinder werden nun an der sogenannten ›Panzerfaust‹ ausgebildet, um die Panzer der Alliierten aufzuhalten. Kinder aus nächster Nähe gegen Panzer, kann man sich so einen Irrsinn vorstellen?« Er schnaubte geräuschvoll und stopfte sich seine Pfeife, dabei zitterten seine Hände so stark, dass das Meiste von seinem Tabak auf seine Hose krümelte.
Gerda hob bedauernd die Schultern und deckte den Tisch mit dem Sonntagsgeschirr. Sie hatte wieder einmal einen leckeren Kuchen gebacken. Der Boden bestand aus einem Rührteig, darüber lag eine Buttercreme, die mit gerösteten, karamellisierten Hafer-

flocken bedeckt war. Sie nannte ihn ›Kriegskuchen‹. Es war erstaunlich, wie sie mit wenigen Zutaten derartige Köstlichkeiten zubereiten konnte.
Schweigend saßen sie an der Teetafel, ein Gespräch kam nur mühsam zustande. Leevke schaute hin und wieder zur Küchenuhr, um möglichst bald heimzukehren. Sie wollte nicht unhöflich sein und blieb anstandshalber kaum mehr als eine Stunde. Dann entschuldigte sie sich unter einem Vorwand.
An ihr nagte das schlechte Gewissen, aber jedes Mal, wenn sie ihr Elternhaus verließ, hatte sie eine Zeit lang das Gefühl, all ihrer Lebensenergie beraubt zu sein. Sie überlegte, ob sie ihre Besuche noch weiter einschränken sollte, aber den Gedanken verwarf sie gleich wieder. Sie dachte an Gerda, der sie anfangs mit Skepsis begegnet war und die durch ihr Engagement ihr eine große Last abgenommen hatte. Dafür schuldete sie ihr Dank. Ihr Mitgefühl galt auch ihrer Mutter. Nur die Hoffnung, dass ihr geliebter Sohn bald zu ihr zurückkehren würde, ließ diese nicht vollkommen verzweifeln. Aber zwischen Leevke und ihrer Mutter war mit den Jahren eine Kluft entstanden, die damit begann, als diese ihr den Brief von Jean-Pierre unterschlagen hatte. Auch interessierte sich ihre Mutter nicht für das Leben, das Leevke führte. Okkas Gedanken schienen ausschließlich um Onno zu kreisen. Leevke hoffte inständig, dass ihr Bruder den Krieg überlebte, ansonsten würde ihre Mutter den letzten Halt verlieren.

Norddeich, im Sommer 2000 – Jutta

Leevke saß auf der Terrasse in ihrem Strandkorb. Vor ihr auf dem Gartentisch lagen Briefe – Briefe von Jean-Pierre. Brittas Suche in Frankreich hatte sie dazu bewogen, im Nachlass ihrer Mutter zu stöbern. Sie wusste, dass in dem alten Sekretär eine Ledermappe lag, die sie nie geöffnet hatte, weil ihre Mutter dort die Feldpost ihres Vaters verwahrt hatte. Aus einer Eingebung heraus wollte sie erstmalig diese Mappe öffnen. Zu ihrer größten Überraschung fand sie nicht nur die Feldpost ihres Vaters, sondern einen Stapel Briefe von Jean-Pierre, die ihr ihre Mutter unterschlagen hatte. Leevke hatte das Gefühl, ihr Herz würde vor Schreck stehenbleiben. Ungläubig sah sie auf die Briefe. Mit zittrigen Händen nahm sie sie auf und zählte sie. Es waren insgesamt zwölf, datiert von März bis Mai 1940. Er hatte sie doch nicht vergessen! Wie konnte ihre Mutter nur derart hinterhältig sein? Ihre Gefühle fuhren Achterbahn. Wut, Ratlosigkeit, Trauer und Unverständnis stürzten auf sie ein.

Geistesgegenwärtig holte sie erstmal ein großes Glas Wasser und trank davon. Sie durfte nicht kollabieren, nebenan schlief Finn, den Britta ihr während ihrer Suche nach Jean-Pierre anvertraut hatte. Sie nahm den ersten Briefumschlag zur Hand und riss ihn auf. Wenigstens hatte ihre Mutter so viel Anstand besessen, die Briefe nicht zu lesen. Nach und nach öffnete sie jeden einzelnen und las sie mit wachsendem Staunen. In jedem seiner Briefe beteuerte er seine Liebe und dass er sie vermisse, und auch, dass er auf ein Lebenszeichen von ihr hoffe. *Aber ich habe doch ganz deutlich seine Frau und sein Kind gesehen,* dachte sie. *Hatte er ein Doppelleben geführt?* Erst kürzlich wurde ein Fall bekannt, dass ein Mann zwei Familien gegründet hatte, was erst nach Jahren ans Licht kam. *Das durfte doch alles nicht wahr sein!* Sie dachte an den Brief, den ihre Mutter ihr im Juni gegeben hatte, diesen Abschiedsbrief. Daraufhin hatte sie ihm wütend die Vermählung mit Thilo mitgeteilt.

Es läutete an der Haustür. Leevke vermutete den Briefträger. Sie stand rasch auf und spürte, dass ihr schwindelig wurde. Mit unsicheren Schritten lief sie zur Tür und öffnete sie. Vor ihr stand Jutta. Leevke war so überrascht, dass sie stocksteif stehen blieb.

Jutta erschrak bei ihrem Anblick. Ihre Mutter war kreidebleich und zitterte am ganzen Körper. Britta hatte angedeutet, dass ihre Oma seit ihrem Geburtstag meistens sehr traurig sei, aber damit, dass sie sich in so einem schlechten Zustand befand, hatte sie nicht gerechnet. Umso erstaunter war sie, dass Britta während ihrer Frankreichreise Finn bei ihrer Oma gelassen hatte.

Besorgt machte Jutta einen Schritt auf sie zu und nahm sie in die Arme mit den Worten: »Mutter, ich muss mich bei dir entschuldigen. Ich habe dir Unrecht getan!«

Leevke schüttelte traurig den Kopf und lief vor ihr ins Wohnzimmer, weil sie sich dringend setzen musste. Ihr Kreislauf machte ihr erneut zu schaffen und sie trank noch einen Schluck Wasser.

Jutta sah sie besorgt an. »Mutter, geht es dir nicht gut?« Leevke schüttelte nur den Kopf. »Soll ich uns einen Tee machen?« Wieder nur ein Kopfschütteln.
Matt entgegnete Leevke: »Nein, vielleicht später, setz dich erst einmal zu mir. Jutta, ich bin es, die sich entschuldigen muss. Es ist unverzeihlich, dass ich dir und deiner Schwester gegenüber so lange geschwiegen habe, aber glaube mir, ich habe es aus Liebe getan!« Sie machte eine Pause, bevor sie weitersprach. »Ich gehe davon aus, dass du bereits mit Fenna gesprochen hast?«
Jutta nickte. »Ich gebe es zu, es war zuerst ein Schock für uns, und daher waren wir damals nicht imstande, dir weiter zuzuhören. Es war Britta, wie du vielleicht schon weißt, die mir alles erklärt hat. Ich muss zugeben, ich kann dein Handeln nachvollziehen, je länger ich darüber nachdenke.«
Leevke war noch immer blass. Besorgt nahm Jutta ihre Hand, die sich eisig anfühlte und fragte abermals: »Mutter, geht es dir nicht gut?«
»Nein, alles gut, ich werde uns jetzt Tee machen.«
»Du bleibst besser hier sitzen! Das kann ich doch machen. Wo ist eigentlich Finn?«
»Den habe ich eben hingelegt. Er hat nachts unruhig geschlafen. Er vermisst seine Mama. Ich hoffe, Britta kommt bald zurück!«
Jutta konnte sich ein Grinsen nicht verkneifen, daher stand sie rasch auf und lief Richtung Küchenzeile, bevor ihre Mutter es bemerkte. Sie wusste, Britta würde bereits am nächsten Tag zurückkehren, mit einer großen Überraschung im Gepäck. *Ich hoffe, Mutter wird es*

bei ihrem labilen Gesundheitszustand verkraften, dachte sie besorgt.
Zu Leevkes Erstaunen war auch Thierry mit nach Norddeich gekommen und gesellte sich nach einigen Stunden zu ihnen. Alle vier verbrachten ein paar gemütliche Stunden am Strand. Leevke und Jutta saßen einträchtig auf einer Bank und plauderten angeregt miteinander, wie in früheren Zeiten, während Thierry ausgelassen mit seinem Enkelkind spielte. Erst am späten Abend, nachdem Jutta sich davon überzeugen konnte, dass es ihrer Mutter wieder besser ging, fuhren sie zurück.
Leevke war seit langer Zeit wieder glücklich. Es war unglaublich, wie verständnisvoll Jutta gewesen war. Sie hatte ihr dieses Mal Zeit gelassen, die damaligen Ereignisse genauestens zu schildern, wobei Leevke auffiel, dass Britta ihre Mutter bereits bestens auf das Gespräch vorbereitet hatte. Auch sprachen sie über Fennas Adoption. Leevke hatte das Gefühl, dass ihr jetzt beide Töchter verziehen hatten.
Jutta hatte sich über die vielen Briefe gewundert, die verstreut auf dem Tisch lagen. Freimütig gab Leevke ihr einen Brief. Jutta wirkte nach der Lektüre bedrückt, umso mehr Verständnis brachte sie ihrer Mutter entgegen. Zum Schluss sagte sie: »Ich habe so einen lieben Vater gehabt, selbst mein leiblicher Vater hätte mir nicht mehr Liebe geben können. Wenn ich bedenke, was du für uns geleistet hast, wird meine Bewunderung für dich umso größer. Fenna sieht es übrigens genauso.« Beim Abschied umarmten sie sich lange und herzlich. In beiden Augenpaaren glitzerten Tränen.

Nicht einmal in ihren kühnsten Träumen hätte sich Leevke vorstellen können, dass Jutta sich gleich so versöhnlich gezeigt hatte. Nun fehlte nur noch Britta. Egal, wie ihre Suche ausging, sie hoffte, dass sie bald heimkehrte. Sie mochte es nicht, wenn ihre Töchter, ihr Schwiegersohn oder ihre Enkelin für längere Zeit fort waren, ob es nun ein Urlaub oder eine Geschäftsreise war. Anscheinend war es dem Krieg geschuldet, dass sie sich jedes Mal furchtbar ängstigte und sich erst beruhigte, wenn alle wieder wohlbehalten in ihrer gewohnten Umgebung waren.

Emden, im Mai 1945 – Kriegsrückkehrer Onno

Onno kehrte gleich nach Kriegsende zurück. Ausgemergelt sah er aus und seine Haare waren ergraut. In den ersten Wochen war er kaum ansprechbar. Okka wurde abrupt aus ihrer Apathie gerissen und kümmerte sich rührend um ihn. Des Nachts wurde Onno oft von Albträumen geplagt und schrie, bis seine Mutter zu ihm in die Kammer kam, ihn vorsichtig weckte, und beruhigend auf ihn einsprach, ihn wie ein Kind in ihren Armen wiegte, bis er wieder eingeschlafen war. Seine Stimme, falls er überhaupt einmal sprach, war leise und stockend, in der übrigen Zeit starrte er ins Leere. Er hatte häufig Kopfschmerzen und zog sich stundenlang in seine Kammer zurück. Wenn er einmal das Haus verließ, beschlich Okka ein ungutes Gefühl und sie sorgte sich um ihn, bis er wieder heimkehrte.
Bei lauten Geräuschen zuckte er zusammen und hielt sich die Ohren zu. Und dann dieses Zittern! Wenn er eine Teetasse hochnahm, zitterte seine Hand so stark, dass er die Hälfte verschüttete. Seine Mutter stand sofort wortlos auf und wischte die auf dem Tisch entstandene Pfütze auf. Er blickte sie jedes Mal wie ein trauriges Hündchen verzeihend an, duckte sich, als schien er Prügel zu erwarten. Okka strich ihm dann sanft über den Kopf, aber auch diese Geste schien ihn zu beunruhigen. Zuckend wehrte er sie ab. Bald verschwanden die zierlichen ostfriesischen Teetassen aus dem Küchenschrank und wurden durch grobe Becher ersetzt.
Er hätte psychologische Hilfe benötigt, aber Okka hatte Vorbehalte gegenüber diesen Ärzten. Es mehrten sich

die Gerüchte, dass in den Heilanstalten für psychisch Kranke furchtbare Zustände herrschten und viele Patienten die Behandlungen der Ärzte nicht überlebten.
Mit der Zeit begann sich Onnos Zustand zu bessern. Jedoch blieb er ein ernsthafter, in sich gekehrter Mensch, nicht fähig, jemanden an sich heranzulassen.
Es vergingen Wochen, bis er sich einmal Leevke anvertraute. »Du weißt ja nicht, wie es ist«, hatte er gesagt, »wenn nachts die Dämonen kommen und mich heimsuchen. Wie dunkle Schatten umringen sie mich, flüstern mir Flüche ins Ohr, sagen mir, dass sie sich rächen werden!«
Auf Leevkes fragenden Blick sprach er weiter: »Der Krieg wurde in der HJ so schön dargestellt. Es war immer nur von Sieg und Helden die Rede und wir waren besessen davon, selbst Helden zu werden. Leevke, du kannst dir nicht vorstellen, wie naiv ich damals war! Ich dachte doch tatsächlich, im Krieg würden Soldaten gegeneinander kämpfen und der bessere würde siegen. Aber wie viele unschuldige Frauen und Kinder dabei zu Tode kamen, das hätte ich nie gedacht. Unser Unteroffizier war ein wahrer Teufel. Als sein bester Freund und Kamerad getötet wurde, bekamen wir die Order, ein ganzes Dorf auszulöschen, dabei hatten die Dorfbewohner nicht die geringste Schuld daran. Die Männer wurden zusammengetrieben und mussten ihr eigenes Grab schaufeln, bevor sie direkt davor erschossen wurden. Die Frauen steckten sie in Arbeitslager. Die Kinder wurden auf einen Wagen getrieben und derart zusammengepfercht – ich glaube, dass einige bereits auf

dem überfüllten Wagen zu Tode gekommen sind. Ihre Schreie verfolgen mich in der Nacht.«
Diese Äußerung erschütterte Leevke bis ins Mark. Sie spürte, dass Onno darum bettelte, von ihr getröstet zu werden. Sie suchte nach Worten, doch er war es, der weitersprach: »Hitler wollte das Deutsche Reich zu nie gekannter Größe und weltweiter Anerkennung bringen. Es war nicht sein Versagen, sondern seine genialen Pläne wurden von denjenigen, die die Truppen befehligten, durchkreuzt oder nur unzureichend umgesetzt. Jetzt sieh dir an, was aus unserem schönen Land geworden ist! Die Alliierten teilen es unter sich auf, verbreiten Lügen und Häme über uns und als wäre das alles noch nicht genug, beginnen sie mit der Entnazifizierung, dabei vergessen sie, dass sie nicht minder grausam gegen uns vorgegangen sind!«
Leevke starrte ihn mit offenem Mund an. Sie traute ihren Ohren nicht. War es möglich, dass ihr Bruder nichts aus dem Krieg gelernt hatte? Hatte sie gerade noch überlegt, ihm Trost zu spenden, fühlte sie sich jetzt außerstande dazu. Ihre Enttäuschung über ihren Zwillingsbruder wog zu schwer. Sie hätte ihm am liebsten entgegengeschleudert, dass es sein hochgelobter Führer war, der den Krieg verursacht und ihr Land zerstört hatte. Aber sie wusste, dass es bei ihm auf taube Ohren stieß. Voller Abscheu sah sie ihn an, hieb wütend mit der Faust auf den Tisch und rannte eilig davon. Sie hatte das Gefühl, sie würde implodieren aus Schmerz, Wut und Scham.
In den darauffolgenden Wochen versuchte Okka, zwischen ihren Kindern zu vermitteln, flehte ihre Tochter geradezu an, Onno einen Teil seiner Last zu nehmen.

Für Leevke war das unter keinen Umständen möglich. Zwischen ihr und ihrem Zwillingsbruder war mit den Jahren ein Bruch entstanden, den sie beim besten Willen nicht kitten konnte und auch nicht wollte. Mit seinen aufrührerischen Reden in der Vergangenheit, die schwerer wogen als die der Propagandaleute, hatte er die Familie nachhaltig gespalten. Auch seine letzten Äußerungen bestätigten seine Weltsicht, die Leevke zuwider war. Ebenso wenig könnte sie ihm je verzeihen, wie abschätzig er damals Jean-Pierre behandelt und ihm sogar mit dem Tod gedroht hatte. Diese Worte hatten sich unauslöschlich in ihr Gedächtnis eingegraben. Anfangs hatte sie noch eine leise Hoffnung gehegt, dass er geläutert aus dem Krieg heimkehren würde. Doch das hatte sich als Trugschluss erwiesen. Die Liebe zu ihrem Bruder gab es nicht mehr. Es war lediglich Mitleid, das sie noch für ihn empfand.

Monate später erfuhr sie von einem seiner Kriegskameraden, was ihm an der Front widerfahren war. In einen Schützengraben, in dem sie tagelang bei Regen und Kälte ausharren mussten, hatten russische Soldaten Gas geleitet. Sofort waren sie aus dem Graben gestürmt, wo sie bereits erwartet wurden. Wie die Hasen wurden ihre Kameraden erschossen. Ihr Bruder hatte nur überlebt, weil sein bester Freund direkt vor ihm von einer tödlichen Kugel getroffen und ihm im Fallen zu einem Schutzschild wurde. So blieb Onno reglos unter seinem Freund liegen, bis der Angriff nach einer gefühlten Ewigkeit vorbei war. Seine Uniform war blutdurchtränkt. Mit seinem Tod hatte sein Freund ihm das Leben gerettet.

Mehr wollte der Mann nicht preisgeben. Jedoch deutete er bei seinem Abschied noch an, dass sie an der Front Grausamkeiten erlebt hätten, die er niemals in Worte fassen könne.
Leevke nickte nur. Sie dachte an Thilo und es überkam sie eine Welle des Mitgefühls. Auch er war nicht in der Lage, sich ihr anzuvertrauen. Der Krieg hatte aus jungen, fröhlichen Männern wahre Wracks gemacht, Männer, die versuchten, ihre Gefühle auszuklammern, um nicht von ihrem Leid und ihrer Schuld zugrunde gerichtet zu werden.
Mit diesem Wissen hatte sie dennoch versucht, ihrem Bruder zu helfen, doch sie war gescheitert. Trotz allem hielt er an der Ideologie der Nationalsozialisten fest. Der endgültige Bruch zwischen ihnen erfolgte, als er die Massenvernichtung der Juden lediglich als ›Lügen der Alliierten‹ abtat.
Ihre Besuche im Elternhaus wurden seltener, glichen Pflichtbesuchen. Sie kam nicht mehr am Sonntagnachmittag zur Teezeit ins Haus, sondern nur noch, wenn sie wusste, dass ihr Bruder außer Haus war. Ihre Mutter hielt zu Onno, sah in ihm etwas, was Leevke verborgen blieb.
Zum Selbstschutz bewahrte Leevke ihre ganze Kraft für ihren Mann und die Kinder, nicht zuletzt für ihren Betrieb, der sich zusehends vergrößerte. Und sie weigerte sich entschieden, ein Opfer zu sein. Der Diktator hatte so viele Menschenleben auf dem Gewissen, unsägliches Leid und Elend verursacht. Er hatte ihr Heimatland und die Bürger für alle Zeit mit einem Makel behaftet, er sollte nicht auch noch nach seinem Tod

Macht über sie haben. Die entsetzliche Zeit der Machtlosigkeit und Unterdrückung während der Diktatur waren endgültig vorbei. Es galt, möglichst rasch zur Normalität zurückzukehren, doch das hing von den Kanadiern ab, die jetzt in der Stadt das Sagen hatten.

Norddeich, im Sommer 2000 – Ende gut, alles gut?

Britta klingelte an Leevkes Haustür, obwohl sie einen Schlüssel besaß. Gleich darauf blickte sie in das erstaunte Gesicht ihrer Oma. Daneben tauchte Finn auf, den Britta liebevoll in ihre Arme schloss. Sie war nur ein paar Tage fort gewesen, aber sie hatte ihn bereits schmerzlich vermisst.

»Hallo, Oma«, Britta strahlte sie vergnügt an, »ich habe einen lieben Gast mitgebracht!«

»Ach Kind, ich bin gar nicht auf Besuch vorbereitet!« Verärgert spähte Leevke hinaus. Ein alter Mann trat hinter einem Busch hervor und kam raschen Schrittes auf sie zugeeilt. Er war ungewöhnlich groß und hatte graumeliertes Haar. Er lächelte verlegen. Leevke öffnete ihren Mund und schlug rasch ihre Hand davor, als wollte sie einen Schrei verhindern. Da stand er – Jean-Pierre – ihre große Liebe! Alt war er geworden und doch war er noch immer attraktiv. Als er sie anlächelte, umspielten unzählige Lachfältchen seine Augen.

Leevke schwankte. Sofort war er bei ihr und stützte sie am Arm. Auch Britta war das nicht entgangen. Sie hakte sich bei ihrer Oma ein und gemeinsam gingen die drei durch die Haustür. Britta übernahm die Führung und entschied sich für die Terrasse. Sie hoffte, dass ihre Großeltern bei der schönen Aussicht auf das Meer ungezwungener miteinander reden konnten.

»Ich werde uns erstmal einen Kaffee machen oder möchtet ihr lieber Tee?«, fragte sie. Britta kannte die

Antwort bereits. Mit ihrer Frage wollte sie fürs Erste das Schweigen unterbrechen.
Ihre Oma schien in einer Schockstarre zu sein, doch dann sagte sie gepresst: »Ich brauche jetzt einen starken Kaffee und dazu einen Cognac!«
Pierre lachte verhalten. »Merci, tres bien! Ich würde mich gern anschließen.«
Na also, dachte Britta, *war doch gar nicht so schwer.* Sie wusste zwar nicht, ob es für ihre Oma gut war, wenn sie zu ihren Tabletten Alkohol zu sich nahm, aber vermutlich war es auch das Richtige für diesen Moment. Schnell verschwand sie in der Küche, gefolgt von Finn, der sich an sie klammerte, weil ihm der fremde Mann nicht geheuer war. Seit einiger Zeit fremdelte er. Die Terrassentür ließ Britta offen, um notfalls eingreifen zu können, aber es war wohl eher ihre Neugier, die sie dazu veranlasste.
Leevke hörte Jean-Pierres angenehme, zärtliche Stimme mit dem leicht französischen Akzent, als er sagte: »Mon cherie, ich hätte nie gedacht, dass ich dich in diesem Leben wiedersehen werde!« Er wollte ihre Hand nehmen, aber sie zog sie schnell fort.
»Jean-Pierre, ich habe dich gesehen«, brach es aus ihr hervor, »deine Frau und dein Kind! Ich war damals so naiv.« Sie schaute ihn wütend an.
Er schüttelte nur den Kopf. Ein verlegenes Schweigen folgte.
»So, da bin ich wieder!« Für Britta schien es der richtige Zeitpunkt zu sein, um das Gewünschte zu bringen. Sie spürte die angespannte Stimmung zwischen den beiden. Sie stellte das volle Tablett auf den Gartentisch

und verteilte die Tassen mit dem dampfenden Kaffee, gab jedem ein Glas Cognac und stellte eine Schale mit Gebäck hin. Gleich darauf war sie wieder im Haus verschwunden.
Beide starrten auf den Tisch, als würden sie dort auf ihre drängenden Fragen Antworten finden. Kurz entschlossen nahm Leevke ihren Cognac und sagte »Prost«. Er nickte und tat es ihr gleich.
Pierres ganze Stirn hatte sich gekräuselt. Er wirkte ratlos und verzweifelt. »Ich habe wochenlang ...«, er rang nach Worten, »auf ein Lebenszeichen von dir gehofft! Doch mein Warten war vergeblich und bald wurde ich Soldat. Erst fünf Jahre nach Kriegsende habe ich geheiratet.« Leevke schwieg, als hätte sie ihn nicht gehört.
So begann er erneut. »Und was für ein Kind? Ich habe kein Kind, ähm, doch ...« Er hob mit einer entschuldigenden Geste die Arme. »Verzeih mir, ich muss mich erst an den Gedanken gewöhnen, dass ich Vater geworden bin, und dass in meinem hohen Alter!« Er grinste schief und schaute Leevke verlegen an. »Ich hoffe, bald ihre Bekanntschaft machen zu können!«
Leevke hatte währenddessen unentwegt mit ihrem Löffel in der Kaffeetasse gerührt, das tat sie für gewöhnlich, wenn sie aufgeregt war. Unvermittelt hielt sie in der Bewegung inne und sah ihm direkt in die Augen. »Aber die Frau am Strand, so eine junge schöne Frau und dann dieses Kind, schwarze Haare, noch klein, aber ebenso eine stolze Haltung wie du, es sah dir doch so ähnlich!«
Er runzelte die Stirn. »Das kann nicht sein. Nachdem ich aus Deutschland abgereist war, bin ich vor Kummer

beinahe gestorben. Da gab es keine andere Frau in meinem Leben, jahrelang nicht, erst recht kein Kind. Ich weiß beim besten Willen nicht, was du meinst!«
»Aber du hast sie doch umarmt, geküsst, ich habe euch deutlich gesehen, es war unmissverständlich. Warum streitest du es noch nach all den Jahren ab? Das macht doch alles keinen Sinn. Du hast keine Ahnung, wie ich mich damals gefühlt habe. Ich war schwanger von dir!« Energisch erhob sie sich und war im Begriff, ins Haus zu gehen.
Er schüttelte heftig den Kopf, grübelte, aber er konnte sich keinen Reim darauf machen.
Britta war gleich zur Stelle »Alles okay, Oma?«, erkundigte sie sich besorgt. Leevke schüttelte heftig den Kopf. »Nein, nichts ist okay. Ich will jetzt meine Ruhe haben. Sag ihm, er soll gehen!« Ihre Stimme klang heiser, ihre Augen waren gesenkt, darauf bedacht, dass er ihre Tränen nicht sah.
Pierre erhob sich und stammelte: »Excuse ma, bitte, reg dich nicht auf! Ich werde gehen. Wenn du es erlaubst, werde ich morgen …« Er zögerte, dann erhellte sich sein Gesicht. Er lachte laut auf. Beide Frauen sahen ihn irritiert an. Sein Lachen wurde leiser, daraus wurde ein Schluchzen. Heftig wurde er von einem Weinkrampf geschüttelt und er setzte sich wieder. Die Tränen liefen ihm über das Gesicht.
»Monique«, stammelte er, »es war Monique!« Er sprang wieder auf, griff nach Leevkes Arm, hielt sie zurück. Sie schien es gar nicht zu bemerken. »Es war meine Schwester Monique!«, stieß er verzweifelt hervor. Hilflos ruderte er mit den Armen.

Ungläubig starrten ihn beide Frauen an. »Es war Monique, meine Schwester!«, wiederholte er in einem fort, »und ihr Kind. Die hast du gesehen.« Schwerfällig ließ er sich auf den Stuhl nieder, das Gesicht bedeckte er mit seinen Händen. Er gab nur noch ein Schluchzen von sich.

Ungläubig starrte Leevke ihn aus tränennassen Augen an. »Aber, aber«, stammelte sie, »ich habe es doch gesehen, du hast sie liebevoll umarmt und geküsst!«

Er sah sie fassungslos an, als hätte er sie nicht verstanden, dann schüttelte er den Kopf und sagte gedehnt. »Jaaa, wir Franzosen küssen uns zur Begrüßung! Ihr Deutschen, ihr gebt euch nur die Hand, selbst wenn es eure Mutter oder Schwester ist. Meine Schwester hat eine Zeit lang bei uns gewohnt, ihr Mann, dieser Clochard, hatte sich von ihr getrennt. Ich war für sie da und für mein Patenkind Pierre-Henri.«

Leevke schlug wie er ihre Hände für einen Moment vors Gesicht, dann sagte sie weinerlich: »Deine Mutter wirkte so abweisend, als ich mich nach dir erkundigt habe. Sie sagte ›Er ist beschäftigt, eine Familienangelegenheit‹. Und dann sah ich euch, ein glückliches Paar mit Kind, das dir sogar ähnelte.« Sie machte eine Pause, bevor sie weitersprach: »All die Jahre – für immer vorbei!« Sie seufzte mehrmals und setzte sich wieder zu ihm an den Tisch. Als er dieses Mal ihre Hand in seine nahm, ließ sie ihn gewähren.

»Ich habe dir geschrieben«, sagte er, »monatelang!«

Sie nickte. »Ich weiß, ich habe deine Briefe erst gestern durch Zufall in Mutters altem Sekretär entdeckt, hinter der Feldpost meines Vaters! Meine hinterlistige Mutter hat sie unterschlagen, bis auf deinen ersten Brief, den sie ohne mein Wissen geöffnet und danach sofort vernichtet hat, bevor ich ihn lesen konnte. Den Inhalt deines Briefes habe ich nie erfahren, aber sie hat daraus entnommen, dass wir ein Liebespaar waren, was sie bereits vermutet hatte, und mich darauf angesprochen. Auch sagte sie, du hättest mich längst vergessen und bereits eine Frau in Frankreich geschwängert. Daraufhin wollte ich Gewissheit haben und bin sofort nach Frankreich gereist«, sie räusperte sich, weil ihre Stimme ganz heiser war, »dann habe ich euch gesehen und sah ihre Vermutung bestätigt. Ich war damals so jung und stand noch völlig unter ihrem Einfluss. Wie hätte ich ahnen können, dass sie mich derart hintergeht! Meine Mutter hatte einen siebten Sinn. Sie wusste bereits vor mir, dass ich schwanger war. Mit drastischen Worten hat sie mir vor Augen geführt, was mich erwarten würde, wenn herauskäme, dass ich mich mit einem Franzosen eingelassen habe und dazu noch schwanger geworden bin. Mit einem Feind!«, setzte sie wütend hinzu. »Die Nazis hätten mich als ›Franzosenhure‹ beschimpft, womöglich meinen Kopf kahl rasiert und mit einem Schild um den Hals durch unsere Stadt getrieben, damit es alle sehen könnten. Zumindest hat meine Mutter so etwas einmal mit eigenen Augen gesehen. Aber das Schlimmste wäre gewesen, wenn sie mir das Kind, das ich unter meinem Herzen trug, nach der Geburt weggenommen hätten. Nicht nur die Nazis, selbst einige aus meiner Verwandtschaft und Bekannte hätten mich geächtet. Meine Eltern waren beliebt in Wolthusen und hatten einen festen Kundenstamm, wie

hätte ich ihnen so eine Schande bereiten können? Womöglich wären sie vor Scham gestorben. Und dann war da Thilo, mein lieber, bester Freund, den meine Mutter sowieso für mich als Ehemann vorgesehen hatte. Ach, was waren das für verrückte Zeiten! Bei diesem unsäglichen NS-Regime galt unsere Liebe als Verbrechen. In Friedenszeiten klingt es wie ein schlechter Scherz. Ach, wie dumm ich damals doch gewesen bin!« Ihr versagte die Stimme und Tränen liefen ihr aus den Augen.
»Oh, Oma«, entsetzte sich Britta, »das ist ja furchtbar! Und wie war das für dich, als Mama meinen Papa, ausgerechnet einen Franzosen, geheiratet hat? War das für dich okay?«
»Britta, ich habe mich für sie gefreut, erst recht, weil er Franzose ist! Als würde sich für Jutta das erfüllen, was mir verwehrt geblieben ist. Glaub mir, ich hatte keinerlei Vorbehalte. Die Nationalsozialisten haben so vieles zerstört. Früher galt Deutschland als das Land der Dichter und Denker. Goethe, Schiller, Einstein und unzählige andere haben uns weltweit großes Ansehen verschafft. Doch nach dem Krieg gerieten wir alle in Sippenhaft, wurden im Ausland nur noch als Nazis angesehen. Ich weiß nicht, wie viele nachkommende Generationen mit diesem Makel behaftet sein werden. Und doch darf diese Zeit nicht vergessen werden, damit so etwas nie wieder passiert.« Bei diesen Worten war Leevke leichenblass geworden. Sie fühlte sich elend.
Britta sah es und legte ihr tröstend den Arm um die Schulter. »Komm Oma, am besten, du legst dich für eine Weile hin, bevor du mir hier noch umkippst!«

Pierre sprang sofort auf und half ihr, Leevke ins Haus zu bringen. »Ich sollte jetzt besser gehen.« Seine Stimme klang besorgt. »Ich komme morgen wieder, wenn es dir recht ist!«

»Nein«, Leevke nahm seine Hand, »bitte, bleib noch! Eine Aussprache ist längst überfällig.« Sie legte sich im Wohnzimmer auf das Sofa, Pierre setzte sich ganz nah zu ihr und nahm wieder ihre Hand.

Leevke begann: »Meine Mutter war überglücklich, als mir Thilo überraschend einen Heiratsantrag gemacht hat.« Sie lächelte. »Ach, mein lieber Thilo, er hat so gut für mich und unsere Töchter gesorgt und nie daran gezweifelt, Juttas Vater zu sein! Er hat unsere Tochter abgöttisch geliebt. Jetzt ist er tot, ohne dass ich ihm je die Wahrheit sagen konnte über sein ...«, sie stockte und ergänzte, »Kuckuckskind. Diese Schuld wird mich bis an mein Lebensende begleiten!« Bitter klangen ihre letzten Worte.

»Ihr habt noch ein gemeinsames Kind bekommen?«, fragte Pierre.

Leevke schüttelte den Kopf. »Erinnerst du dich an das arme Baby meiner Tante?« Er nickte. »Ich habe meinen lieben Thilo dazu überredet, sie als unsere Tochter auszugeben, aber das ist eine andere Geschichte!« Wieder sah sie bekümmert aus. Doch dann erhellte sich ihr Gesicht und ihre Augen richteten sich auf Britta. »Du liebes Kind, komm mal her zu mir!« Leevke nahm ihre Enkelin liebevoll in die Arme und küsste sie auf die Wange, dabei zwinkerte sie Pierre zu. »Siehst du, wir haben dazugelernt, Britta und ich geben uns nur in Ausnahmefällen die Hand, wir umarmen uns, und nicht erst, seit wir einen Franzosen in der Familie haben.« Und zu Britta gewandt: »Ich kann dir gar nicht genug danken! Du hast Jean-Pierre gesucht und hierhergebracht. Wenn du nicht gewesen wärst, hätte ich nie mehr die Wahrheit erfahren. Wie gern würde ich meine Mutter zur Rede stellen, schade, dass das nicht mehr möglich ist. Sie hat ihr Geheimnis mit ins Grab genommen.«

Pierre räusperte sich. »C'est la vie.« Er hob bedauernd die Schultern, bevor er weitersprach: »Leevke, deine maman hat es sicher nur gut gemeint. Sie hat zwar den Brief gelesen, aber sie konnte doch nicht ahnen, wie groß unsere Liebe tatsächlich war und all die Jahre überdauert hat. Ich habe sie als nette Dame kennengelernt, sie war recht großzügig zu mir. Und es waren damals andere Zeiten. Hätte ich gewusst, dass du von mir schwanger warst, ich hätte dich vor den Nazis beschützt, mon amour!«

Leevke nickte zur Bestätigung und tätschelte liebevoll seine Hand. »Ja, es waren schlimme Zeiten. Aber heute«, sie schluckte schwer, »es ist unglaublich, aber wieder gibt es Nazis in Deutschland, die ganz unbehelligt durch die Straßen marschieren dürfen. Eingesperrt gehören die, das sag ich dir! Dass ich das noch erleben muss!« Ihre Lippen bebten.

»Oma, bitte, reg dich nicht so auf!«

Aber Leevke war zu aufgewühlt. »Du weißt nicht, wie es war. Du hast den Krieg nicht erlebt. Wir haben es erlebt, in Emden, wie unschuldige junge Männer – Ukrainer – erhängt wurden, die, halb verhungert, als Zwangsarbeiter unseren Schutt wegräumen mussten und dabei im Keller eines zerbombten Ladens Schnapsflaschen gefunden haben. Dafür wurden sie gehängt, keine hundert Meter von meinem Elternhaus entfernt!«

Britta zeigte sich entsetzt.

Mit brüchiger Stimme sprach Leevke weiter: »Frieden ist ein kostbares Gut. Deine Generation hat nie etwas anderes kennengelernt, umso wichtiger ist es, dass dieses dunkle Kapitel unserer Geschichte nie in Vergessenheit gerät!«

Pierre nickte: »Krieg ist ein Verbrechen gegen die Menschheit. Ich war Soldat. Die Grausamkeiten, die ich erlebt habe, darüber werde ich niemals sprechen können!«

»Ach«, Leevke stöhnte auf, »dasselbe hat Thilo auch einmal gesagt.«

Sie saßen noch lange zusammen. Es gab so viel zu erzählen, all die vergangene unwiederbringliche Zeit, die sie vergeudet hatten, in dem Glauben, der andere hätte sie im Stich gelassen.

»Leevke, mon amour, glaub mir, ich habe dich nie vergessen! Als du mir deine Vermählung mit Thilo mitgeteilt hast, habe ich mich sofort freiwillig zum Kriegseinsatz gemeldet.«

Leevke war zutiefst erschrocken. »Ich kann es nicht fassen. Hätte ich doch den Mut aufgebracht, dich damals in Frankreich anzusprechen. Alles wäre anders verlaufen. Nicht auszudenken, wenn du aus der Enttäuschung heraus auch noch dein Leben verloren hättest!«

»Keine Sorge, mon cherie«, er sah sie zärtlich an, »alle Männer, mit Ausnahme der alten, wurden mit der Zeit

Soldaten! Als ich mich freiwillig gemeldet habe, war ich an der Grenze zu Deutschland stationiert, wir saßen auf der einen Seite der Grenze, die Deutschen auf der anderen. Wir haben uns monatelang gegenseitig beobachtet, ab und zu ein Schild hochgehalten, mit den Worten ›Bitte nicht schießen‹. Die Deutschen haben es ebenso gehalten. Wir fingen an, uns miteinander zu unterhalten. Bald haben wir unsere Lebensmittel miteinander getauscht, bis wir eines Tages gemeinsam gegessen und Unmengen Alkohol getrunken haben. In den Geschichtsbüchern ist diese Zeit als ›Sitzkrieg‹ bekannt. Daran erinnere ich mich gern.«
Längst war die Nacht hereingebrochen und es wurde Zeit für den Abschied. Britta bot ihrem Großvater an, ihn zu seinem Hotel zu begleiten, das zehn Gehminuten entfernt lag. Es war eine laue Sommernacht, der Himmel war sternenklar.
Beim Abschied hielten sich Leevke und Pierre lange Zeit umschlungen, als wollten sie sich nie wieder trennen. »Ich komme morgen zu dir zurück, mon cherie, und bringe Croissants zum Frühstück mit!«
Leevke lächelte müde und er nahm es als Zustimmung, und doch sah er einen Zweifel in ihrem Blick, etwas Unergründliches, das ihn beunruhigte. Es fiel ihm schwer, sie zu verlassen, aber da war Britta, die ihn kaum kannte und es sicher merkwürdig gefunden hätte, wenn er gleich im Haus ihrer Großmutter übernachtete. Ihm blieb nichts anderes übrig, als seine Aussage noch einmal zu bekräftigen: »Ich werde wiederkommen und ich will nie mehr ohne dich sein! Das ist ein Versprechen!« Er sah sie erwartungsvoll, fast

flehend an, aber sie blieb ihm erneut die Antwort schuldig. Er lachte verlegen und machte sich gemeinsam mit Britta auf den Weg zu seiner Unterkunft.

Leevke hatte ihn beim Abschied lange angesehen, als wollte sie sich sein Gesicht einprägen. Sie sah für einen Moment den jungen Mann von damals, in den sie sich unsterblich verliebt hatte. Lange blieb sie in der Tür stehen und schaute den beiden versonnen nach.

Britta brachte ihn zu seinem Hotel. Beim Heimweg lächelte sie in sich hinein. Sie hätte schwören können, wären die beiden ungestört gewesen, wäre er nicht ins Hotel zurückgegangen, sondern bei ihrer Oma geblieben. *Ach, was soll's,* dachte sie, *sie haben so lange aufeinander gewartet, da kommt es auf ein paar Stunden auch nicht mehr an!*

Leevke sank müde ins Bett. Der ereignisreiche Tag forderte seinen Tribut. Zufrieden und mit einem Lächeln schlief sie ein.

Ein Jahr später standen Leevke und Pierre vor dem Traualtar der Lütetsburger Kirche.

Die Monate davor hatten beide gemeinsam verbracht: abwechselnd in Norddeich und in der Normandie. Es war eine so schöne Zeit gewesen, dass Leevke manchmal nach dem Aufwachen glaubte, sie hätte alles nur geträumt. Eines Tages dann – sie saßen gerade in seiner Hotelbar – hatte Pierre sie mit den Worten überrascht: »Leevke, meine Liebe! Wir haben so viele Jahre versäumt, aber jetzt sind wir endlich zusammen und ich habe nur noch einen Wunsch: Ich möchte dich bitten, meine Frau zu werden!«

Sofort hatte sie ihm mit einem »Ja« geantwortet, doch dann kamen ihr erhebliche Zweifel. Heiraten? In dem Alter? War das in Ordnung? Ihre Bedenken hielt sie jedoch für sich. Tatsächlich waren es ausgerechnet ihre Töchter und natürlich Britta, die sie zu diesem Schritt ermutigten. Sie alle hatten inzwischen ein sehr gutes Verhältnis zu Pierre entwickelt. Er und Thierry fühlten sich von Anfang an freundschaftlich verbunden, zumal sie sich in ihrer Muttersprache unterhalten konnten. Auch Jutta konnte sich dem Charme ihres leiblichen Vaters nicht entziehen. Die beiden entdeckten gleich bei ihrer ersten Begegnung viele Gemeinsamkeiten: Obwohl sie an der Küste aufgewachsen waren, zog es sie in ihrer Freizeit immer wieder in die Berge, wo sie lange Wanderungen unternahmen. Auch widerstrebte es ihnen, etwas zu essen, was aus dem Meer kam. Und wenn beide aufgeregt waren, zuckte das rechte Auge.

Jutta und Fenna erklärten sich zwar sofort dazu bereit, die Hochzeitsfeier auszurichten, doch da hatten sie die Rechnung ohne Pierre gemacht. Er bestand darauf, dass die Feier in seinem Hotel stattfinden sollte. Er war sich sicher, dass sein Manager alles daransetzen würde, um für seinen Chef eine grandiose Feier zu organisieren.

Die Kirche war festlich mit Rosen geschmückt. Leevkes ganze Familie und ein paar Freundinnen und Nachbarn waren gekommen. Pierres Schwester Monique, sein Patenkind Pierre-Henri nebst Familie waren zu diesem besonderen Anlass aus Frankreich angereist.

Leevke und Pierre waren ein schönes Paar, sie in einem hellblauen Chiffonkleid, das mit filigranen Blumen bestickt war, er in einem dunkelblauen Smoking und einer Fliege, die farblich auf Leevkes Kleid abgestimmt war. Von ihnen ging ein Strahlen aus, das sich auf alle Anwesenden übertrug.

Der Pastor beendete seine Predigt mit den Worten: »Der Krieg hat diese beiden Menschen voneinander getrennt, aber ihrer Liebe konnte er nichts anhaben. Sie blieb bestehen, bis zum heutigen Tag und darüber hinaus. Liebe ist die größte Kraft, die dem Menschen innewohnt. Oder wie heißt es so schön im 1. Korinther 13 – das Hohelied der Liebe: Nun aber bleiben Glaube, Hoffnung, Liebe, diese drei; aber die Liebe ist die größte unter ihnen.«

Die Hochzeitsfeier fand zwei Tage später in Pierres Hotel – in der ›Belle Etage‹ – statt. Die Räumlichkeiten waren mit einem Meer aus Rosen in unterschiedlichen Farben geschmückt. Auf Leevkes Wunsch hin wurde nur im engsten Familienkreis gefeiert. Umso verwunderter war sie, als die Tür sich öffnete und eine alte Dame, gestützt auf einem Gehstock, den Raum betrat. »Moin Leevke, erkennst du mich noch?«, sprach sie mit einem leicht amerikanischen Akzent. Der Überraschungsgast war Paula, die Britta heimlich eingeladen hatte. Paula überreichte dem Hochzeitspaar ein Ölgemälde. Darauf erkannte Leevke den Bauernhof ihrer Eltern. Am Zaun lehnte ein altes Fahrrad mit einer Milchkanne, und auf der Weide war eine Kuh mit ihrem Kalb zu sehen. Für Leevke war es eine große Freude, ihre Freundin nach über fünfzig Jahren in die Arme schließen zu können.

Heute

Etwas mehr als zwanzig Jahre später: Jutta und Fenna sitzen in einem Strandkorb in Norddeich und schauen auf das Meer. Es ist ein schöner, warmer Sommertag. Die Wellen plätschern träge dahin. Ihre Gedanken sind wie so oft bei ihrer Mutter. Ihr und Pierre waren noch ein paar gemeinsame, glückliche Jahre vergönnt gewesen. In ihrer Erinnerung versunken lächeln die Schwestern versonnen, doch plötzlich wird Fenna ernst. »Und jetzt«, sagt sie, »gibt es wieder Krieg in Europa – ausgerechnet in der Ukraine! Jetzt sind ihre Landsleute auf der Flucht und wieder werden Menschen für einen sinnlosen Krieg geopfert.« Oft hatte ihre Mutter ihnen vom Krieg erzählt, von der Zerstörung Emdens und von den ukrainischen Jungen, die in Emden ermordet wurden.
Jutta hebt ihre Arme bedauernd und räuspert sich: »Gut, dass Mutter das nicht mehr erleben muss. Wenn ich ehrlich bin, waren mir ihre Erzählungen vom Krieg irgendwie abstrakt. Doch jetzt ist alles so nah, wird so real: Ein Land im Krieg, die vielen Lügen, die mit einem Krieg einhergehen, das Töten von Soldaten und Zivilisten, die Zerstörung von ganzen Städten. Wir sehen hautnah die Flüchtlingsströme, Menschen, die nur mit dem Nötigsten ihr früheres Leben aufgeben müssen. Oft nur mit einem Koffer geht es in eine ungewisse Zukunft, es ist wie damals bei Tante Margret.« Sie schweigen betroffen.

Zeitgleich fällt ihnen ein Satz ein, den ihre Mutter einmal gesagt hat:

›Die Menschheit lernt nichts dazu. Sie tränkt die Erde weiterhin mit Blut, Schweiß und Tränen.‹

Herzlichen Dank!

Es bedarf einiger Menschen, die eine Publikation erst ermöglichen. Zunächst richtet sich mein Dank an den Geest-Verlag, besonders an den Verlagsleiter Alfred Büngen. Danke, lieber Alfred, dass du dich sofort dazu bereit erklärt hast, meine Geschichte, die ich in unzähligen Monaten ersonnen habe, zu veröffentlichen.

Sehr herzlich möchte ich mich bei dem Präsidenten der Ostfriesischen Landschaft – Herrn Rico Mecklenburg – für sein Grußwort bedanken. Mein Dank gilt auch Paolo Lambusta, der für mich ein Bild für den Innenteil gemalt hat. Ich bedanke mich bei meinen Freundinnen, die mich immer wieder darin bestärken, weiterzumachen.

Ich möchte mich besonders bei meiner wunderbaren Familie bedanken. Frerich, ich finde es bewundernswert, wie viel Liebe und Geduld du mir entgegenbringst und mich allzeit beim Schreiben unterstützt. Joy und Patrick, Stefanie und Philip – ihr inspiriert mich stets aufs Neue, dafür danke ich euch. Ihr alle schenkt mir so viel Liebe und Verständnis – und ebenso ganz konkrete Ratschläge für mein Schreiben.

All das hat dazu beigetragen, dass dieses Buch überhaupt entstehen konnte. Mein Dank gilt meiner Mutter, wenn auch erst posthum, deren Foto dieses Cover ziert. Ich danke auch meinen beiden Brüdern Roelf und

Johann. Beide haben mir auch ohne zu zögern ihr Einverständnis für die Verwendung dieses Fotos gegeben.

Und zuletzt – was wäre ein Buch ohne die Leser?
Ich wünsche euch allen viel Vergnügen beim Lesen!

Die Autorin

Ingrid Ihben wurde 1956 in Emden geboren. Sie ist verheiratet und hat zwei erwachsene Töchter. Die meiste Zeit ihres Lebens verbrachte die Autorin in Ostfriesland und ist mit dieser Region stark verwurzelt. Ihre Bücher spiegeln ihre Heimatliebe wider. Ihre Kinderbücher wie auch ihre literarischen Beiträge in Anthologien und anderen Werken offenbaren stets die intensive Beobachtung von Natur und Gesellschaft.

Die Idee ihres ersten Romans liegt in ihrer hugenottischen Abstammung begründet, ihr neuster Roman befasst sich vor allem mit den Kriegsjahren in Emden aus Sicht von Frauen. Die Verfasserin begibt sich hier gezielt auf die Suche nach Antworten für die Sprachlosigkeit der Eltern in Bezug auf ihre Kriegserlebnisse und den daraus resultierenden Konsequenzen, d. h. auch dem Verhalten gegenüber der nächsten Generation, die wiederum diese nachhaltig prägt.